JN027975

さあ大変。側近は役人を呼んでパレード関係の文書を破棄か改竄《かいざん》するよう命じ、市中には「以後パレードという語を口にした者は逮捕する」というおふれを出した。

驚いたのは例の少年である。傲慢《ごうまん》な王。隠蔽《いんぺい》に走る側近。忖度《そんたく》で動く役人。何だこの国は！　長じて彼は王政の打倒を目ざした。協力を申し出たのは仕立屋だった。愚かな王に仕立屋も内心あきれていたのである。

続編は童話ではなく大人むけの短編で、作者はアンデルセンの甥《おい》。検閲から逃れるべく地下で出版され、明治末期には邦訳もされている（訳者不詳）。邦題はなぜか『桜の王様』。理由はわからない。

（東京新聞「本音のコラム」2020年4月1日より）

忖《そん》度《たく》しません

斎藤美奈子

筑摩書房

忖度しません●目次

バカが世の中を悪くする、とか言ってる場合じゃない

戦後日本の転換点はいつだったのか

わかったつもりになっちゃいけない、地方の現在地

文学はいつも現実の半歩先を行っている

当事者が声を上げれば、やっぱり事態は変わるのだ

番外編　新型コロナウイルスが来た！

忖度しません

イラストレーション　下杉正子
ブックデザイン　鈴木成一デザイン室

バカが世の中を
悪くする、
とか言ってる
場合じゃない

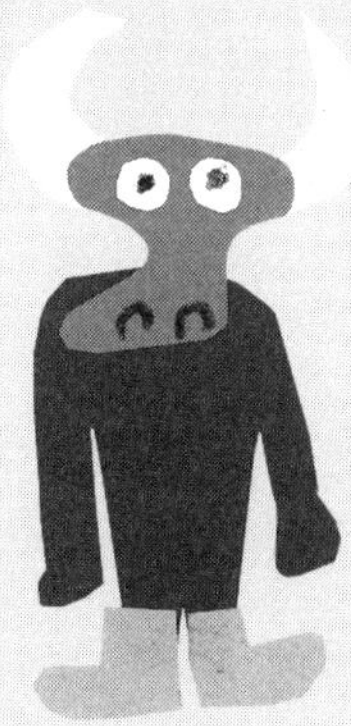

ったく、日本の政治はどうなってんのよ、最悪じゃないのよ、と思っている人は少なくないんじゃないかと思う。二〇一二年一二月に発足した第二次安倍晋三内閣は、一九年一一月、ついに桂太郎内閣を抜いて憲政史上最長の長期政権となった。権力は必ず腐敗するという言葉通り、安倍政権の驕りはエスカレートするばかり。だが、何があろうと内閣支持率は暴落せず、安倍一強政治は頑として揺るがないのである。いきおい不満は、野党やメディアに向かう。どうしたら膠着した政治に風穴を開けることができるのか。十年一日のやり方でほんとにいいのか。ヒントはどこかにあるはずだ。

「反知性主義」を批判するあなたの知性

最近、「反知性主義」という言葉をよく聞く。

「現代思想」二〇一五年二月号の特集は「反知性主義と向き合う」だったし、「文學界」同年七月号の特集は「「反知性主義」に陥らないための必読書50冊」だ。

反知性主義なる語は安倍政権批判とセットで使われることが多い。たとえば**佐藤優『知性とは何か』**は〈本書は、日本の政治が急速に反知性主義化していることに対する危機意識を背景に書かれたものである〉としたうえで、次のように述べる。

〈安倍《あべ》晋三《しんぞう》政権が軌道に乗ってきてから、私はあえて「反知性主義（antiintellectualism）」という言葉を用いて、現在の国内政治や外交を批判することにしている。反知性主義を大雑把に定義するならば、「実証性や客観性を軽視もしくは無視して、自分が欲するように世界を理解する態度」である。／（略）／もっとも、反知性主義者が、自分の物語に閉じ籠もっているだけならば、他者に危害は加えないが、政治エリートに反知性主義者がいると、国内政治、国際政治の両面でたいへんな悪影響を与え、日本の国益を毀《き》損《そん》することになる〉。

彼が反知性主義の例としてあげるのは〈歴史修正主義（特にナチズムに対する再評価）、ナショナリズム、国語力の低下など〉であり、反知性主義が国益を毀損した具体的な事例は、麻生太郎財務大臣の「ナチスの手口に学べ」発言であり、解釈改憲による集団的自衛権行使容認の閣議決定であるという。我が意を得たりの人も少なくないだろう。

でもさ、反知性主義っていう言葉、なんか引っかかるのよね。

安倍政権的なるものを批判するのに「反知性主義」という言葉は有効なのだろうか。「反知性主義者」と批判された反知性主義者は反省するだろうか。「知性のある私」が「知性のないあなた」を批判する。そういうやり方をしてきたから、日本の知識人ないし左派は敬遠され、嫌悪され、「情」で勝負の右派に人が流れたんじゃないのか。

つまり「バカが世の中を悪くする」ってこと？

というモヤモヤした気分を抱えたまま、**内田樹編『日本の反知性主義』**を読んでみた。

カバー袖にはこんな惹句が印刷されている。〈集団的自衛権の行使、特定秘密保護法、改憲へのシナリオ……あきらかに国民主権を蝕み、平和国家を危機に導く政策が、どうして支持されるのか？　その底にあるのは「反知性主義」の跋扈！〉。〈日本の言論状況、民主主義の危機を憂う気鋭の論客たちによるラディカルな分析〉と書かれてもいるように、九名の論客が寄稿したこの本も、安倍政権批判の文脈で企画された本のようだ。

だが、完成したこの本は、版元（編者？）の意図とはまるで異なる奇っ怪な論考集になってしまった。うっかり執筆を引き受けた論者には、とんだ災難だったのではないか。

「反知性主義」という言葉はリチャード・ホーフスタッター『アメリカの反知性主義』（原著、一九六三年）に由来する。この本もその書名を踏襲したと語る編者・内田樹の論考「反知性主義者たちの肖像」からして、何をいいたいかよくわからない。いわく〈個人的な知的能力はずいぶん高いようだが、その人がいるせいで周囲から笑いが消え、疑心暗鬼を生じ、勤労意欲が低下し、誰も創意工夫の提案をしなくなるというようなことは現実にはしばしば起こる。（略）私はそういう人を「反知性的」とみなす〉。いわく〈反ユダヤ主義に見られる「陰謀史観」は、反知性主義の典型的なかたちである。私はそれを「反知性」と判定する〉。反知性主義の何たるかをめぐって言葉の周りをうろうろするだけ。要するに、だから何？

白井聡「反知性主義、その世界的文脈と日本的特徴」は、内田論文よりは多少生産的かもしれない。内田同様、反知性主義とはホーフスタッターがいう〈知的な生き方およびそれを代表するとされる人びとにたいする憤りと疑惑〉だとしたうえで、白井は〈大衆民主主義社会では、反知性主義の心情が社会の潜在的な主調低音となる〉ことに注目し、今日、反知性主義が活気づいている要因を、八〇年代から進行していたネオ・リベラリズムによる新しい階層社会の出現と、対立を避ける天皇制国家の構造に求める。「下流」「B層」「ヤンキー」などと呼ばれる反知性的な「新しい下層階級」が現在の政治権力のもっとも重要な票田だという説は、たしかに説得的ではある（が、よく考えれば、さほど珍しい指摘でもない）。

版元（編者？）の意向にもっとも沿った論文は、平川克美「戦後70年の自虐と自慢」だろうか。

平川は〈まったく自分が知らないことを、あたかも知っているかのように日本国民に向けてレクチャー〉する安倍晋三と、〈知性というものを徹底的に軽蔑するというポーズ〉をとる橋下徹を比較し、反知性的な立ち位置が大衆の煽動に役立つことを熟知した橋下の政治手法を分析する。また安倍や橋下が自虐史観と呼ぶ歴史の検証こそが知性的な態度であることを、ドイツと比較しながら語ってみせる。たしかにそれは腑には落ちる（が、これとてわざわざ知性／反知性という用語を用いる必要があるとは思えない）。

ほかの論者もみな困惑気味だ。高橋源一郎は〈「日本の反知性主義」（だったっけ？）について書いてほしいといわれたんだけど、ぜんぜん書けない〉〈「反知性主義」という言い方の中に、どうしても含まれてしまう「あんたたちは反知性だけれど、こっちは知性だよ」というニュアンスが好きになれない〉とボヤく（「「反知性主義」について書くことが、なんだか「反知性主義」っぽくてイヤだな、と思ったので、じゃあなにについて書けばいいのだろう、と思って書いたこと」）。赤坂真理は〈実は「反知性」という言葉が私にはわかりません〉と告白し（「どんな兵器よりも破壊的なもの」）、想田和弘は〈正直、僕は何ヵ月もの間、筆が進まなくて苦しんできた〉と吐露する（「体験的「反知性主義」論」）。それぞれ四苦八苦しながら「知性とは」「反知性とは」に思いをめぐらせているのだが、いずれもきわめて歯切れが悪い。

こうまでして「反知性主義」にこだわることに、いったいどんな意味があるのだろう。手の込んだやり方で「バカが世の中を悪くする」といいたいだけ、に見えるんですけどね。

本来の「反知性主義」はラディカルな思想

さて、このような混迷状況を見るに見かねて、いわば「待った」をかけたのが、森本あんり『反知性主義――アメリカが生んだ「熱病」の正体』だった。

日本の論壇で最近よく聞く「反知性主義」は〈どちらかと言うと社会の病理をあらわすネガティヴな意味に使われることが多い〉が、もともとは〈単なる知性への反対というだけでなく、もう少し積極的な意味を含んでいる〉と森本はいう。この本が描き出すのは「アメリカ化（土着化）したキリスト教」ともいうべき「信仰復興運動（リバイバリズム）」を中心にした反知性主義の歴史、換言すればアメリカの精神史である。

アメリカに入植したピューリタンは厳格な聖書解釈を重んじるため、もともと高学歴者が多く、極端な「知性主義」の社会だった。牧師の養成を目的に設立された東部のエリート大学などが知性主義の代表例だ。しかし、知性は容易に権威と結びつき、リベラルアーツ教育によって培われた知のピラミッド構造は「知性による権威の階級的な固定」をもたらす。こうして硬直化した既存の知性主義に、ラディカルな平等主義の立場から異を唱えたのが、反知性主義の源流たるリバイバリズムだった。反知性主義は折々に民衆を煽動するヒーローを生み出し、近年ではエンターテインメント化、ビジネス化することで、形を変えつつ生き続ける。

反知性とは〈最近の大学生が本を読まなくなったとか、テレビが下劣なお笑い番組ばかりであるとか、政治家たちに知性が見られないとか、そういうことではない〉と森本はいう。〈「知性」とは、単に何かを理解したり分析したりする能力ではなくて、それを自分に適用する「ふりかえり」の作業を含む〉。つまり「反知性」とは、「ふりかえり」が欠如した知性に対する異議申し立て。〈知性が知らぬ間に越権行為を働いていないか。自分の権威を不当に拡大使用していないか。そのことを敏感にチェックしようとするのが反知性主義である〉。

そ、そうだったのか！　反知性主義とはバカの別名どころか「反体制」「反権力」「反権威主義」「御用学者批判」などにむしろ近い態度のことなのだ。

だとすると、知性（権威）の側からバカを論評する『知性とは何か』や『日本の反知性主義』こそ、悪しき知性主義の見本ってことになりません？

むろん佐藤優や内田樹は、日本を代表する知性の持ち主であるから、本来の反知性主義が何かは重々承知のうえで「あえて」意味をズラし、劣化する日本社会に警鐘を鳴らしたのであろう。あろうけれども、日本の知識人はバカの悲しみに鈍感なところがあるからな。

『日本の反知性主義』の中で、反知性主義（本来の意味での）にもっとも近いのは、小田嶋隆「いま日本で進行している階級的分断について」だろう。

〈東京の場末の町で生まれ育った者にとって、「反インテリ志向」は、あらかじめの宿命として気が付くとビルトインされている「天質」のようなもの〉と語る小田嶋は「ヤンキー」なる語を無自覚に振り回すインテリ層を痛烈に批判し、〈反知性主義をめぐる議論は、知性云々を軸にした対立であるよりは、「分断」のストーリーなのだと思っている〉と書く。それは学歴や偏差値や戦後民主主義という名の「優等生思想」によってもたらされる分断なのだと。

反知性主義（今日の文脈での）を批判するインテリ層は、まず自分の胸に手をあてて、知性や教養が嫌われた理由を真摯に考えるべきではあるまいか。〈反知性主義に対抗するために重要なのは、知性を復権することだ。それは主に読書によってなされる〉（『知性とは何か』）などと説いたところで、状況を変える足しになるとは、正直、とても思えない。

(2015.9)

『知性とは何か』佐藤優、祥伝社新書、二〇一五年　〈日本には「反知性主義」が蔓延している〉〈この反知性主義が日本に与える影響を検証し、反知性主義に対抗するための「知性」とは何かを考える〉（カバー袖より）。安倍政権、ナショナリズム、歴史修正主義への批判には頷くところもあるが、読書術や語学習得術などのノウハウは自己啓発書風。反知性主義批判ならぬ教養主義の復権の書？

『日本の反知性主義』内田樹編、晶文社、二〇一五年　〈国民主権を蝕み、平和国家を危機に導くはずの〉政策に支持が集まる国。〈これは先の戦争のとき（略）と同じく、国民の知性が（とりわけ歴史的なものの見方が）総体として不調になっているからでしょうか〉（「まえがき」より）。編者の依頼文）。九つの論文（と一本の対談）を集めた論考集。知性／反知性に関する多様な考えかたは学べる。

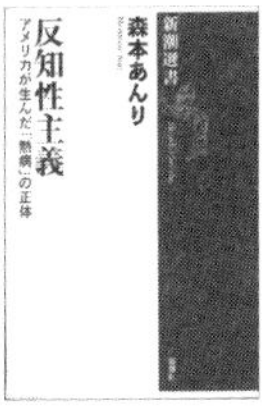

『反知性主義――アメリカが生んだ「熱病」の正体』森本あんり、新潮選書、二〇一五年　アメリカでは、なぜ反インテリの風潮が強く、キリスト教が異様に盛んで、ビジネスマンが自己啓発に熱心で、政治が極端な道徳主義に走るのか。〈謎を解く鍵は、アメリカで変質したキリスト教が生みだした「反知性主義」〉（カバー裏より）。無批判に使われている反知性主義を一から解説した好著。

誰が北朝鮮拉致問題をねじ曲げたのか

拉致問題、正確にいえば「北朝鮮による日本人拉致問題」なんてもう古い話だしな、とか思ってません？　白状すれば、私もそう思ってました。

小泉純一郎首相が電撃的に北朝鮮を訪問し、金正日国防委員会委員長との日朝首脳会談に臨んだのが二〇〇二年九月一七日。両者は「日朝平壌宣言」に署名し、国交正常化交渉を再開することで合意。その日から日本は上を下への大騒ぎとなった。

〇二年一〇月一五日には、地村保志さん・地村（浜本）富貴恵さん夫妻、蓮池薫さん・蓮池（奥土）祐木子さん夫妻、曽我ひとみさんの五人が帰国。〇四年五月二二日の二度目の小泉訪朝後、地村家の三人の子どもと蓮池家の二人の子どもが帰国した。曽我さんがジャカルタで夫のジェンキンスさんと二人の子どもに再会、家族ともども日本に戻ったのは〇四年七月一八日である。

こうした動きがあった一方、北朝鮮は第一回小泉訪朝の時点で、横田めぐみさん、田口八重子さん、市川修一さん、増元るみ子さんら八人の死亡を発表しており、〇四年の曽我さん一家の一件以来、事態は膠着したまま何も進展していない。

とはいえ、〇二年からの数年間は、拉致問題についての報道も議論もそれなりに活発だったのである。それがいつからか「あの件にはふれたくない」という雰囲気が醸成され、気がつけば「もう古い話」と化していた。安倍晋三首相はときどき思い出したように「解決にあらゆる手段を尽くす」と表明するが、本気にしている人はほとんどいないだろう。ご多分に漏れず、私もほぼ関心を失っていた。ところが、ある本を読んでちょっと気分が変わったのだ。

家族会をのっとった「救う会」の正体

蓮池透『拉致被害者たちを見殺しにした安倍晋三と冷血な面々』。蓮池薫さんの兄であり、かつて「北朝鮮による拉致被害者家族連絡会（家族会）」の事務局長を務めていた、あの「蓮池兄」の著書である。身も蓋もない糾弾調のタイトル。あまり期待せずに読みはじめたのだが、これがめちゃくちゃおもしろい。私はかつて蓮池兄が大嫌いだったが、その理由もよーくわかった。それは蓮池透のキャラクターというより、彼の利用のされ方によるものだったのだ。

本書の立ち位置は冒頭近くで示されている。

〈いままで拉致問題は、これでもかというほど政治的に利用されてきた。その典型例は、実は安倍首相によるものなのである。／まず、北朝鮮を悪として偏狭なナショナリズムを盛り上げた。そして右翼的な思考を持つ人々から支持を得てきた。／アジアの「加害国」であり続けた日本の歴史のなかで、唯一「被害国」と主張できるのが拉致問題。ほかの多くの政治家たちも、その立場を利用してきた。しかし、そうした「愛国者」は、果たして本当に拉致問題が解決したほうがいいと考えているのだろうか？〉〉。

蓮池兄、いいことというじゃん！　路線の違いから、彼は二〇一〇年に「家族会」を事実上の除名になった。渦中にいた人の著書だけに、その批判は多方面に及ぶ。

まず政治家である。〇二年一〇月、五人の拉致被害者が「一時帰国」した際、名を上げたのは当時の官房副長官だった安倍現首相と内閣官房参与だった中山恭子参議院議員だった。しかし、安倍も中山も北朝鮮側が提示した「一時帰国」の条件を丸呑みして、決められた日程をこなすだけ。五人を奪取する気など彼らにはなかった。多様な外交ルートを探ろうとはせず、主導権にこだわって、事態を悪化させた外務省の責任も大きいと彼はいう。

だが、拉致問題を膠着させた原因としてより重要なのは「家族会」と、そのサポート役だった「北朝鮮に拉致された日本人を救出するための全国協議会（救う会）」だった。

家族会が発足したのは一九九七年。署名活動、省庁への陳情、集会などを通じて世論を喚起し、政府を動かすのが目的だった。が、メンバーは高齢者が中心で、こうした活動にも慣れていない。

そこに現れたのが「救う会」だった。佐藤勝巳を中心とした支援組織で、煩雑な事務作業を無償サポートするという。活動は全国に広がり、署名が集まり、大規模な集会が開かれ、自民党本部への陳情や外務大臣との面会も実現したが、どうもおかしい。支援組織のはずなのに、面会では家族会と対等な扱い。加えて幹部は右翼的な思想の持ち主ばかり。

〈「家族会」と「救う会」は、代表の横田滋氏と会長の佐藤勝巳氏の連名で声明文を公表していたが、その内容は、どこかの圧力団体のファナティックなアジテーションと変わりなかった。とにかく強烈に北朝鮮を批判し、政府に強硬な態度で臨むよう要求することで一貫していた〉と蓮池は書く。被害者の救出は〈自衛隊の派遣により達成されるとし、そのためには憲法九条の改正が必要とした。時には、北の脅威に対抗するため、核武装が必要であると力説する〉というのだから、ちょっと尋常ではない。

「家族会」と「救う会」については、**青木理『ルポ　拉致と人々』**に詳しい。「救う会」の佐藤勝巳は、もともとは西岡力らとともに「現代コリア研究所」という民間団体を主宰していた人物である。青木が〈反金正日政権のイデオローグ〉と呼ぶように、彼らの主張はトンデモ右翼の妄想に近いものだが、「家族会」は佐藤らに急激に感化されていき、連盟のアピールも「右ブレ」していった。青木の質問に答えて、「救う会」の発足にかかわったある人物は〈はっきり言って、後悔しています。佐藤氏を『救う会』トップにしたのは間違いだった。あの連中は、拉致問題や『家族会』を食い物にしたんです〉と語り、別の幹部は〈要するに佐藤氏と西岡氏は『拉致イベント屋』なんです〉と批判する。

そして、内紛などで「救う会」の会長を退いた佐藤は、〈拉致問題や「家族会」を「金正日政権打倒」という自らの政治運動に利用しているのではないか〉という青木の質問に〈最終的にはそれしかないと思います〉と答えるのだ。〈「家族会」なんていうのは、あれはもう烏合の衆ですからね。みんな勝手なことを言っているわけですから。(略)戦略戦術を立てて情勢分析をし、いまこれが重要だということを考える人は誰もいないわけでしょ。(略)表向きは「家族会」を立てて、(政府などに)要請をして動かしていく、それしかないわけです〉。

あの当時、拉致問題には心を痛めながらも、「家族会」や「救う会」の論調に違和感を持った人も多いのではないだろうか。その印象はまちがっていなかったのだ。

排外主義に手を貸したマスメディア

問題はしかし、以上のような「救う会」と「家族会」の実態が当時まったく報道されず、メディアもまた「救う会」の思惑通りに動かされてしまったことだろう。「救う会」は独自の取材を行ったテレビや雑誌などにも激しく抗議し、拉致問題はアンタッチャブルな領域と化した。かわりにメディアはステレオタイプな北朝鮮批判報道を垂れ流し、ひいては排外的なナショナリズムの高揚に手を貸したのである（その傾向は現在まで続いている）。

いっぽう、政府も「救う会」の術中にはまり、別の外交ルートを探るかわりに、「経済制裁」という強攻策が拉致問題の唯一の解決策であるかのように喧伝した。

蓮池透は自身が国会議員に利用された例をあげている。

講演会に議員が来てツーショット写真を撮られ「私は拉致問題に取り組んでいます」という宣伝に使われる。呼んでもいない議員が勝手に顔をだし、挨拶をさせろという。〈二〇〇三年の憲法記念日に改憲派議員の集会に呼ばれ、困惑したこともある。「何を話すのか」と聞くと、「九条を変えろ」とでもいっておけとのこと……馬鹿だった私はそれを真《ま》に受け、「憲法九条が拉致問題の解決を遅らせている」と発言し、その場では称賛された覚えがある。／なんて浅はかな発言だったのだろうと、いま思い出すだけでも冷や汗が出る〉。

ちなみにこの議員とは、安倍首相の盟友だった故・中川昭一衆院議員である。そして蓮池は書くのだ。〈しかし、拉致問題を最も巧みに利用した国会議員は、やはり安倍晋三氏だと思っている。拉致問題を梃《てこ》にして総理大臣にまで上り詰めたのだ〉。

青木はこの点を次のようにまとめている。

佐藤ら反北朝鮮のイデオローグ率いる「救う会」と「家族会」が反北朝鮮ムードを先導し、彼らが熱烈に支持した安倍の人気が高まり、〈冷静で合理的な視座をなぎ倒したナショナリズムと評すべき感情が拡散し、それが安倍という若き政治家を宰相の座にまで押し上げた〉のだと。

さて、最初の小泉訪朝から十数年。拉致問題に解決への道はあるのだろうか。

二〇一四年に出版されたブックレット『**韓国・北朝鮮とどう向き合うか**』で、コリア・レポート編集長の辺真一《ピョンジンイル》は〈三度目の調査は最後通牒に等しい。まして金正恩政権下の最初の調査結果ですから、これがすべてなんです〉と述べている。

三度目の調査（報道では「再調査」）とは、一四年五月の日朝会談における「ストックホルム合意」（経済制裁の一部緩和と引き替えに北朝鮮が残る拉致被害者の再調査をする）を指す。〈もう小泉の二度目の訪朝から一〇年ですから、ある意味では白黒つけなければいけない〉。この件は、結局いまだに何も解決していないのである。

(2016.4)

【付記】二〇年六月五日に被害者家族の横田滋さんが亡くなり、安倍首相は「ご存命の間にめぐみさんとの再会を実現できなかったことは断腸の思いであり、まことに申し訳なく思っている」と述べたが、拉致問題はその後も膠着したまま、ほとんど何も動いていない。ちなみに蓮池透はその後、れいわ新選組から参院選に出馬するなど、いまや反安倍系の論客である。

『拉致被害者たちを見殺しにした安倍晋三と冷血な面々』蓮池透、講談社、二〇一五年　拉致問題当事者である「家族会」元事務局長によるレポート。小泉訪朝後、五人の拉致被害者の「帰国」までの舞台裏、政治家の動き、外務省とマスメディアの罪、「家族会」「救う会」の内実など。タイトルはどぎついが、経済制裁一辺倒ではない、日朝の歴史検証も含めた具体的な解決策を真摯に提言している。

『ルポ　拉致と人々――救う会・公安警察・朝鮮総聯』青木理、岩波書店、二〇一一年　通信社のソウル特派員として小泉訪朝を取材したジャーナリストによるルポルタージュ。元「家族会」の蓮池透、「救う会」の佐藤勝巳、元外務官僚・田中均ほか多数の関係者にインタビューし、なぜ拉致問題が膠着状態に陥ったかを多角的に検証。メディアへのバッシングが記者を萎縮させた過程なども興味深い。

『韓国・北朝鮮とどう向き合うか』東アジア共同体研究所編、鳩山友紀夫＋辺真一＋高野孟＋朴斗鎮著、花伝社、二〇一四年「東アジア共同体研究所」は理事長・鳩山友紀夫。金正恩体制と日朝交渉について（鳩山＋朴）、安倍「拉致外交」について（鳩山＋高野＋朴）など、ネット配信された三本の対談と鼎談を収める。ストックホルム合意後に見えていた拉致問題解決の可能性と限界とは……。

だからリベラルは負けるんです

七月一〇日に投開票が行われる二〇一六年の参院選。与党の自民公明を含め、改憲勢力が三分の二以上の議席を占めれば、憲法改正が発議される可能性が出てきた。

野党側もさすがに危機感を覚え、全国のすべての一人区に、民進党、共産党、社民党、生活の党の四党の統一候補を立てる野党連合が成立した。共闘の音頭をとったのは共産党。これまで必ず独自候補を立ててきた共産党の譲歩は歓迎すべき変化である。安倍政治はもうたくさんだ。私も野党側に勝ってほしいと切に願っている。

なんだけど、ほんとに勝てるかとなると「今度もダメなんじゃねーの?」という疑念も禁じ得ない。疑念というか、これはもう半ば確信に近い。野党、特に左派リベラル陣営の戦い方に、じつをいうと、私はだいぶ前からウンザリしているのである。

選挙のたびに彼らはいう。ここで勝たなきゃ日本は終わりだ! だけど、結局負けるよね。なのに敗因を真摯に検証するでもなく、政府与党の悪口に明け暮れて、やがて次の選挙がくる。と、また「今度こそ勝たなきゃ日本はおしまいだ」という。で、また負ける。

作戦がないんだもん。勝てるわけがないのだ。希望的観測で「次こそ勝つ」という幻想にすがり、精神論をブチ上げるだけ。これではまるで旧日本軍ではないか。

でもさ、そういうことというと、みんな怒るのよね。ここはもうちょっと冷静に考えてほしいです。ということで、参院選直前緊急企画、「左派リベラルに苦言を呈する本」を読んでみた。

左派は経済も憲法もわかってない

まず、**松尾匡『この経済政策が民主主義を救う』**。副題はそのものズバリ「安倍政権に勝てる対案」である。ひと言でいえば、左派リベラルが選挙で勝てないのは経済政策が間違っているからだ、それが本書の主張である。

安倍晋三首相の目標は改憲だとしたうえで、松尾はいう。〈「アベノミクス」と銘打って遂行されている経済政策もまた、安倍さんの野望実現のための手段だと見ています。選挙のときに好景気を実現して圧勝し、あわよくば改憲可能な議席数を確保するための手段です。もしそうならば、「アベノミクスはお金持ちや財界や金融資本のためにやっていることで、すぐに破綻する」というような見方をしていたら、足をすくわれることになります〉。

実際、反安倍派がタカをくくってアベノミクスを嘲笑している間にも、綿密な作戦を立て、景気の動向を読み、安倍政権は見かけ上の成果を上げてきたのである。一四年に消費税を五％から八％に上げて失速はしたものの、一三年以降、企業倒産件数は減り続け、失業率も漸減してきた。

世論調査の結果を見れば、集団的自衛権の行使にも安保法制にも川内原発の再稼働にも、じつは反対の人が多い。それでも安倍政権は高い支持率をキープしてきた。〈なぜかと言えば、やはり、景気のこと以外に考えられないと思います〉と松尾はいうのだ。

〈安倍政権は、安保政策や原発政策は大して支持されていないけれど、他の政党より景気の先行きに希望がもてるから良しとされているのでしょう。「庶民には景気の実感がない」と野党のみなさんがいくら叫ぼうが、また民主党政権のころまでのような不況に戻るのはまっぴらごめんというのが、多くの有権者の実感なのだと思います〉。有権者は長引く不況の中で「改革」に痛めつけられ、もう不況はこりごりと思っている。だとすれば、〈左派・リベラル派の野党がまず掲げるべき経済政策のスローガンは、「安倍さんよりもっと好況を実現します!」ということ以外にありません。景気拡大に後ろ向きのことを言ったら自殺行為になります〉。

いわれりゃ、まったくその通り。景気回復に後ろ向きでは選挙に勝てない――これは左派リベラルの盲点だったのではあるまいか。〈有権者が選挙で重視してきたテーマは、このかんずっと、景気や雇用、福祉など、暮らしに直結するテーマであって、安保問題等々は二の次なのだということ〉に彼らは(私も)概して鈍感だった。

それ以前に、左派リベラルは、望ましい経済政策とはどのようなものかを見失っていたきらいがある。ヨーロッパの左派政党はこぞって「量的緩和」と「財政出動」を打ち出している。量的緩和とは中央銀行(日本でいえば日銀)が市場にカネをじゃんじゃん出すこと、財政出動とは公共事業に国がじゃんじゃん投資することだが、この二つの組み合わせが景気を回復に向かわせる。安倍政権が「第一の矢」でやろうとしたのは、まさに量的緩和と財政出動の組み合わせだった。

与党に野党はお株を奪われてしまったのだ。だから松尾はいう。〈安倍さんの暴走にストップをかけるために野党側が掲げるべき政策は明らかです。日銀がおカネをどんどん出して、それを政府が民衆のために使うことです〉。

もう一冊。**井上達夫『憲法の涙』**は前著『リベラルのことは嫌いでも、リベラリズムは嫌いにならないでください』の続編。いわゆる「護憲派」にダメ出しをした本である。〈護憲派は、憲法を守ると言いながら、憲法違反の自衛隊・安保の現実を専守防衛の枠内ならOKと政治的に是認している。しかも、この矛盾を解消するために必要な専守防衛明記の新九条制定を求める改憲運動も拒否している。護憲と言いながら、その実、違憲事態を存続させようとしている。憲法を裏切っているという点では護憲派のほうが罪が重いでしょう〉。

これまた厳しいご意見である。〈私は国会前デモで「九条守れ！」と叫んでいる人たちに聞きたいですね。「あなたたちはいったい何を守りたいのか？」〉と井上はいう。〈専守防衛体制を守りたいの？　だったら、九条は一切の戦力保持と交戦権行使を禁じているのだから、専守防衛のための戦力保持と交戦権を認めるよう、「九条改正」を主張すべきでしょう。「九条守れ！」じゃなく、「九条変えろ！」でしょう〉。〈非武装中立という九条の真義を守りたいの？　だったら、安倍政権の安保法制どころか、自衛隊・安保そのものの廃止を求めるべきでしょう。「戦争法案反対！」じゃなくて、「自衛隊反対！　安保反対！」でしょう〉。

右派の改憲勢力が勢いづいているこのときに、まして安倍政権下で九条改正論を持ち出すのは火に油を注ぎ、敵に塩を送るだけ。そういう原則論としての改憲の是非は「平時」にやってよ、と私は思っているので、井上の挑発に乗る気はない。とはいえ九条が抱える矛盾と護憲論者が真正面から向き合ってこなかったのは事実だろう。

「九条を変えろ」ではなく、「九条を削除しろ」というのが井上の提言である。安全保障の基本政策は、通常の民主的な立法過程で、絶えず議論しながら決定され、試行され、批判的に検討されていくべきものであって〈憲法に書き込むべきではない〉というのが彼の持論だ。みんなが好きな〈九条が平和を守っている〉という認識もウソで、〈戦後日本が外から侵略されることなく平和でいられたのは、これはもう自衛隊と日米安保のおかげです〉。

ロマンチックな護憲派は反論するかもしれないが、たしかにそれが現実かもね。

反安保法制デモは「三ちゃん農業」

以上二冊の本から導き出させるのは、左派リベラルの言説がいかに現実と乖離しているか、それがいかに形骸化したクリシェ（決まり文句）と化しているか、である。こういう意見には真摯に耳を傾けたほうがいいと思いますよ。心情的には左派リベラルを支持していても、紋切り型の台詞にゲンナリしているのも、だって事実だし。

その伝でいくと、左派リベラルへの苦言として、さらに辛辣なのは、**浅羽通明『「反戦・脱原発リベラル」はなぜ敗北するのか』**だろう。これはほんとにイヤミな本で、リベラルの「痛いところ」「さわられたくないところ」をこれでもかと突きまくる。

二〇一五年夏の安保法制反対デモは、九月の法律の成立で反対派の敗北に終わった。だが、反対派は人々がデモなどで自らの意思表示をしたことを評価した。負けたのに勝ったという、おめでたいレトリック。その現象をとらえ、〈撤退を転進と言い換えた大本営発表は有名ですが、リベラルも全く同じでしょう〉と浅羽は切り捨てる。〈バーチャル脳内観念世界で闘っているから、リアルな勝敗はどうでもよくなってしまう〉わけで、〈これでは何度闘っても、経験は生かされない。同じ闘いをし、同じ限界へぶつかり、同じ敗北を続けるでしょう〉。

耳は痛いが、あまりに的を射ていて笑っちゃいそうだ。このときのデモを指して彼は〈なんか三ちゃん農業という古い言葉を思い出しました〉とまでいうのである。三ちゃん農業とは、息子がサラリーマンとなり、残ったじいちゃん、ばあちゃん、かあちゃんの「三ちゃん」が担う高度経済成長期の兼業農家のこと。〈デモ参加者も、同じくばあちゃん、じいちゃん、母親、そして若者子どもで、ここでもサラリーマンが欠けている〉。こういう参加者ばかりだから、「バーチャル脳内観念世界」から先に進まないのだ、と。

働き盛りのサラリーマン層を、なぜデモは取り込めないのか。忙しいからではない。彼らは「バーチャル脳内観念世界」とはほど遠い社会で生きているからだ、というのが浅羽の意見だ。〈リアル生活現実世界を生きているビジネスマンほかの実務家にとっては、彼我の力のバランスを測り、周囲の状況もにらみながら、最善の策を練りあげた上で繰り出すのは、仕事で日々やっていることなのです〉。だから集団的自衛権の行使の是非も、観念的な憲法論ではなく〈必要かどうか、有効かどうかで判断してゆく〉。これじゃかみ合わないのも当たり前。

経済政策がダメで、憲法解釈もテキトーで、脳内はバーチャルな観念世界。左派リベラル、何かもうメタメタだ。そんな人々が知恵を出し合って、それでも野党連合を築けたのは奇跡ともいえるけど、はたして選挙の結果がどう出るか、あまり興奮しないで見守りたい。（2016.7）

【付記】一六年の参院選の結果は想像通り自公が勝ち、衆参両院ともに改憲勢力が三分の二を超えた。一人区で野党連合は一一勝、自公は二一勝。一三年の参院選では自公が二九勝だったから野党連合は一定の成果を上げたという評価もあるが、善戦しても負けは負けである。

『この経済政策が民主主義を救う――安倍政権に勝てる対案』松尾匡、大月書店、二〇一六年　左派リベラルはわかってない！　安倍自民党は改憲に向かって突進している。大胆な金融緩和、財政出動、加えて介護や子育て支援まで、左派的な政策を次々に打ってくる彼らに勝つには野党はどうすべきかを、多数のデータをもとに提言。党首選に勝ったイギリス労働党最左派コービンの話もおもしろい。

『憲法の涙――リベラルのことは嫌いでも、リベラリズムは嫌いにならないでください2』井上達夫、毎日新聞出版、二〇一六年　憲法九条を守れ、立憲主義を守れと叫ぶ護憲派はその意味をわかっているのか。九条を裏切る自衛隊と日米安保に便乗しているだけだろう！　九条の削除を唱える一方、集団的安全保障の必要性を説く。並み居る憲法学者への厳しい批判も満載。いろんな意味でスリリング。

『「反戦・脱原発リベラル」はなぜ敗北するのか』浅羽通明、ちくま新書、二〇一六年　脱原発デモも安保関連法案反対デモも勝てないのは、絶望が足りず敗北を自覚せず、バーチャルに生きているからだ！　リベラルは「中二病のセカイ系」、知識人の脳はリアルな現実社会（一階）とバーチャルな観念世界（二階）の二階建て、といった見立ても辛辣で、耳は痛いが、ちょっと笑える。

呪われた東京五輪はアンコントローラブル

リオデジャネイロ五輪も終わり、「次はいよいよ二〇二〇年の東京だ」みたいな空気がただよっている。リオ五輪の閉会式（二〇一六年八月二一日）にはスーパーマリオに扮装した安倍晋三首相まで登場し、心底げんなりだったが、これに喜んでいる人もいるらしい。

しかし、東京オリンピック・パラリンピック（以下、東京五輪）の界隈はすでにトラブル続きである。一度は決まった新国立競技場のコンペのやり直し。やはり一度は決まったエンブレムの盗用疑惑による選び直し。招致にともなうＪＯＣの不正支払疑惑。三〇〇〇億円だったはずの予算は六倍の一兆八〇〇〇億円にまで膨んでいるし、猪瀬直樹、舛添要一と、東京都知事は二人続けて任期半ばで辞任するし、五輪組織委員会の会長だという森喜朗元首相が我が物顔にふるまっているし、まるで呪われたオリンピック！

二〇二〇年まであと四年。このぶんだとまだ何かあるかもね。トラブルが続くっていうことは、運営の方法に何か根本的な問題があるにちがいないからだ。

二〇一三年九月、東京が五輪開催地に決まったとき、絶望的な気持ちになった私。その気分はいまも変わらない。福島第一原発の事故による避難民がまだ九万人もいるいまの日本に、オリンピックなんかやってる余裕があるとはとても思えない。しかし、あれから三年たって、東京五輪反対論はめったに見かけなくなった。はたして東京五輪を開催する意義はあるのだろうか。このところたてつづけに出版されている関連書籍を読んでみた。

オリンピックは絶対に儲らない

巻頭言で〈オリンピックの開催による経済的効果はそれほど期待できないことが分かるだろう〉と述べるのは、**アンドリュー・ジンバリスト『オリンピック経済幻想論』**である。

〈開催地は何十億ドルもの資金を費やし、巨額の借金を作り、様々な社会的混乱や環境破壊を引き起こし、他の目的で使った方が生産的かもしれない土地を奪っていく。／IOCは魅力的な言葉で彼らの目標を語り、人権や、持続可能性や、雇用創出や、健康的なライフスタイルや経済発展を説く。しかし残念ながら、現実はそのような甘い言葉通りにはいかないことをこれまでの大会が示している〉。

なにやら不吉な言葉だが、過去の五輪を検証したこの本を読むと、いま東京で起きていること、起きつつあることは、過去の五輪開催地とも共通していることがわかる。

たとえば予算超過問題。これはどの開催都市でも起きていることで（一九六〇年以降、予算内で収まった開催都市はひとつもない）、〇四年のアテネは一〇倍、一二年のロンドンは四〜五倍、一四年のソチは四〜六倍の費用がかかった。

なぜそんなことが繰り返されるのか。本書は五つの理由をあげる。

①政府のゴーサインを取り付けるために、最低限の安価なプランで見積もり、承認後にあれこれ付け加える「戦略」が常態化している。②開催を目指す都市は、最初は国内の他都市と、その後は世界の他都市と競い合うため、質を張り合っているうちに当初の予算内では収まらなくなる。③プラン作成から実大会までの間に物価が上昇する可能性がある。特に狭い地域に建設物が集中すると、資材や人件費のコストが高くなる。④政治的障害、環境問題、不充分な計画、ずさんな段取り、悪天候、労働争議などで建設スケジュールの遅れは避けられず、入札のルールが甘くなったり、割増料金が必要になったりする。⑤建設費の高騰にともない、不動産価格も大会に向けて上昇する。地元の物価が上がることもある。

つまり予算超過は、最初からわかっていたことだったのだ。

五輪開催にともなう直接的な財政コストは、①運営予算（一七日間の大会運営費など）、②建設予算（恒常的なスポーツ施設の建設費など）、③インフラ整備予算（道路の整備費など）の三つに分かれるが、五輪のコストはもちろんこれだけではない。見落としがちなのは、大会に向けて配置される政治家、技術者、労働者などの人的コストだ。五輪がなければ〈彼らの技術や時間は、より生産的な別の活動にあてることができたかもしれないのだ〉。五輪でできた借金を返すため、医療、教育などの公共サービスが削られた都市もある。

いや、五輪には絶大な広告効果があり、都市のブランドイメージが上がって観光客が増えるのだという説にも本書は異を唱える。〈2012年にロンドンを訪れたスポーツファンは、劇場にも、コンサートホールにも、大英博物館にも、バッキンガム宮殿にも、ハイド・パークにも行かなかった〉。逆に混雑や厳しい警備や高い物価を嫌ってロンドンを避けたツーリストもいたはずで、一二年七月八月の観光客数は、前年の同期と比べて六％減少した。

五輪が儲かるという幻想は、一九八四年のロサンゼルス大会からはじまったらしい。

一九六八年のメキシコシティ大会は政治的抗議の舞台となり、七二年のミュンヘン大会は武装ゲリラによるテロ事件が起き、七六年のモントリオール大会は多額の負債を抱えた。こうして五輪の立候補地が激減する中、八四年の開催地に決定したのがロサンゼルスだった。この大会から、ＩＯＣはプロ選手の参加を認め、五輪の商業化は加速していく。商業化路線を進めたのは、一九八〇年から二〇年間もＩＯＣ会長を務めたサマランチだった。

しかし、もともとの五輪は商業主義とは無縁だったのだ。だからこそ東京五輪は、オリンピック憲章の精神に立ち戻るべきだと小川勝『東京オリンピック』は主張する。

〈五輪は都市の再生のためにやるわけではない。経済成長のためでもない。招致活動において繰り返された文言を用いて表現するなら「今、ニッポンにはこの夢の力が必要」だからでもない。あるいは、国民に観客の立場での「感動と記憶を残す」ためでもない。／五輪の開催目的とは、オリンピズムへの奉仕である〉。

この本を読むと、五輪に対する私たちの認識がいかに間違っていたかに思いいたる。五輪は国家間の競争ではなく、個人参加が基本だと五輪憲章には明記されていること。五輪が国別対抗戦的になったのは一九〇八年の第四回ロンドン大会からで、ブランデージら、七〇年代までのＩＯ

C会長は五輪がナショナリズム高揚の場となることを懸念していたこと。したがって今日のように、国ごとのメダルの数を比較したり、まして日本のように〈政府が自国のメダル獲得数の目標を掲げる〉など言語道断であること。

東京五輪に向けた日本政府の指針を批判しつつ、小川は〈東京五輪を、政治家や官僚や大企業が利権の内部調整に終始するだけの巨大イベントにしてはならない〉と訴える。

なるほどね。でも、彼は東京五輪の開催自体に反対しているわけではないからな。

フクシマを隠蔽し、フクシマを利用する

一方、『反東京オリンピック宣言』は東京五輪自体に反対の立場から編集された論考集だ。

東京五輪を前にした日本の現状について、論者のひとり塚原東吾は二つの特徴があると述べている（「災害資本主義の只中での忘却への圧力」）。

第一に〈オリンピックが三・一一を強制的に忘却させる機能を持たされていること〉。首相の「アンダー・コントロール」発言に反して、危機は悪化している。〈それを隠蔽することが、オリンピックに課せられた最大の使命であるかのようである〉。

第二に〈オリンピックが、三・一一を契機にした「エマージェンシー・ポリティクス（非常事態政治）」の中での、典型的な「災害資本主義」の発動であること〉。災害を経済活動に利用する災害資本主義の別名は「惨事利用型資本主義」。〈東京オリンピックは、非常事態を利用し、資本主義的な収奪システムを再編し、格差の構造を強化するための、格好の事業である〉。

フクシマを隠蔽しつつ、フクシマを利用する。このインチキくささは三年前の東京五輪招致のプログラムを見た際に、私も感じたことだった（拙著『ニッポン沈没』参照）。

この本の「あとがき」で、編者の小笠原博毅が述べていることが示唆的だ。東京五輪を結果的に「成功」に導くのは、手放しの礼賛派ではなく「どうせやるなら」派だろうというのだ。この人たちは〈初期設定においては批判的であり、できるならやるべきではないと思っている。しかし、招致活動が終わり、税金が捨てられ、インフラ整備を含む準備が始められ、開催権の返上や中止が逆に莫大なコストを必要としてしまうということを理由に、事実上後戻りできないと結論づけて、むしろそれまでかかった投資をどのようにすれば「資本貴族」たちの手から奪うことができるのかを提案する〉。

たくさんいそうじゃないですか、こういう人。私がここから想起するのは、端的に「戦争」である。戦争には反対だったけど、どうせやるなら勝たなくちゃ。そのためには……とアイディアを出す人がいちばん役に立つのだ、戦争には。

五輪をめぐる状況は、すでに言論統制も生んでもいる。くだんの「あとがき」で、一三年の夏、全国紙に五輪開催反対論を書いたところ、定期的に仕事をしていた媒体から原稿依頼が一切来なくなったという裏話を、小笠原は明かしている。当時はまさか四大全国紙（朝日、読売、毎日、日経）すべてが五輪の協賛企業になるとは思っていなかった、と。

そうなのだ。新聞もテレビ局も、いよいよこの国のメジャーなメディアはみんな東京五輪の応援団だ。やり方を批判しても、やるなとはいわない。これを大政翼賛と呼ばずして、なんと呼んだらいいのだろう。

(2016.10)

【付記】呪われた東京五輪のトラブルはその後も続いた。一九年には七月～八月の東京の猛暑が問題となり、マラソンと競歩の開催地が札幌に変更された。さらに二〇年三月には、新型コロナウイルス感染症の拡大により、一年の延期が決定した。いまのところ東京五輪は二一年七月～八月に開催の予定だが、開催は不可能だ、中止にすべきだとの声もあり、先行きは不透明である。

『オリンピック経済幻想論――2020年東京五輪で日本が失うもの』アンドリュー・ジンバリスト／田端優訳、ブックマン社、二〇一六年〈オリンピックの開催は経済発展を後押しするという毎年繰り返される主張には、実証的な裏付けはほとんどない〉（カバーより）。バルセロナ、ソチ、ロンドンなどの五輪に遡り、開催都市のメリットとデメリットを検証。コストの回収は難しいと結論する。

『東京オリンピック――「問題」の核心は何か』小川勝、集英社新書、二〇一六年〈政府が示す「基本方針」は、日本選手に金メダルのノルマを課し、不透明な経済効果を強調し、日本の国力を世界に誇示することに固執する、あまりに身勝手な内容〉（カバーより）。オリンピック憲章を紐解きつつ、自国の利益のみを追求する東京五輪の方針を批判し、望ましい五輪の姿を模索する。

『反東京オリンピック宣言』小笠原博毅＋山本敦久編、航思社、二〇一六年〈東京で開催されることになっている夏季オリンピック／パラリンピックの開催権を返上し、開催を中止しよう〉。東京五輪に反対する一六本の論考を収録。多角的な視点から五輪を考察する。単なるスポーツイベントの枠を超え、五輪がときに住民の生活を破壊し、国民を総動員する装置であることが暴かれる。

安倍ヨイショ本で知る「敵」の手の内

二〇一七年二月から三月、四月にかけて、メディアの集中砲火を浴びた大阪市の学校法人・森友学園問題。ことの発端は、同学園の小学校建設予定地（元国有地）が、評価額より八億円も値引きされた一億三四〇〇万円で国から払い下げられていたことだった。

その後の展開は、みなさまご存じの通り。安倍昭恵首相夫人が当初は問題の小学校の「名誉校長」だったこと。同小学校が「安倍晋三記念小学校」の名で寄付を募っていたこと。国会の証人喚問で同学園の籠池泰典前理事長が「昭恵夫人から一〇〇万円の寄付を手渡された」と暴露したこと。昭恵の秘書（夫人付きの官僚）の谷査恵子の名前で籠池氏に送られたＦＡＸに「具体的に予算措置をする方向で調整している」などの文言があったこと。

それやこれやで、安倍首相夫妻が小学校の開設に関与していたのではないか、あるいは官僚が首相に「忖度《そんたく》」したのではないかとの疑惑が浮上。「私や妻が関係していたということになれば、それはもう間違いなく首相も国会議員も辞める」（二月一七日の衆院予算委員会で）と首相が発言したこともあり、ことは政権の屋台骨を揺るがしかねない大事に発展したのだった。

ところで、この騒動で一躍名を上げた（下げた？）のが、各局のワイドショーで政権の代弁に務めた政治評論家やジャーナリストたちである。筆頭格は田﨑史郎。もともと政権寄りの姿勢が目立つ評論家ではあったが、ここでも「総理や夫人は利用されただけ」「このまま幕引きになるんじゃないか」などと発言。他のコメンテーターに一斉に反撃されるハメになった。

ジャーナリストの山口敬之もなかなかのものだった。首相と親しいことをことさらに誇示しつつ「安倍さんは『証人喚問になってよかったよ』といっている」「安倍さんは基本的に『割り勘』の人。一緒に食事に行ってもゴルフに行っても割り勘だし、ポンとお金を出す人ではない」などと発言。これまた失笑と顰蹙を買った。

首相と頻繁に会食していることから、ネット上では、田﨑史郎は田﨑スシロー、山口敬之は山口ノリマキと呼ばれて嘲笑されている始末である。とはいえ彼らも政治のプロ。安倍政権を論じた本だって出しているのだ。いったい何が書かれているのだろう。

御前会議、側近政治、官僚の奴隷化

というわけで、**田﨑史郎『安倍官邸の正体』**と**山口敬之『総理』**を読んでみた。どちらも新刊ではないし、しょせんは安倍官邸の手腕を高く評価した「安倍ヨイショ本」である。だが、現在の安倍政権がなぜああなのかを知るうえで、たいへんタメになる本だった。

押さえておきたいポイントは二つ。

第一のポイントは官邸の強固な主導体制についてである。

〈安倍は小泉に比べ発信力では劣る。しかし、「安倍さんのためなら何でも汗をかく」という同志には恵まれている〉と田﨑はいう。権力の中枢にあるのは六人の構成員からなる「正副官房長官会議」。首相以外のメンバーは、菅義偉官房長官、加藤勝信、世耕弘成、杉田和博という三人の官房副長官、そして首席秘書官の今井尚哉。

事実上の「最高意思決定機関」だと田﨑がいうこの会議では、いったい何が話し合われているのか。参加者の証言は以下のごとし。

〈「だいたい総理の決意とか温度を聞く場です。『俺はこれは絶対にやりたいと思っている』とか、『これはあんまり延ばしたくない、早くやったほうがいいと思っているんだ』というような、まず半分以上はその確認の場です。それを聞くとだいたい分かる。『あ、なるほど、分かりました。じゃ、そういう感じでこっちも動きます』ということになるわけで、それが非常に有効ですね」〉。

これではまるで御前会議か、前近代の側近政治である。

実際、田﨑は〈菅、今井が安倍官邸のキーパーソンである。人事にせよ、政策にせよ、外交方針にせよ、核心の事柄は安倍、菅、今井の三人で決めている〉と付け加えている。

今井は経産省出身の官僚で、第一次安倍政権時代の事務秘書官だった。退陣後も安倍の元に通い詰めて再起を助けた、まさに側近中の側近だ。しかし、国会議員である菅はまだしも、秘書官の今井が権力の中枢で政策の決定に関わるとはどういうことなのか（ついでにいうと、今井は首相夫人付きの谷査恵子の直属の上司。一九年九月からは首相補佐官も兼務している）。

第二のポイントは、官邸の巧妙な官僚支配術だ。

政治家と官僚が対立するのはよく知られた話。〈「官庁のなかの官庁」といわれる財務省の情報収集能力は、永田町の老練な政治家ですら震え上がらせる。実際、旧大蔵省と対立して最終的に失脚していった政治家は枚挙に遑《いとま》がない〉と山口はいう。だが安倍官邸は省庁を支配下に置くことに成功した。一四年五月に「内閣人事局」を発足させ、各省庁の幹部人事を官邸で一元的に掌握するしくみをつくったからだ。人事面の実権を握るのは菅。

〈安倍の菅への信頼は絶対的だ。安倍は政権が取り組む重要な案件のほとんどに菅を関与させ、具体的かつ強大な権限を与えている。そして与えられた権限をフル活用して菅が取り組んでいるのが官邸主導の政策立案であり、その骨格をなすのが霞が関をコントロールするための「人事術」である〉と山口は解説する。内閣人事局発足後、役所がもってくる人事案を菅はことごとく突き返した。〈その時の菅の殺し文句は、／「どうでしょうね。この案を総理が納得すると思いますか？」〉。田﨑も同様の指摘をする。〈人事をテコに霞が関官僚を動かしていく。（略）各省幹部の人事権を掌握することによって、予算編成や主要な政策決定においても主導権を握ることができるようになった〉のだと。以上をまとめると……。

①側近政治に近い官邸の支配体制。
②人事権を握られて手も足も出ない官僚組織。

これだけでも手強いといわざるをえないが、ここにもうひとつの要素が加わる。

③小選挙区制によって手足を縛られた国会議員。

半ばわかっていたこととはいえ、官邸支配がいかに盤石かってことである。「安倍一強」とは与党が多数を占める国会の勢力以上に、官邸の独裁体制のことなのだ。森友問題に限らず、これでは官僚の「忖度」が全面的に働くのも当然だろう。

居直る腰巾着型の政治記者たち

永田町や霞が関以外にもうひとつ、重要なのはメディアの側の問題だ。

あきれたことに、田﨑も山口もこうした官邸のやり方を批判、あるいは問題視する気配はまったくないのだ。田﨑は官邸に代わって〈今後、政権を担う人たちには参考にしてほしい〉と政治家に意味不明なアドバイスをする始末だし、山口にいたっては〈外部からの観察者という立場を超えて、図らずもメッセンジャーとなったり、政局の触媒となったりする〉ことは〈記者も永田町の構成員である以上、避けられない〉と開き直るありさまだ。

〈「取材対象との距離が近い＝不適切」という類《たぐい》の批判には私は断固反対する〉という山口。読売新聞と産経新聞は安倍インタビューが多いため〈「読売、産経は安倍政権の露払い役」などと揶揄する向きがある〉が〈私はそうは思わない〉と書く田﨑。〈時の首相が何を考えているか、今後何をしようとしているかなどをできるだけ早く国民に伝えることが私たちメディアの責務だと考えるからだ。伝えた上で、批判するなら批判すればいい〉。

じゃあ批判しろよ、である。できるわけないのだ。権力の中枢から情報を取れることだけが彼らの強みであり、官邸に出入り禁止になった途端、彼らの存在価値はなくなるからだ。

メディアが政権批判に及び腰なのは「官邸の圧力」や「記者の自粛」によるものだと私たちは

考えてきた。だけど、圧力をかけるまでもないのである。想像するに、似たような腰巾着型の政治記者は各社にいるにちがいない。最初から安倍に共鳴していたかどうかはともかく、年中会食やゴルフや登山をし、ときには政治家間の仲介役を務め、政策の入れ知恵までしていたら、いやでも情は移り、権力の側から世間を見る癖がつく。

ジャーナリズムの最大の役割は権力の監視である、という常識もどこ吹く風。これではニュースの質が落ちるのも道理だし、安倍政権がやりたい放題なのも道理である。官僚のみならず、記者の「忖度」もまた、権力を肥大化させた原因というほかない。

にしても、なぜ現政権はそこまで権力の掌握に執念を燃やすのか。「安倍には明確な国家ビジョンがあるからだ」というのが安倍に好意的なメディア関係者らの見方である。安全保障政策の転換、歴史認識の転換、教育改革、慰安婦問題、拉致問題、そして改憲……。

田﨑や山口と同じか、それ以上に安倍にベッタリなことで有名な産経新聞の阿比留瑠比は『総理の誕生』でこう述べている。安倍は〈「何となくリベラル」という生ぬるい空気を現実的な保守路線へと変えることを目指していた〉。〈もともと安倍は主流派でも何でもなく、むしろ党内にあっては異端だった〉。〈最高権力者となった今も、自分やその同志たちを自民党内においても政界全体においても「少数派」だと自覚しているはずである〉。

チームの結束力と実行力は、少数派であることを前提に周到な戦略をもってコトに臨んでいるからなのだ。目標のためにはルールの変更も朝飯前。総裁の任期を延長することも辞さない。反安倍派は、安倍は知力が足りないと嘲笑するが、現実は安倍の思惑通りに動いている。敵を見下すチームに勝利はない。安倍一強を突破したければ、反安倍陣営は彼らの周到な権力掌握術、メディアのコントロール術をもっとマジメに研究すべきだろう。

(2017.5)

【付記】安倍の側近として名前の出てくる加藤勝信は一九年九月から厚生労働大臣。山口敬之は伊藤詩織さん性暴力事件の加害者として有名になり（二六三ページ参照）、コメンテーターとしての生命は断たれたが、田﨑史郎は安倍政権の代弁者としてその後もメディアで活躍している。

『安倍官邸の正体』田﨑史郎、講談社現代新書、二〇一四年　著者は一九五〇年生まれ。時事通信社政治部記者を経て政治評論家。安倍とは〈退陣後の〇八年一一月から会食したり、議員会館で会ったりして何度も話している〉仲で、安倍は強硬保守とは一線を画した「愛国的現実主義者」だと分析する。官邸の力関係に詳しく、ことに菅官房長官、今井首席秘書官らの剛腕ぶりが印象的だ。

『総理』山口敬之、幻冬舎、二〇一六年　著者は一九六六年生まれ。ＴＢＳの政治部を経て、一六年からはフリージャーナリスト。安倍とは小泉政権の官房副長官時代に番記者として出会い、〈出会った当初からウマが合った〉。〇七年の安倍退陣をスクープしたことで注目されたが、安倍と麻生や菅との連絡係は務めるわ、演説原稿に口出しするわ。それを自慢げに語るのがバカバカしい。

『総理の誕生』阿比留瑠比、文藝春秋、二〇一六年　著者は一九六六年生まれ。産経新聞社政治部記者（現在は論説委員兼政治部編集委員）。九八年に新人議員の安倍に密着して以来〈安倍という政治家を見続けてきた〉。安倍を「革命的政治家」とまで呼ぶヨイショ本だが、思想信条を同じくするだけあり、右翼扱いされてきた少数派のルサンチマンにも言及。中川昭一や橋下徹の逸話も興味深い。

自己責任じゃ語れない貧困と格差社会

そうか、日本はもう「豊かな社会」でも「平等社会」でもないんだ！　私がはじめてそう認識したのは、橘木俊詔『日本の経済格差』（岩波新書）が出た一九九八年だった。その伝でゆくと、今年は格差社会二〇周年なのである。

もっとも、その当時はまだ、実感が伴っていたとはいいがたい。格差が顕在化したのは、二〇〇〇年代に入り、小泉純一郎政権下で新自由主義経済へと舵が大きく切られてからである。二〇〇六～〇七年には「ワーキングプア」「ネットカフェ難民」といった言葉が注目されて「格差社会」の認識が急速に広がり、〇八年のリーマンショック後はさらに拍車がかかって、貧困が大きな社会問題として浮上した。それから、ざっと一〇年が経つ。

私たちは「八〇年代、九〇年代には一億総中流社会とかいってたのにね。なんでこんなことになっちゃったのかね」などと、口にしがちである。しかし、「一億総中流社会」という認識そのものが、じつは幻想だったのかもしれない。日本の「格差」は、あるいは「貧困」はいま、どんなことになっているのだろうか。気になる新刊書を読んでみた。

労働者の下半分はアンダークラス

まず「貧困」とは何かという問題から。

岩田正美『貧困の戦後史』は、貧困の「かたち」に着目した戦後史である。〈戦後日本の貧困は、「復興」と成長の中で「減少」し、他方でバブル崩壊後の一九九〇年代半ば以降「増加」したという、「増減」として語られるのが普通〉だが、貧困はいつの時代にもある。時代によって異なるのは「貧困の形態」だと本書はいう。

文字通り「食べるものすらなかった」敗戦直後。「みんな貧しかった」時代だが、「みんな」の最底辺にいたのは、食糧に加えて住宅も確保できなかった人たちだった。焼け跡に行政がつくった一時避難用の住まい（壕舎）で暮らす「壕舎生活者」。海外から戻ったものの身寄りも住まいもない、復員兵を含む「引揚者」。そして、そのさらに周辺に追いやられたのが、地下道などで寝起きする戦災孤児などの「浮浪児・浮浪者」だった。

一九四五年一二月には「生活困窮者緊急生活援護要綱」が定められたが、実際の対策はひどいものだった。引揚者には寮が提供されるも「緊急開拓事業」として未墾地への入植が勧められる。浮浪児や浮浪者は治安の悪化を理由に「かりこみ」と称して寺などへの一斉収容が行われる。浮浪生活は〈餓死と隣り合わせの極貧である点において、本来は最も重大な貧困問題であるべきであった〉のに、特殊な形態だとして〈衛生や治安の観点からのみ問題にされていく〉。地方への入植者や浮浪児・浮浪者は差別の対象ですらあった。

一九五〇年代の前半にはデフレ不況と企業の合理化で失業者が急増。「緊急失業対策法」によって失業者対策事業（失対）がスタートし、職安が斡旋する日雇いの失対労働者（通称ニコヨン）が増加する。五四年の都市勤労世帯の一カ月の平均実収入は三万六二〇〇円、職安日雇世帯の実収入は三分の一の一万一二五一円。あまりの差だ。浮浪者は減少したが、「仮小屋」と呼ばれるバラック小屋のような家が続々と建ち、仮小屋が集まった場所は「バタヤ部落」などと呼ばれるようになった（「バタヤ」は廃品回収業のこと）。

一九六〇年代の高度経済成長に発達したのは「寄せ場」である。寄せ場とは日雇いや臨時雇いの労働力の売買取引をする場のことで、地区内に多数の簡易宿泊所（ドヤ）を持つ。したがって寄せ場は同時に「ドヤ街」でもあった。その典型が大阪の釜ヶ崎、東京の山谷、横浜の寿町である。寄せ場の貧困は表面化しにくいが、住人の収入は不安定で、世間が彼らを見る目も優しくない。「バタヤ部落」や「寄せ場」はやがて「不良住宅」が集まったスラムと見なされ、「都市悪」「問題地区」として「改良事業」の対象にされていく。

以上から、貧困に対する日本の行政の姿勢が見て取れる。彼らは貧困を重大な社会問題とは考えず、一種の「病巣」とみなして常に排除と囲い込みの対象にしてきたのである。

〈貧困はつねに自らの個人的な努力で対処すべきものとされてきた〉と著者は指摘する。「一億総中流」の時代も、バブル崩壊後も、その姿勢は変わらなかった。貧困は常に「自己責任論」で片づけられ、ゆえに有効な対策も打ち出されてこなかったのだ。

では「貧困」ならぬ「格差」はどうか。**橋本健二『新・日本の階級社会』**はさまざまなデータの分析から、今日の「格差」について論じた話題の書だ。現代の日本社会は〈もはや「格差社会」などという生ぬるい言葉で形容すべきものではない。それは明らかに、「階級社会」なのである〉という、ややショッキングな指摘からこの本ははじまる。

日本の経済格差は、高度経済成長期から一九七〇年代後半までは縮小傾向にあったが、一九八〇年前後から後は広がり続けている。〈だから、格差拡大はもう、四〇年近くも続いているのである。いや、格差を縮小するためのまともな対策がとられてこなかったのだから、四〇年近くも放置されてきた、といってもいい〉。『貧困の戦後史』と同じ認識だ。

本書が興味深いのは「格差社会」ならぬ「階級社会」のかたちが具体的に示されていることだろう。古典的な「資本家／労働者」の区分を発展させる形で、二〇一二年の「就業構造基本調査」をもとに、橋本は四つの階級を描いてみせる。

①社会の頂点に立つ資本家階級（従業員五人以上の経営者・役員）。就業人口比四・一％、平均年収は六〇四万円。②その下の新中間階級（管理職・専門職・上級事務職）。二〇・六％、四九九万円。③社会の底辺を支える労働者階級（単純事務職・販売職・サービス職・その他のマニュアル労働者）。六二・五％（年収は後述）。④資本家と労働者を兼ねた旧中間階級（従業員五人未満の自営業者・家族従業者）。一二・九％、三〇三万円。

「資本家階級」の年収が六〇四万円というのは少なすぎる気がするが、これが従業員三〇人以上の企業だと八六一万円に跳ね上がる。

さて、注目すべきはここから先だ。就業人口の六割以上を占める③の「労働者階級」は、じつは正規労働者と非正規労働者（とパート主婦）に分化しており、非正規労働者は「アンダークラス」と呼ぶべき五番目の階級と考えたほうがいい、本書はそう主張するのである。

その観点で「労働者階級」を描き直すと、両者の差異が明らかになる。

正規労働者は就業人口比三五・一％、年収は三七〇万円。アンダークラスは人口比一四・九％、一八六万円。アンダークラスの人口比は旧中間階級より多く、年収は極端に低い。所得が国民の平均所得の半分に満たない人の割合を示す「貧困率」は、正規労働者が七・〇％、非正規労働者は三八・七％、女性の非正規労働者に限れば四八・五％にのぼる。

収入は正規労働者の二分の一、貧困率は正規労働者の五倍。それがアンダークラス。

今日の階級社会では、資本家と労働者というより、上の四階級とアンダークラスの差が際立つ。だとすると、いまや上の四つの階級が〈一体となってアンダークラスの上に立ち、アンダークラスを支配・抑圧しているといえないだろうか〉と著者はいう。〈これは、いわば四対一の階級構造である〉。しかも現在、アンダークラスだけが毎年急増している、と。

貧困層は財政を圧迫するお荷物？

アプローチの異なる二冊の本は、ともに昨今の日本を覆う同じ現象を問題にしている。

第一に、生活保護バッシングのように、貧困に対する世間の目が厳しさを増していること。

第二に、格差社会を容認し、貧困を「自己責任」と見る風潮が蔓延していること。

かつての「浮浪者」から、九〇年代半ばに急増した「ホームレス」、〇〇年代以降の「ネットカフェ難民」まで、行政の対策はいつも同じだと岩田正美はいう。〈いずれも、貧困のただ中にある人びとの「意欲」を喚起し、制度による支援によって、再び市場に参加して仕事ができるようになることが目論まれている。だが、貧困の責任をつねに個人に押し付け、市場や企業によって貧困が常に不可視化される中で、貧困者の「自立」を促すというのは奇妙な構図である。なぜなら、彼らの多くは、すでに何とかしようと努力してきたからである〉。

一方、橋本健二は、アンダークラス以外の階級に属する人々が、格差の問題に鈍感なことに懸念を示す。〈資本家階級は、貧困層が増えているという現実を認めない傾向があり、また現在の格差が大きすぎるとも考えない〉。また〈新中間階級は、貧困層が増えているという事実は認めるが、格差が大きすぎるとは考えず、これを容認してしまう〉。所得再分配に関しては〈資本家階級・新中間階級・正規労働者はあまり支持しない〉。

世の人々は格差や貧困をさほど大きな問題とは考えていない！

ベストセラーになっている河合雅司『未来の年表』のことを思いだした。

これは人口減少の観点から「二〇二〇年には女性の半数が五〇歳を超える」「二〇二四年には全国民の三分の一が六五歳以上になる」など、二〇六五年までの不吉な予測を並べて恐怖を煽る本なのだが、貧困に対する認識は完全に行政目線である。

二〇四二年には団塊ジュニアなどの就職氷河期世代が高齢化し、〈貧しき独居高齢者が大量に誕生する〉。つまり〈老後に向けた貯蓄が乏しく、低年金、無年金という高齢者が将来的に増大するのだ〉と脅した後で著者はいう。〈仮に、こうした貧しい世代の老後をすべて生活保護で対応しようとすれば、20兆円近い追加費用が必要になるとの試算もある〉。

貧困は政府の財政を圧迫する由々しき問題、としか考えていないのだ。

これでは自己責任論が横行し、貧困層への差別が加速するはずである。格差や貧困に鈍感な社会はすべての弱者を切り捨てる社会である。そんなんでいいんですか？

(2018.3)

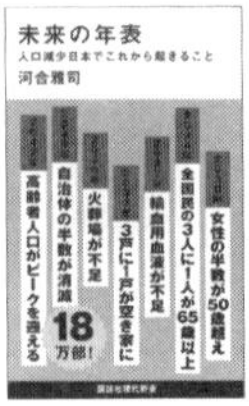

『貧困の戦後史――貧困の「かたち」はどう変わったのか』岩田正美、筑摩選書、二〇一七年〈敗戦直後の食糧難の時代から、ホームレス、ネットカフェ難民、子どもの貧困まで、貧困の「かたち」の変容を鮮やかに描く！〉（帯より）。戦後七〇年の貧困の変遷を丹念にたどった労作で、六〇〜七〇年代を記憶する世代には「そうだった」感がいっぱい。行政のトンチンカンな施策にもア然。

『新・日本の階級社会』橋本健二、講談社現代新書、二〇一八年〈もはや「格差」ではなく「階級」〉〈900万人を超える新しい下層階級《アンダークラス》が誕生。日本社会未曾有の危機〉（帯より）。ジニ係数、SSM調査（社会階層と社会移動に関する全国調査）、意識調査、あらゆるデータを駆使して現代日本の階級社会を描きだす。データ分析が詳しすぎて煩わしいのが難点だが、結論は説得力大。

『未来の年表――人口減少日本でこれから起きること』河合雅司、講談社現代新書、二〇一七年〈2039年　火葬場が不足〉〈2040年　自治体の半数が消滅〉〈2042年　高齢者人口がピークを迎える〉（帯より）。急激な人口減少社会を睨んで、衝撃的な未来を予測。高齢者や若者の貧困を視野に入れつつも「国家の非常事態」という観点でしか見ていないので、人間味は希薄。

加計問題を生んだ「国家戦略特区」のインチキ

二〇一七年の末以来、野党とメディアが激しい追及を続けている森友学園&加計学園問題。いまや「モリカケ」と称される二つの問題には、共通点が多い。

①どちらも学校の新設にかかわる案件であること。

②森友学園の小学校新設に関しては安倍首相夫人・昭恵の、加計学園獣医学部の新設に関しては安倍首相本人の関与（わかりやすくいえば「えこひいき」）が疑われていること。

③②に関連して、官邸や官僚の関与（いいかえれば「忖度《そんたく》」）が疑われていること（森友学園は国有地の払い下げに際して財務省が八億円の値引きを許し、加計学園は新設条件を満たしていないにもかかわらず内閣府と文科省が獣医学部の新設を認可した）。

④この案件を遂行するために、文書の改竄や隠蔽が行われたが、関与が疑われる官僚らは、国会の参考人招致の席などで首相の関与を否定し、不都合な点は記憶にないと発言したこと。

補足すると、「総理のご意向」と記した文部科学省内の文書など、加計学園についてはその後も首相の関与を示す文書が続々と出るも、首相は関与を否定し続けている。

加計問題に焦点をしぼると、最近のニュースとして大きかったのは、一八年四月一〇日、愛媛県の中村時広知事が、「首相案件」などと記された新文書（一五年四月二日に愛媛県と今治市の職員が官邸で柳瀬唯夫元首相秘書官と面会していたことを裏付ける記録）があったと発表したことだろう。五月一〇日、参考人として国会に召致された柳瀬は「記憶にございません」を連発したが、五月二一日、愛媛県はさらに新しい文書を参議院に提出。その中の県と学園の打ち合わせ内容を記したメモ（一五年三月三日）には、学園側の報告として、一五年二月二五日に首相と加計孝太郎理事長が面会したこと、その際、首相が「新しい獣医大学の考えはいいね」とコメントしたことなどが記されていた。

次々とバラされる首相の関与を裏付ける証拠！　ところが首相は加計理事長との面会をなおも否定。五月三一日には加計学園の渡辺良人事務局長が愛媛県に謝罪に訪れ、ヘラヘラしながら「獣医大学いいね」は自分の創作だったと述べた。なんじゃ、それ！

いったい誰が本当のことをいっているのか。頭がこんがらがりそうだけれども、もとはといえばこの件は、なぜ五二年ぶりに獣医学部の新設が認められたかだ。ちょっと整理してみよう。

国家戦略特区は首相の独裁による魔法の杖

森功『悪だくみ』の副題は「「加計学園」の悲願を叶えた総理の欺瞞」。五二年ぶりの獣医学部新設には誰がかかわり、裏で何が行われたかを探った迫真のルポルタージュである。

〈加計学園の獣医学部新設は、誰にでも開かれた道ではない。まるで加計学園だけのために規制緩和のレールが敷かれ、それに乗ってことが進んできたかのようだ〉と森はいう。問題提起であると同時に、これは本書の結論に近い。〈第二次安倍晋三政権の下で新たにつくられた「国家戦略特別区域制度」が、閉ざされた道を開いたのは、巷間言われてきたとおりだが、獣医学部の新設は、民泊や外国人労働者の受け入れといった他の経済特区構想とも、事情が異なる〉のだと。

そう、この件は二つの観点から見る必要がある。

第一に、安倍晋三首相と、首相が「腹心の友」と呼ぶ加計孝太郎理事長との個人的なつながりが、獣医学部新設の引き金になったこと。

第二に、それを可能にしたのが国家戦略特区という制度だったこと。

多くの人が関心を持つのは第一の観点だろう。森友学園には八億円の土地代の値引きが行われたが、加計学園には三七億円のキャンパス用地が無償で譲渡されている。本書にも二人の親しさを示すエピソードが多々登場する。ことに印象的なのは、安倍首相のみならず、首相の部下だった下村博文元文科大臣もまた加計の相談相手として深く関与していたとの指摘である。森はそれを〈安倍と加計、そして下村のトライアングル〉と呼ぶ。安倍昭恵、下村今日子という〈それぞれの夫人も加わり、いっそう結びつきを強固にしていった〉とも。

あきれた話だ。ただし、いま問題にしたいのは、第二の観点である。

加計孝太郎が獣医学部の新設を思い立ったのは、千葉科学大学の開学計画を立てた〇一年にさかのぼる。このときの獣医学部新設計画は頓挫。〇七年（第一次安倍内閣時代）以降は今治市の「構造改革特区」としての申請を続けるが、これは一五回も却下されている。

流れが変わったのは一二年、第二次安倍政権が発足した後だ。一〇年近く動かなかった獣医学部新設計画がなぜ前進したのか。〈やはり市として最もありがたかったのは、今治を国家戦略特区に指定していただけたことでしょうね〉とは、当時の今治市の担当者の弁。〈とどのつまりときの政権の強力な後押しが、国家戦略特区制度の中で働くようになった、それだけである〉。

いったい魔法の杖のような国家戦略特区とは何なのか。

特区（特別経済区）とは、そもそもは発展途上国が工業化を実現していく際に用いられる手段である。**郭洋春『国家戦略特区の正体』**は〇六年の時点で一三〇カ国・三五〇〇区域の特区が存在し、その後も増え続けているが、そのほとんどは途上国に設置されたものだと述べている。

だが日本では「特区＝規制緩和」という勘違いの下で、数々の政策が進められてきた。近年では、小泉純一郎内閣の「構造改革特区」（〇二年一二月）、菅直人内閣の「総合特区」（一一年六月）などがある。第二次安倍政権の「国家戦略特区（国家戦略特別区域）」は一三年一二月、「アベノミクスの第三の矢」のひとつとして立ち上がった。

国家戦略特区法は、特定秘密保護法で国会が紛糾する中で成立したため、あまり関心を集めてこなかったが、要するにそれは〈規制緩和を国全域に先行しておこなう場〉であり、背景には〈経済学でいう「新自由主義」が深く影響している〉という。

国家戦略特区の旗振り役である竹中平蔵は、『**大変化**』なる本で、日本を「世界一ビジネスがしやすい国」にするためには規制緩和が必要だとブチ上げ、次のように述べている。

〈なぜ、規制改革は進まないのか。端的に言えば、既得権益を持っている人々がそれを手離さないからです。象徴的なのが、いわゆる「岩盤規制」（役所や業界団体などが改革に強く反対し、緩和や撤廃ができない規制）でしょう。誰もが以前から「おかしい」と思っているにもかかわらず、一向に改革できないわけです〉。

小泉構造改革以来の、相も変わらぬ改革全能論。ただし、国家戦略特区では構造改革特区とは別のしくみをつくったと竹中は自讃する。すなわち、担当大臣、地方の首長、民間企業の三者が参加した「ミニ独立政府」のようなしくみである。〈ただし、方針に反対する関係省庁も出てくるはずなので、中央政府に総理をトップとする「国家戦略特別区域諮問会議」（私もメンバーの一人）を設け、最終的にはそこで決着できるようにしています〉。

最終的には首相がすべての裁量権を持つしくみだということだ。しかも諮問会議のメンバーは全員、首相の側近。〈日本の行政の歴史において、こういう試みは初めてです〉と竹中は胸を張るが、そらそうでしょうよ。こんなの事実上の首相の独裁だもん。

教育分野に「岩盤規制」はむしろ必要

加計問題に話を戻そう。加計がなぜ獣医学部の新設にこだわったか。端的にいえば、それがおいしいビジネスだからである。獣医学部は高額の授業料や設備費が徴収できるし、しかも六年制。二〇〇名の定員（獣医学科一四〇名、獣医保健看護学科六〇名）は国内に一六ある獣医学部の中でも最大で、受験生が殺到すれば多額の受験料も見こめる。

大学の規制緩和は〇一年、小泉内閣の時代に進んだ。〈二〇〇〇年代に入り、日本国中にわんさかできた私大は、こうした教育分野の規制緩和の結果だ〉と森功『悪だくみ』はいう。〈加計孝太郎は全国的な大学教育自由化の波に乗って、千葉科学大学を開校させ、規制緩和ビジネスによって学校経営の拡大路線を突き進んできたといえる〉。獣医学部もその延長線上にある「ビジネス」だったわけである。

しかし、そもそも教育は規制緩和になじむジャンルなのだろうか。

悪の権化のようにいわれる「岩盤規制」とは〈医療・農業・教育・雇用など、一九八〇年代の中曽根政権から始まった日本の新自由主義路線にあっても緩和が先送りにされてきた分野の規制を指す言葉〉(『国家戦略特区の正体』)だそうだが、郭も指摘する通り、医療、農業、教育、雇用は〈まさに国民の生活、いや、生命そのものに直接関《かか》わる領域〉であり、利潤の追求を第一義的に求めるビジネスに丸ごと譲り渡していい分野ではないはずだ。

そういえば、元文科官僚が語り合った前川喜平と寺脇研の対談『これからの日本、これからの教育』(ちくま新書)にも気になる言葉があった。〈新自由主義者の方々が教育の分野で加計学園問題のような規制緩和を強く求めるのは、学習者のために教育があるなんて全く考えず、ただ経済効果だけを求めているからなんでしょうね〉(寺脇)。

国家戦略特区は、いまのところ竹中平蔵がブチ上げたほどの効果を上げているようには見えない。唯一、形になったのが加計学園獣医学部で、しかもそれは無理無理の案件だった。

〈加計学園問題の本質は、忖度政治ではない。教育の自由化や特区という新たな行政システムを利用した権力の私物化、安倍をとりまく人間たちの政治とカネにまつわる疑惑である〉(『悪だくみ』）という言葉に、すべてが凝縮されていよう。首相とその取り巻きの裁量ですべてが決まるしくみ。安倍一強の弊害は政治だけではない、経済や教育の場でも起きているのだ。（2018.7）

【付記】加計学園が運営する岡山理科大獣医学部は一九年四月に予定通り開学した。が、目玉だったはずの四国四県の特待生は二〇年度はゼロ、二〇年度の推薦入試では韓国人受験生が面接で全員不合格になるなど、新たな不正疑惑が発覚している。

『悪だくみ――「加計学園」の悲願を叶えた総理の欺瞞』森功、文藝春秋、二〇一七年〈政府や今治市、加計学園など当事者のあいだでは「加計ありき」などは自明だった〉（「はじめに」より）。安倍晋三と加計孝太郎の交友関係から獣医学部新設まで丹念に取材したノンフィクション。二人の仲が想像以上に深いことに驚く。第二回大宅壮一メモリアル日本ノンフィクション大賞受賞作。

『国家戦略特区の正体――外資に売られる日本』郭洋春、集英社新書、二〇一六年〈安倍政権が掲げる国家戦略特区の目的がどこにあるのか、私には謎だ〉（「はじめに」より）。成功するはずもない上に、地方格差の拡大、外資の参入など、リスクが大きすぎる国家戦略特区を多角的に検証。加計問題以前の本なので批判は一般論にとどまるが、規制緩和の危なさと「岩盤規制」の必要性はよくわかる。

『大変化　経済学が教える二〇二〇年の日本と世界』竹中平蔵、ＰＨＰ新書、二〇一五年〈二〇二〇年の世界を知ることは、これからのあなた自身のコンパスをつくることに、大いに役立ってくれると思います〉（「はじめに」より）。著者は元経済財政政策担当大臣で国家戦略特区諮問会議メンバー。ビジネス、雇用、財政などの観点から日本の将来像を描く。全体に自己責任論が強すぎて辟易する。

海外発の本から探る「日本再生」への道

二〇一九年は春に統一地方選、夏には参院選を控えた選挙の年。だけど、統計不正問題その他で与党はもうムチャクチャだし、離合集散をくり返す野党もパッとしない。床屋談義が嫌いではない私ですら関心を失っているのだから、あとは推して知るべしである。ついでにいえば、日本の論者による日本の政治の本にもやや飽きてきた。

ってな愚痴をこぼしていても建設的な議論にならない。ここはリフレッシュが必要かもしれない。頭に少し外の風を入れてみよう。政治界隈の翻訳書を読んでみた。

ヨハン・ガルトゥング『日本人のための平和論』から行ってみよう。著者は「積極的平和主義」の提唱者として知られるノルウェーの社会学者だ。本書はそのガルトゥング博士が、日本が直面する国際問題への提言をまとめた本である。

一九六八年にはじめて日本を訪れて以来、〈年々変化する日本の姿を見守ってきたが、この国が今ほどさまざまな難問に直面し、苦しんでいるところを見たことがない〉と彼はいう。〈日本を苦しめている問題の根本原因は何か。そうたずねられれば、まず米国への従属という事実を挙げなくてはならない。近隣諸国とのあいだで高まる緊張はその帰結である。／そのような中で、第二次安倍政権以後、安保関連法制定や集団的自衛権の容認など、安全保障をめぐる日本の政策が大きく変化している。憲法改正の動きもいよいよ現実のものとなってきた。私にはこの変化はきわめて危険なものに映る〉。

そうだそうだ、その通り。が、さらに続けて彼はいうのだ。

〈現政権への国民の支持が高いことを、世界は総じて驚きの眼差しで見ている。なぜ日本人は安倍政権を支持するのか。私は日本人が代替案を知らないからだと思う。他に選択肢がないと思い込んでいるから支持しているのだ〉。

な、なるほど。では代替案とはどのようなものなのだろうか。

米軍なしでも防衛はできる

まず、対米従属の象徴である沖縄の基地問題について。ガルトゥング博士の見解は明快である。基地問題は一見解決不可能に見えるが、〈じつは解決策がある。すべての米軍基地を日本から撤退させればよいのだ〉。〈私が自信をもって基地の撤退を提案する理由は、日本は米軍基地などなくても安全を確保できるという確信があるからだ。いや、ないほうが、創造的な平和政策を遂行しやすくなり、東アジアの調和と安定に貢献できる〉。

そもそも〈日本が他国に攻められたとしても、米国が日本を助けに来るとは思えない〉と彼はいう。それどころか、地政学的に見ても、米軍が沖縄から撤退した場合の唯一のリスクは〈中国による沖縄占領ではなく、米国による再度の沖縄占領である〉。だから、撤退していただく。ただし、日米安保には手をつけず、そのまま維持する。安保体制を維持したとしても、平和を構築する別の努力を続ければ、やがてそれは無意味化し、埃をかぶったままになるはずだ、と。

東アジア諸国との関係はどうだろうか。

中国や韓国と日本の間に横たわる騒動のタネは主として二つ。領土問題と歴史認識問題だ。日中間には尖閣諸島（釣魚群島）の領有権をめぐる争いがあり、また南京事件（南京大虐殺）の認識に関する食い違いがある。日韓の間には竹島（独島）の領有権争いがくすぶっており、「慰安婦」問題もこじれにこじれて、もはや解決は不可能にさえ思える。しかし、これらの問題にも、ガルトゥング博士は現実的な解決策があると断言するのだ。

尖閣諸島に関しては〈日本と中国が尖閣諸島を共同所有することだと私は考える。この島と周辺の海から得られる資源と収益を分かち合うということである〉。彼自身の経験からも〈即座ではないとしても、それは必ず実現可能だということを断言する〉。

本書には竹島問題は出てこないが、原則は同じ。四島返還か二島返還か、もっかロシアとの間で揺れている北方領土に関する解決策もいたって簡単、〈日本とロシアが、「これからは共同で四島を管理しよう」と言いさえすればよいのだ〉。

歴史認識のズレについても、和解への道はある。①当事者が共同で事実を検証する（過去に何があったか、事実関係や解釈について時間をかけて議論する）。②出来事を過去のものにするために、合意を表明する。③未来の建設に取り組む（当事者が連携して共通のプロジェクトに取り組むことで、はじめてトラウマは克服できる〉。南京事件も、慰安婦問題も、真珠湾攻撃や原爆投下をめぐる米国との認識のズレも、この方式で臨め、と。

いかがだろうか。米軍には撤退していただく。領土問題は当事国の共同管理で乗り越える。歴史認識は共同で事実の検証に取り組む。——保守派はおそらく「お花畑」の一言で一笑に付すだろう。左派リベラルを自認する人たちも「そりゃあそれが理想だけどさ」で片づけそうだ。だがそれは、本気で問題を解決する気がない人の発想だ。ガルトゥングにいわせれば、〈ほとんどの人は武力に代わる解決策が存在することさえ知らない〉のだ。

彼の提言には、少なくとも「どちらの方向を目指せばよいか」という指針が示されており、双方が納得できるウィンウィンの落としどころが具体的にイメージされている。

私たちには意外でも、その提言に一定の説得性があるのは、単なる机上の空論ではなく、彼自身が紛争調停人としてヨーロッパをはじめとする紛争の現場に赴き、当事者と会い、成功例も失敗例も見てきた経験に裏打ちされているからだ。

したがって、軍事に関する認識などは、日本の左派とはかなり異なる。米軍撤退後の日本は専守防衛に徹すべく、スイスにならって、他国を挑発する長距離兵器の保有をやめ、防衛的な短距離兵器に転換せよという提言などがそれに当たる。日本が日本の国土に適した有効な防衛策（沿岸の国境防衛、自衛隊による領土内防衛など）を講じるならば、〈いかなる国も日本に攻撃をしかけて占領しようなどと考えないはずである〉。

こうした議論は、米国の後ろ盾がなければ自力での防衛はできない、という日米安保条約締結以来、左右両派が縛られてきた思い込みを打破する。まさに代替案なのだ。

新自由主義経済の代替案は反緊縮

経済方面に目を転じてみよう。

最近よく耳にするのは、世界各国でひとつの新しい潮流となりつつある「経済左派」の台頭だ。英国労働党の党首ジェレミー・コービン、スペインの新興左翼政党「ポデモス」を率いるパブロ・イグレシアス、二〇一六年の米大統領選で社会現象を巻き起こしたバーニー・サンダース。彼らに共通するのは貧困層や労働者層に訴える経済政策重視であることだ。

シャンタル・ムフ『左派ポピュリズムのために』は、ベルギー生まれ、英国の大学で教鞭をとる女性政治学者の本。〈メディアは、現状に反対する人々をポピュリズムと呼ぶことで、不適格者の烙印を押しつけてきた〉が、ポピュリズムとは〈「権力者」に対抗する「敗者《アンダードッグ》」を動員する言説戦略〉なのだと彼女はいう。その力こそが不公正な社会秩序をつくり直す主体であり、肯定すべき「左派ポピュリズム」なのだと。

左派ポピュリズムが台頭した要因は、ざっくりいえば新自由主義経済による緊縮政策だ。〈民営化と規制緩和といった諸政策が、労働者の状況を劇的に悪化させた〉うえに、〈二〇〇八年の危機後に押しつけられた緊縮政策と相俟って、中間層の大部分にも影響を与えており、彼らの貧民化と不安定化はますます進行している〉。ここまでは日本もいっしょ。だが、日本とちがい、欧州各国では、二〇一一年頃から注目すべき国民的抗議運動が起こった。ギリシャでもスペインでもアメリカでも、少し遅れてフランスでも。〈これらの抗議は〔政治的〕無関心《アパシー》の時代のあとの政治的な目覚めの兆候であった〉。各国では排外的な右派ポピュリズムの台頭も著しいが、それらと闘うためにも左派の再編が必要だ……。

同じような状況は、ブレイディみかこ＋松尾匡＋北田暁大『そろそろ左派は〈経済〉を語ろう』（亜紀書房）などでも語られている。〈そろそろ左派は「自民党にNOという自分たち」という他律的なアイデンティティを捨てて、庶民の物質的な——広義での——豊かさを追求するという原点に戻ったほうがいい〉（北田）。〈左派は古い社会主義に還るのではなくて、新しい左派にバージョンアップするべきだと思います〉（松尾）。

要は、緊縮政策や「小さな政府」に異を唱え、累進課税などによる再分配を強化し、福祉に投資して経済成長を促す——そんな政策を打ち出す党派が世界中で生まれつつあるという話。

こうした本を読むと、なぜ日本の政治が停滞し、なぜ私たちが選挙への興味を失っているかがよくわかる。日本にはまともな与党はもちろん、魅力的な野党も存在しないのだ。政権批判はしても、その先のビジョンがない。安全保障政策も経済政策もだ。ガルトゥングの提言や欧州各国の経済左派の動きは、彼らにも大きなヒントを与えるだろう。

ガルトゥング博士もいっている。賛同者を増やしたければ、前向きで肯定的なメッセージが必要だ。「沖縄を平和の島に！」「尖閣に日中友好の家をつくろう！」「和解の少女像を大使館前に！」。戦争反対だけではダメだ、そのくらいはいってみろ、と。

あと、もっと長い目で見ると、やっぱり必要なのは子どものときからの民主主義教育、政治教育だ。その意味で出色な翻訳書がこれ。イギリスの子ども向けの政治の入門書『図解　はじめて学ぶみんなの政治』だ。この本が優れているのは世界史レベルで古代から現代までの政治の変遷を追っているのに加え、「政治を変えるには」と題して、圧力団体、ロビー活動、抗議行動などについても解説していることである。そうだよ、そこからはじめなくちゃ。

日本の政治は悲惨だが、けっして希望がないわけではないのである。世界史的な視点で、原点から考え直す。一見突飛な発想にこそ、打開策が潜んでいるかもしれないのだ。　(2019.3)

『日本人のための平和論』ヨハン・ガルトゥング／御立英史訳、ダイヤモンド社、二〇一七年　著者は一九三〇年生まれ、「平和学の父」と呼ばれる積極的平和主義の提唱者。提言の内容は具体的かつ大胆で示唆に富む。新しい提言は、沈黙→嘲笑→疑い→同意の四段階を経て受け入れられるとし、鳩山由紀夫を「嘲笑」の段階までいった政治家として評価しているのが印象的だ。

『左派ポピュリズムのために』シャンタル・ムフ／山本圭＋塩田潤訳、明石書店、二〇一九年　ギリシャのシリザ、スペインのポデモス、ドイツの左翼党、不服従のフランスなど、欧州で新しく誕生した新興ラディカル政党を評価し、新自由主義に対抗する左派ポピュリズムの意義を説く。読みにくいのが難点だが、この動きが、民主主義を回復するための有効な手段であることは理解できる。

『はじめて学ぶみんなの政治』浜崎絵梨訳／国分良成監修、晶文社、二〇一九年　平易な文章とカラーのイラストで政治のしくみを説く。身近な話し合いの例から、人権、戦争、貧富の差、テロ、言論の自由まで話題は豊富。「左派と右派」、「大きな政府と小さな政府」、「きみの政治的な立ち位置は？」と題した多様な政治的イデオロギーの解説など、日本の入門書にはない構成が目を引く。

参院選を盛り上げた「れいわ新選組」とは

参院選（二〇一九年七月二一日）には興味が持てないといっていた私。そういう人が多かったようで、投票率は四八・八％。戦後二番目に低かった。盛り上がりに欠けたという声もあるけれど、私には意外にもエキサイティングな選挙戦だった。

自民党が単独過半数割れに至り、公明・維新を合わせた改憲勢力が三分の二をわずかながら下回ったのが理由のひとつ。だが、それ以上にエキサイティングだったのは、山本太郎率いる「れいわ新選組」が思わぬ躍進をとげたことである。

えっ、知らない？　知ってはいるけど、どーせ一時のブームでしょって？

そっか、あの興奮を経験していないのね、かわいそうに、というしかない。たしかに開票時までこの政治団体自体を知らなかった人は多い。選挙戦中、彼らの動きを伝えた大手メディアは皆無に等しかったからである。彼らの選挙は完全に街頭演説とインターネット頼みだった。逆にいうと、テレビと新聞でしか選挙戦に接していなかった多数派と、動画やツイッターで彼らの動きをつぶさに追っていた少数派とのギャップは天と地ほどに大きい。といっても知らない人にはピンと来ないと思うので、彼らの何がどうおもしろかったかからはじめよう。

まるでインディーズのアマチュアバンド

れいわ新選組が立ち上がったのは一九年四月一日。令和という新元号が発表された当日だった。体制迎合的とも見える「れいわ」がついた党名に違和感を覚えた人も多かったはずである。だが、結果的に見ると、この党名は戦略的に正解だった。選挙戦中に安倍自民党が「令和令和」と連呼することを封じてしまったからである。

公示直前にバタバタと発表された候補者も、全員が何らかの当事者である点において、きわめてユニークだった。山本太郎以外の比例代表の候補者は、拉致被害者家族で元東京電力社員の蓮池透、女性装の東大教授・安冨歩、本部から契約解除された元コンビニオーナー三井よしふみ、J・Pモルガン銀行の為替ディーラーだった大西つねき、元派遣労働者でシングルマザーでホームレスの経験もある渡辺てる子、環境保護NGOの職員だった辻村ちひろ、そして今回比例代表特定枠で当選したALS当事者の舩後靖彦と、重度障害者で自立支援団体の事務局長・木村英子の八人。東京選挙区に立ったのは、沖縄の創価学会員でありながら、公明党を真正面から批判する野原ヨシマサ。意表をつく布陣である。

この感じは、メジャーデビュー前のインディーズ系のバンドに近いかもしれない。最強のボーカリストがリーダーの山本であるとしても、各候補者にファンがつき、街頭演説は音楽フェス並みの大盛況。個人の寄付で投票日までに四億円を集め、蓋を開けてみれば得票数二二八万票、比例代表の得票率は四・五五％で、政党要件を満たす二％を軽々とクリアし、二人の当選者を出した。代表の山本が九九万票で落選したのも、こうなるともう武勇伝である。

選挙戦開始時には誰も想像しなかった「れいわ現象」。二二八万人の有権者を動かした力とはしかし、何だったのか。勝因はおそらく二点。

ひとつは選挙戦あるいは党運営のスタイルだ。彼らの選挙は完全に市民参加型だった。地盤（支持団体）、看板（知名度）、カバン（資金）、すべてなし。そのインディーズ感が「私たちが支えなければ」という意識を生み、演説動画の拡散とカンパの列につながる。メディアに無視されたといっては憤り、新聞に数行載った、テレビに数十秒映ったといっては盛り上がるツイッター。投票日直前、れいわの新聞広告が数紙に載った日などは大変だった。広告は金を出せば載るわけだが、「〇〇新聞さん、ありがとう」「私のお金がここに使われたかと思うと誇らしい」という反応が支持者からは出るのである。

もうひとつの勝因は、こうした反応のベースをつくったのが、公約（政策）への期待と共感だったことである。「政権とったらすぐやります」と称して同党が掲げた政策は、消費税の廃止、安い家賃の住まい、奨学金チャラ（奨学金徳政令）、全国一律最低賃金一五〇〇円、公務員を増やす（保育、介護、障害者介助、事故原発作業員など公務員化）などだった。いずれも弱者優先、生活密着型の経済政策である。当初は半信半疑だった有権者も、裏付けとしての数字や統計を示され、消費税の廃止分は累進課税と法人税の増税分で十分埋められる、などと聞けば「実現は可能かも」と考えはじめる。れいわの政策には、つまり夢があったのだ。

以上のような経緯を考えれば、れいわに投票した二二八万人は、単にムードに流された大衆ではない。自ら情報を取りにいき、候補者も公約も選挙戦略も熟知した上で、彼らを主体的に選んだ投票者だったと見るべきだろう。「はじめて本気で応援したい党に出会った」「次の衆院選が楽しみだ」といった声の多さがそれを物語っている。

しかし、二〇一三年七月に山本太郎が東京選挙区で当選したときの票数はわずか六六万票である。いったい彼はどうやってここまで来たのか。

注意すべきは、れいわ現象が山本太郎個人の人気に依拠しているわけではないことだ。今度の選挙で名をあげたとはいえ、山本太郎は小泉進次郎とはちがうのだ。彼はカリスマ型あるいはアイドル型の政治家ではなく、イメージとしてはむしろ国会の異端児だった。

参議院議員としての六年間、しかし彼がかなり地道な活動を続けてきたことは『**僕にもできた! 国会議員**』に詳しい。この本はいわば政治家・山本太郎の成長の記録である。

〈国会議員になったはいいけど、プロが事務所に一人もいない状態(笑)〉からはじまった山本は、当初、生活保護や労働問題の専門家からレクチャーを受けても〈要点をメモろうと思うけど、何が要点なのかもわからない〉状態だった。だが彼はその後、現場に飛び込み、当事者の声に耳を傾けることで、数々の成果を上げていく。西日本豪雨の被災地に小型重機一〇〇台を入れさせたとか(一八年七月)、オリンピックに向けた野宿者の追い出しに関して「野宿の権利」を国会で質問、野宿者の他公園への移動を勝ち取ったとか(一六年一〇月)、ひとつひとつは目立たない動きである。だが当事者に接することで学んだことは多かったはずだ。アマチュアの力である。

それらの中でもとりわけ大きかったのは、彼が学んだであろう経済政策だ。私が感動した最大の理由も、じつはここなのだ。

ついに来た！　反緊縮の経済政策

表だって公言してはいないものの、れいわ新選組が打ち出しているのは、新自由主義経済に対抗する「反緊縮」の経済政策だ。反緊縮は、三年前にこの連載で取り上げた松尾匡『この経済政策が民主主義を救う』（二四ページ参照）などが、さんざん主張してきたことである。ヨーロッパの左派政党がこぞって「量的緩和」「財政出動」を掲げているのに、日本の野党はわかっちょらん。有権者の心をつかみたければ、民衆のため政府がじゃんじゃん金を出し、景気回復を図ると訴えるしかないだろうが、というあの話だ。

新刊の松尾匡『左派・リベラル派が勝つための経済政策作戦会議』でもほぼ同じ主張がくり返されているのだが、この本でおもしろかったのは直近の選挙の分析である。

一八年の沖縄県知事選で玉城デニー知事が圧勝したのは、辺野古の新基地建設に反対したからというより〈別に基地なんかに頼らなくてもやっていけるんですよ、基地があるせいで経済発展の妨げになっているんです〉という主張が説得力を持ったためだというのである。失業率が半減するなど、翁長県政の下で、沖縄県はじつは著しい経済発展をとげていた。その実績に加え、縦貫鉄道や観光を盛り上げる、保育料や給食費を無料にする、最低賃金を上げるなど、生活に密着し、経済を拡大させる政策を玉城は積極的に打ち出した。

ひるがえって同じ一八年の新潟県知事選の場合、柏崎刈羽原発の再稼働反対を掲げ、野党五党が推した池田千賀子候補の経済公約は〈『〝真の豊かさ〟を実感できるにいがた』と題した本文70字の抽象的文章〉だけだった。それに対し、対立候補の花角英世現知事の経済政策は具体的で細かく、〈読んでみると、本当にすごく発展するんだなあという気持ちになってくる〉。当選の決め手は経済政策にあり。それは結果が示している。

れいわ新選組に話を戻すと、彼らが掲げた経済政策はまさに反緊縮のお手本だった（実際、山本太郎は松尾らの研究会が企画した反緊縮講座にもプレゼンターとして参画している）。既成の野党が見向きもしなかった一見荒唐無稽な反緊縮政策に、いわばれいわは乗ったのだ。同党の比例代表候補のひとり、大西つねきの『私が総理大臣ならこうする』が異例の売れ行きを見せているのも、この選挙で経済政策への目を開かれた人の多さを示していよう。

もうひとつ参照すべきは先に取り上げた世界的な「左派ポピュリズム」の潮流である（六二ページ参照）。貧困層や労働者層に訴える経済政策で躍進した、ジェレミー・コービン率いる英国労働党、パブロ・イグレシアス率いるスペインの「ポデモス」、一六年の米大統領選で社会現象を巻き起こしたバーニー・サンダースらの流れに、れいわも乗っているのではないか。

もちろん今度の参院選は予兆にすぎず、二二八万票ぽっちでは全然足りない。左派ポピュリズムは危険だという人もいる。しかし、それなら「右派ポピュ」に乗った安倍政権や維新のほうがよほど危険だ。そこに、どうせ日本では無理とあきらめていた「反緊縮」と「左派ポピュ」がキターー!! だったわけですよ。ほらごらん、定石通りにやれば人は付いてくるじゃんか、と。

以上が、私にとってこの選挙がエキサイティングだった理由。さてインディーズのバンドがメジャーになる日は来るのか。れいわ新選組に対する評価は野党支持者の間でも割れているが、野党共闘の票を奪ったとかケチをつけてる場合じゃないと思うよ。

(2019.9)

【付記】山本太郎は二〇年七月の東京都知事選に出馬。六五万票を集めるも落選。また同じ七月、「命の選択は政治の仕事」という問題発言により、大西つねきはれいわ新選組を除名処分になった。同党の前途はまだまだ多難である。

『僕にもできた！ 国会議員』山本太郎／雨宮処凛取材・構成、筑摩書房、二〇一九年〈あなたの税金がこの男に使われる、納得できますか？ しっかりと確認して下さい〉（帯より）。参議院議員六年間の歩みを、成果、政策、所属党派の変遷などとともに振り返る。牛歩戦術の経緯、小沢一郎の山本太郎評、松尾匡や木村草太との対談も収録。貧困問題などに真摯に取り組んできた姿がうかがえる。

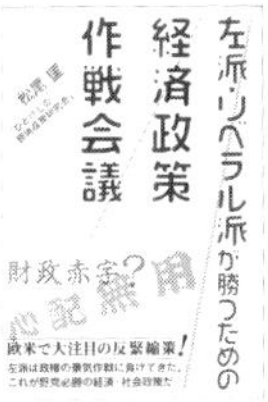

『左派・リベラル派が勝つための経済政策作戦会議』松尾匡、青灯社、二〇一九年〈財政赤字？ 心配無用 欧米で大注目の反緊縮策！〉（帯より）。日本の左派が負け続けているのは、「景気拡大反対」のイメージだから。財政危機論は新自由主義のプロパガンダで「緊縮はダメ、人が死にます」が正しいメッセージ、と主張。巻末の「反緊縮経済政策モデルマニフェスト」はれいわの政策と重なる。

『私が総理大臣ならこうする』大西つねき、白順社、二〇一八年〈あなたは政治にはじめてワクワクする〉（帯より）。れいわ新選組候補者の中でも特に人気を博した元為替ディーラーの本。大風呂敷なタイトルとは裏腹に、「国の借金は大ウソ」「日本は世界一のお金持ち国」「政府の借金を税金で返してはいけない」など、経済のしくみを懇切丁寧に説く。郵政再国営化などの提言も説得力大。

いまこそ学ぼう、絵解き日本国憲法

第二次安倍晋三政権が誕生してまもなく丸七年。第一次安倍政権（二〇〇六年九月～〇七年八月）の時期を足すと、一九年一一月二〇日には、安倍首相の在任期間が桂太郎内閣を抜いて憲政史上最長となる。総裁任期は二一年九月末日までだから、残り二年弱。二〇二〇年までに新憲法を施行すると息巻いていた安倍首相。任期満了までに彼は悲願を達成できるだろうか。

興味深いのは改憲の是非を問う世論調査だ。ＮＨＫの世論調査を見ると、一二年一二月の第二次安倍政権発足後、一三年四月の調査では「憲法を改正する必要がある（必要）」が四二％、「必要はない（不要）」が一六％、「どちらともいえない（未定）」が三九％で、改憲賛成派が反対派を大きく上回っていた。ところが政権が長期化するにしたがって、数字がぐらついてくる。

一四年四月……必要二八％、不要二六％、未定四〇％
一五年四月……必要二八％、不要二五％、未定四三％
一六年四月……必要二七％、不要三一％、未定三八％
一七年三月……必要四三％、不要三四％、未定一七％

一八年四月……必要二九％、不要二七％、未定三九％
一九年七月……必要二九％、不要三二％、未定三〇％

一七年以外は、①改憲必要派と不要派がほぼ拮抗、②必要派は三割を超えない、③未定の割合が高い、という傾向が見られる。一七年の傾向が異なるのは調査方法の差によるものと推測されるが（憲法施行七〇年の一七年は面接調査、他の年は電話調査）、この年を除けば「どちらともいえない」がじつは最多なのだ。この数字は人々の困惑の大きさを示していないだろうか。

背景説明あり、マンガあり、たとえ話あり

念のために付け加えておくと、十数年前はこんなじゃなかった。改憲賛成派が多かったのは二〇〇〇年代で、〇二年には五八％、〇五年には過去最多の六二％が「憲法改正が必要」と答えていたのである。その当時に比べると現在の有権者ははるかに慎重だ。

ま、当然か。改憲を悲願とする安倍首相の発言はぶれまくってるもんね。改憲要件を両院の三分の二以上の賛成から二分の一以上に緩和する「九六条改憲」を主張してみたり（一三年七月の参院選前）、九条二項を削除するという自民党の改憲案を無視して二項を残したまま自衛隊の存在を明記するといいだしたり（一七年五月三日）。

とはいえ、首相が憲法を改正するすると脅したおかげで、唯一よかったことがある。憲法に関心を持つ人が増えたこと、ひいては憲法の解説本が急増したことである。イラストやマンガを多用し、子どもでも理解できるよう工夫した本もぐっと増えた。

川岸令和監修『オールカラー　マンガで楽しくわかる日本国憲法』を見てみよう。憲法の条文を解説した類書は多いが、この本が優れているのは、条文が生まれた歴史的背景がくわしく書かれている点だ。九条の解説はこんな感じ（原文のふりがなは省略）。

〈先のアジア・太平洋戦争では、日本は世界の多くの国々を侵略しました。そして、日本の国内でも「学徒動員」といって、若者が次々と戦場にかり出され、その多くが遠く離れた見知らぬ地で命を落としました。戦争末期には、沖縄で地上戦がくりひろげられて多くの民間人が巻きこまれました。そして広島と長崎に原子爆弾が落とされ、おびただしい犠牲者を出しました。／これらの反省から、日本国憲法に、これから先、二度と戦争をしないという、国と日本国民の強い決意として、第9条が定められたのです〉。

九条の背景にある戦争の解説にしては、かなり踏み込んでません？　マンガもあるぞ。〈なあ～　ちょっと金がいるんだよ〉と不良に脅されている子ども。そこにホウキを手にした年長の子が現れる。〈ボクは戦わないから強いぞ〉〈このホウキはどんな武器より強い〉〈戦いを放棄しているからな〉。ホウキで掃いたホコリにやられ、ゲホゲホと退散する不良たち。

基本的人権についてはどうだろう。一一条「国民は、すべての基本的人権の享有を妨げられない。この憲法が国民に保障する基本的人権は、侵すことのできない永久の権利として、現在及び将来の国民に与へられる」の解説にも熱がこもっている。

〈「人権を持つ」というのは当然のように聞こえますが、明治憲法の時代には、人権は本来人間が持っているものではなく、神聖な存在である天皇によって人々に与えられるというものでした。

（略）／世界を見回せば、人を人とも思わぬような独裁者が君臨していた国がたくさんありました。また、今のこの時代になっても国や国民をわがもののように考える独裁者がいる国がありま す。日本でもこの基本的人権が尊重されない時代があったからこそ、「侵すことのできない（だれにもうばわれない）永久の権利」という強い言い方になっているのです〉。

護憲派、改憲派を問わず、憲法の条文を読んだことのない人が、じつは意外に多いのではないかと私は疑っている。義務教育では小学校六年と中学校の「社会」で憲法を扱うことになっているが、学習指導要領は条文を教えよとは要求していない。つまり学校教育だけでは憲法は学べないのである。だからこそ一般書籍の役割は大きい。

もう一冊、話題の本を読んでみよう。**楾《はんどう》 大樹『檻の中のライオン――憲法がわかる46のおはなし』**。この本は条文というより、憲法の理念をわかりやすく説いているのが特徴。「ライオン＝権力」「檻＝憲法」、それが本書の見立てである（原文のふりがなは省略）。

〈百獣の王ライオンなら、強くて頼りになりそうです。／私たちが人間らしく生活できるように、ライオンにお願いして、いろいろ取り仕切ってもらいましょう〉。しかし〈ライオンは強いうえに、わがままなことがあります。暴れ出したら手がつけられません〉。そこでライオンと約束を交わすことにした。〈「ライオンには、檻の中にいてもらう」という約束です〉。〈ライオンが、私たちに噛みついたりしないように、ライオンには檻の中にいてもらいます。／いくらライオンが偉くても、檻から出てはいけません〉。そして大切なこと。〈檻を作るのは、私たちです〉。

立憲主義を平易に説明しようという工夫満載。この見立てで行くと、日本では〈檻があるので、ライオンは勝手に戦争をすることができ〉ない（平和主義）し、〈ライオンを檻に入れることで、私たちの自由が守られています〉（基本的人権）。〈私たちが安心して自由に言いたいことを言えるのは、檻があるからです〉（表現の自由）し、〈心の中でなにを思っても、ライオンからとやかく言われません〉（思想良心の自由）。たとえ話に頼りすぎかな、とは思うけど。

改憲の必要性を説く喫茶店のマスター

ここにきて憲法本が増えたのは、改憲の是非以前に、違憲の疑いがある法律が次々成立したことも関係していよう。特定秘密保護法（一三年一二月）、集団的自衛権の一部行使を容認する「解釈改憲」（一四年七月閣議決定）、それにともなう安保関連法（一五年九月）、さらに共謀罪（改正テロ等準備罪）を含む改正組織的犯罪処罰法（一七年六月）。

『檻の中のライオン』は、こうした最近の事案にも対応する形で編集されている。

集団的自衛権の行使容認は〈すでにライオンが檻を壊して外に出てしまっている（憲法違反）ということです〉といいきり、自民党改憲草案で創設された緊急事態条項については、憲法をライオンが〈内側から鍵を開けられるような檻〉に作りかえること、特定秘密保護法はライオンが〈檻にカーテンをつける〉行為だと説明する。

憲法本の増加は現行憲法の危機と表裏一体。自民党が野党だった二〇一二年に憲法改正草案を発表したことが、憲法本の増加に拍車をかけたのはまちがいない。

ただし、イラストやマンガを駆使した解説本では、自民党が一歩先んじていたのである。改憲草案の宣伝ツール『ほのぼの一家の『憲法改正ってなあに？』』（自由民主党憲法改正推進本部発行）は無料でダウンロードできるマンガである。

百地章監修『女子の集まる憲法おしゃべりカフェ』もイラスト付きの解説本だ。サチ子（四五歳・たぶん主婦）、桃子（四七歳・たぶん主婦）、ユキ（二一歳・大学生）、美穂（二二歳・フリーター）の四人に、とある喫茶店のマスター（六二歳・定年までは大学で憲法を教えていた）が現行憲法の不備と改憲の意義を説くという座談形式で、この本は進行する。

〈なんか最近は、本当に常識とずれたクレームを平気でしてくる人が増えているわよね〉とサチ子。するとマスターいわく。〈じつは、そのような自分の権利ばかり主張するクレーマーが増えた背景には「個人主義」を謳《うた》った憲法に原因があるのですよ〉。

憲法一三条には「すべての国民は、個人として尊重される」とある。これを指して元大学教授のマスターいわく。〈最近は「個人の尊重」が「親も社会も関係ない！　自分のために生きろ！」という解釈になったようで、それを聞いた子供が大人になって常識はずれのクレームを平気な顔で言いつのるようになる、それが現代だと思うのです〉。

あのねマスター、個人主義と利己主義は違うよ。とは誰も突っ込まないバカバカしさ。しかし、侮ってはいけない。憲法の条文も理念も解説しないが、護憲派の論理矛盾を突くなど、この本は大衆心理に訴えるトピックを巧みに拾っているからだ。

改憲の是非に対して「どちらともいえない」と答える四〇％前後の人々がどちらに転ぶか、いまのところはなんともいえない。しかし世論調査の結果に戻ると、直近の調査（一九年九月）で、内閣改造後の新政権が取り組むべき課題として「憲法改正」をあげた人はわずか五％である。人々が望んでいるのは社会保障（二八％）と景気対策（二〇％）だ。そんな状態で改憲論議を持ち出したところで有権者がついてくるのか。私は無理だと思いますね。

(2019.12)

【付記】二〇年四月のＮＨＫの世論調査では、改憲は必要三二％、不要二四％、未定四一％。前年より改憲派が増えているが、同じ調査では「憲法改正の議論を進めるべき」が一三％、「憲法以外の問題を優先して取り組むべき」が七八％である。

『オールカラー　マンガで楽しくわかる日本国憲法』川岸令和監修、ナツメ社、二〇一九年　「やる気ぐんぐんシリーズ」の一冊で〈知っておきたい主要条文について、イラストを使用しながら解説〉〈身近な話題に引き寄せた４コママンガで楽しく読める！〉（カバー袖より）。学習参考書風だが、編集が緻密で解説には血が通っており、条文の意義がしっかり理解できる。巻末に憲法全文を収録。

『檻の中のライオン――憲法がわかる46のおはなし』楾大樹、かもがわ出版、二〇一六年　〈いま、いちばんわかりやすい憲法の入門書〉（帯より）。著者は「明日の自由を守る若手弁護士の会」に所属。全ページ、イラストつきで「檻とライオン」のたとえ話のほかに、条文の理念などを解説する。「基礎編」と憲法に関する最近の話題を集めた「応用編」の二部構成。巻末に憲法全文を収録。

『女子の集まる憲法おしゃべりカフェ』百地章監修、明成社、二〇一四年　〈「憲法」って聞いただけで眠くなっちゃう…そんな女子たちも、このカフェでは世間話がいつのまにやら憲法の話に…〉（表紙より）。〈えっ！日本って地震大国なのに「非常時のルール」がないの⁉〉〈えっ！今の憲法って「家族崩壊」の要素を含んでいるの⁉〉など、自民党改憲草案に寄り添う形で現行憲法を批判する。

戦後日本の転換点はいつだったのか

私はわりと過去が気になるタイプである。とりわけ今般の政治の混迷や経済の低迷は、意識をいやでも過去に向かわせる。いつからこんなことになったんだ。おーい、責任者出てこーい！　そんな気分。さらにまた、看過できないのは「負の歴史」を見ようとしない歴史修正主義の蔓延である。当初は気にもとめられなかった修正主義者たちの言説は、気がつけば政財界の奥深くに入り込み、学校教育や外交にまで影響を与えている。原因はどこにあったのか。平成が終わって令和がスタートしたこのタイミングで、歴史と呼ぶには近すぎる過去を検証してみるのも悪くないだろう。

戦後日本のピークはいつだったのか

格差の進行による「一億総中流社会」の崩壊、産業の空洞化、少子高齢化の進行、人口減少。今日の日本が「下り坂の時代」に入っているのは、もはや自明のことに思える。で、急に気になりはじめたのである。すると日本が戦後のピーク（とは何かという問題はあるにせよ）を迎えた年、上り坂から下り坂への転機はいつだったのだろうか。

一九六〇年代の高度経済成長期は完全に上り坂の時代だろう。一九七三年の第一次オイルショック後でも、まだ上り坂感は強かった。八〇年代の後半には空前のバブル景気が訪れるが、では、あのへんが戦後のピークだったのか。「空白の二〇年」の端緒となったバブルの崩壊（九〇年代初頭）あたりが下り坂への入り口だったのか。

ぼんやりそんなことを考えていたら、おっと、おあつらえ向きの新書が何冊も出ているではないか。答えはここに書いてあるかもしれない。ということで、日本がよかった（かもしれない）八〇年代、九〇年代を論じた本を読んでみた。

一九八五年は午後二時の眩しさ

吉崎達彦『1985年』は、タイトル通り、この年の出来事をふりかえった本である。巻頭で著者は〈同時代史の一部と見るにはやや古く、なおかつ誰もが少しずつ記憶違いをしている。それが20年という時間である〉と述べている（この本は二〇〇五年刊行）。〈1985年が現代史の中でどういう意味を持っていたか、あるいは日本はそこでどうすべきであったかといった議論には、筆者はあまり関心がない〉と牽制しながら、吉崎は八五年の意味を〈日本の国運における40年周期説〉から類推する。

明治維新（一八六八年）から日露戦争（一九〇四年）までが、富国強兵に努め、ロシアとの戦争に勝って列強の一角を占めようという「上り坂の時代」。日露戦争後（一九〇五年）、目標を失った日本が対外関係を悪化させ、ついには日中戦争・アジア太平洋戦争に突入し、国土を荒廃させるに至った敗戦（一九四五年）までは「下り坂の時代」。

戦後（一九四六年）、どん底に落ちた日本が経済復興に専念し、先進国入りを果たすプラザ合意（一九八五年）までが「二度目の上り坂」。プラザ合意後のバブル経済（一九八六年）から後は、バブルの崩壊、不良債権問題、金融不安、デフレ経済などが続く「二度目の下り坂」。四〇年後の二〇二五年に何が起きるかは不明だが、もしこれが正しければ〈1985年こそが、日本人が最後に「坂の上の雲」を仰ぎ見た年であった、となる〉。

司馬遼太郎や半藤一利『昭和史』（平凡社）の影響を受けすぎている感じはするものの、吉崎の説だと、戦後のピークはやはり敗戦後四〇年目の一九八五年らしい。

〈1985年は、「日本はもう大国」であることを自覚させられた年であった〉と吉崎は書く。「バブルの発端」とされるプラザ合意は、たしかに日本が経済大国になったことを実感させるトピックだった。戦後四〇年の日本の経済成長はすさまじく、一九五〇年から八五年までの三五年間に、GNPは八〇倍、一人当たりの国民所得は五〇倍、輸出は一四〇倍、輸入は九〇倍に拡大した。だがそれは日米貿易摩擦を生み、巨額の貿易赤字と財政赤字に苦しむレーガン政権下のアメリカにとって、日本は「出る杭」にほかならなかった。

八五年九月二二日、先進五カ国が集まり、ドル高是正に向けて〈基軸通貨であるドルに対し、参加各国の通貨を一律10~12%幅で切り下げることを行なうために、外国為替市場で協調介入を行なう〉との合意がなされた。これがプラザ合意である。

以後、円高ドル安は進み、一ドル二五〇円だったレートが、三年後には一ドル一二〇円台になり、輸出産業は大打撃を被った。それでも円高に耐える体力があった八五年の日本経済は〈「午後2時の太陽」とでもいうべき眩しさがある〉と吉崎はいう。

午後二時ってことは正午はすぎているのね。じゃあ正午はいつなんだいとは思うけど、吉崎が〈1985年は、日本人にとってかなりいい時代だったように思える〉と述べているように、私自身の実感でも八五年前後はいまと比べればはるかに明るかった。

八五年は日航ジャンボ機墜落事故の年であり、北海道の三菱南大夕張炭鉱でガス爆発が起きた年でもあるのだが、そうした事故を別にすれば、多くの人が「中流意識」を持ち、「トレンド」という言葉が流行り、阪神タイガースの二一年ぶりの優勝が世間を沸かせた。

『1985年』はこの年の重大な出来事として、レーガンとゴルバチョフの米ソ首脳会談を拾っているが、当時の気分は「激動の時代のはじまり」というより、「冷戦時代」や「昭和」が集大成した、最後の安定期だった気がする。

「激動」を実感したのは、もう少し後の時代である。

竹内修司『1989年』は冷戦時代の安定が崩れた激動の年を検証した本である。

〈一九八九年という年は疑いもなく、現代史最大の分岐点として後世に記憶されるだろう〉と巻頭で著者は述べる。八九年は、昭和天皇の崩御（一月）、中国の天安門事件（六月）、ベルリンの壁崩壊（一一月）、東欧各国の民主化、ブッシュとゴルバチョフの冷戦終結宣言（一二月）など、日本でも世界でも、それまでの枠組みが大きく崩れた年だった。

なかでもインパクトが大きかったのは東欧の動乱である。世間はバブル景気で浮かれていたが、ベルリンの壁が崩れるさまを深夜テレビで見たときには、私も興奮した。

だが、今日へと続く「下り坂」の予兆もすでに顕在化しはじめていたのである。世界史に焦点を絞った『一九八九年』はふれていないが、八九年は消費税が導入された年である。女性が生涯に産む子どもの数を示す合計特殊出生率が過去最低を記録した一・五七ショックも八九年。総評と同盟が解体し、連合（日本労働組合総連合）が発足したのも八九年だ。

その意味でも八九年はたしかに「時代の分岐点」なのだが、問題は、それがのちのちボディブローのように効いてくると、当時はあまり思っていなかったことだろう。

九〇年代に入っても危機感は薄かった。一九九一年は一月に湾岸戦争が勃発し、自衛隊が創設以来はじめて海外に派遣された年である。地価の暴落がはじまって、バブル経済が崩壊した年でもある。経済危機を肌で感じるのは九三年ごろからだが、しかし九三年には自民党が下野して「五十五年体制」が崩れ、非自民八党連立の細川護熙内閣が成立、「政治が変わる」という高揚感は大きかった。九〇年代の前半までは、「気分は午後二時台」だったんじゃないか。

九五年は落日前の午後三時？

一九八五年が午後二時なら、その一〇年後はどうか。**速水健朗『1995年』**は『1985年』の手法にならうかたちで、この年をふりかえった本である。九五年は阪神・淡路大震災とオウム真理教事件の年なのだが、この二つを突出させたかたちで〈軽々に1995年が戦後史の転機であると論評することは避けたいと思う〉と著者はいう。

九〇年代前半の、ソ連の崩壊、バブルの崩壊、細川連立政権の誕生などは、〈以後の社会がこれまで通りには続いていかないということを人々に予感させるには十分な変化〉ではあったが、〈多くの人々の生活にとって、激変と呼べるような変化が起きたわけではない〉。〈ただ当時の日本人が抱いていた、「何が起きても不思議ではない」「これまでの常識は通用しない時代」という漠然とした予感に、震災とオウムというふたつの厄災が重なることによって「変動期の到来」という強い印象が突きつけられたのだ〉。

九五年の大きなトピックとして速水が注視するのは、テクノロジーの進化である。ウィンドウズ95が発売され、携帯電話やインターネットが普及し、次世代ゲーム機が話題を集め、秋葉原が家電の街からパソコンの街に変貌したのが九五年だった。

「何が起きても不思議ではない」「これまでの常識は通用しない時代」であることは、政治を見ても明らかだった。選挙制度改革の枠組みを作った細川内閣の退陣後、小選挙区比例代表並立制の区割りを確定したのは、九五年の村山富市内閣だった。四月の統一地方選では、青島幸男東京都知事と横山ノック大阪府知事が誕生した。官僚政治に飽きた有権者の造反、ポピュリズム政治のはじまりともいえる。

一方、経済界では、労働市場の規制緩和が行われ、日経連は九五年に終身雇用制や年功序列の日本型雇用を見直す「新時代の『日本的経営』」と題する提言をまとめた。後に非正規雇用者を増大させたとして批判の的になった提言である。

〈1995年とは、それ以前に起こっていた日本社会の変化を強く認識する機会となった転機の年〉だったと速水は指摘する。〈社会変革の期待に満ちた1995年。ここから始まった新しい時代〉〈現在の日本はその95年の延長線上に置かれている未来の姿であるのは間違いない〉。

注意すべきは、選挙制度改革も、労働の規制緩和も、当時は変革の一環としてむしろ歓迎されたということだろう。長い不況と失業の時代がやってくるとは、誰も想像しなかったはずだ。したがって、太陽は傾きかけていたものの、九五年の日本にはまだ落日前、午後三時くらいの明るさが残っていた。八五年~九五年は一応まだ「坂の上」だったのだ。

次の時代への予兆として『1995年』で着目すべきは、九三年、自民党の野党時代に安倍晋三が衆院選に初当選したという事実。また漫画家の小林よしのりが、発表媒体を「SPA!」から「SAPIO」に移し、〈小林の左から右へという思想転換が1995年に行われた〉と速水が記していることである。〈「薬害エイズ問題」では心情左翼的な立ち位置からこれを支援した小林〉は、その後〈「新しい歴史教科書をつくる会」に参加し、『新ゴーマニズム宣言SPECIAL 戦争論』にまとめられる大東亜戦争肯定論を展開していく〉のである。それがどんな意味を持ったかは、その後の話になる。

(2015.11)

『1985年』吉崎達彦、新潮新書、二〇〇五年　歴史を縦ではなく横に読んでみよう、という観点から、政治、経済、世界、技術、消費、社会、事件の七章で構成。プラザ合意、ゴルバチョフ登場、科学万博（つくば博）、阪神優勝、日航機事故といった大トピックから、西武の広告コピー「おいしい生活」、ドラマ「金曜日の妻たちへ」まで言及。〈掛け値なしに面白い年〉という評価に頷く。

『1989年――現代史最大の転換点を検証する』竹内修司、平凡社新書、二〇一一年　昭和天皇崩御、ソ連のアフガン撤退、中国の天安門事件、ポーランドの「連帯」の勝利、ベルリンの壁崩壊、チェコの「ビロード革命」、マルタ会談における冷戦の終結宣言……。歴史の転換点である八九年に注目、背景にある社会主義思想の理想と現実、冷戦の構図などにも言及。当時の熱狂を思い出す。

『1995年』速水健朗、ちくま新書、二〇一三年　『1985年』と同じ手法で書かれた本。阪神・淡路大震災とオウム真理教事件が起き、「戦後の転機」とされる年だが、ウィンドウズ95の発売などによるインターネット元年、携帯電話の普及、自社さ連立政権、失われた二〇年と大失業時代のはじまり、アジアの台頭、村山談話……。九五年が〈現在の礎になっている〉という指摘に納得。

戦後日本の右旋回はいつ起きたのか

戦後日本の転機はいつだったのか。一九八五年から九五年が一応、陽の当たる「坂の上」の時代だったとすると、一九九六年以降はどうなった?

今日の日本を考えるうえで、じつは私は九六年が重要な年ではないかと考えてきた。九六年は小選挙区比例代表並立制による初の衆院選が行われた年だが、同時に「過去の日本人はこんなにすばらしかった」と無責任に礼讃する、藤岡信勝+自由主義史観研究会編『教科書が教えない歴史』(産経新聞ニュースサービス)がベストセラーになった年だ。

翌九七年には「新しい歴史教科書をつくる会(つくる会)」が発足し、九八年には、当時「つくる会」のメンバーだった小林よしのりの『新ゴーマニズム宣言SPECIAL　戦争論』(幻冬舎)がベストセラーになって、「自虐史観」という言葉が台頭した。つまり九六年は「歴史修正主義」元年、「草の根右派」が始動した年なのだ。国旗国歌法が成立したのが九九年、石原慎太郎が東京都知事に初当選したのも九九年。日経連の提言に基づいて、九六年と九九年には労働者派遣法が改定され、後の非正規雇用者の増加と格差拡大への道を拓いた。

前回読んだ速水健朗『1995年』は小林よしのりの「左から右への思想転換」を九五年のトピックとして拾っていたが、ひとり小林よしのりだけでなく、九〇年代の後半は「下り坂」というより「右旋回」の動きが目立つ。

背景として考えられるのは、冷戦構造の終結(九一年)と、五五年体制の終焉(九三年)だろう。それなりに安定していた「東西」または「左右」の対立構造がここで一旦リセットされた。で、次の体制が未分化な段階で、(リベラル&左派がノホホンとしている間に?)草の根右派はメディアによるプロパガンダ攻勢を強め、今日への地歩を築いた……。

とはいえ以上は単なる勘、推測にすぎない。「上り坂/下り坂」問題と同時に気になるのは「右旋回/左旋回」問題である。はたして保守政治の転換期はいつだったのだろうか。

政治を右旋回させた五人の政治家

中野晃一『右傾化する日本政治』は、過去三〇年ほどの政治的傾向を、旧来の右派が新しい右派へと変質していく「新右派転換」の過程ととらえる。

新右派の本質は「新自由主義(ネオリベラリズム)」と「国家主義(ナショナリズム)」の組み合わせで形成されている、と中野は述べ、新右派転換へのキーパーソンとなった政治家として、中曽根康弘、小沢一郎、橋本龍太郎、小泉純一郎、安倍晋三の五人の名前をあげる。

中野の論を要約すれば、彼らが果たした役割は次のようになるだろう。

「戦後政治の総決算」を謳う中曽根政権(八二~八七年)は、新自由主義経済に基づく「改革」

を標榜する最初の政権だった。電電公社の民営化（八五年）や、国鉄の分割民営化（八七年）を断行。それはまた総評の中心的勢力だった全電通や国労や動労の力をそぎ、総評は連合に再編されて、労働組合の決定的な弱体化を招いた。

新右派転換を加速させたのは、自民党幹事長を務めた小沢一郎だった（八九〜九四年）。今日でこそ左派リベラルに支持される小沢だが、新進党を結成して非自民の細川護熙内閣、羽田孜内閣を裏で牛耳り、政界の再編と安保政策の転換を促した小沢こそ〈新右派転換の旗手〉だったのだ。九三年、小沢の著書『日本改造計画』（講談社）で開示された「普通の国」論は、〈自由経済秩序の維持のために日本は経済のみならず軍事面でも応分の負担をするべきである〉という論理であり、英米流の「自由経済と強い国家」への道を明確に示すものだった。

村山内閣時代を経て、「橋本行革」を掲げた橋本政権（九六〜九八年）は中央省庁の統合と再編に乗り出す一方、官邸や内閣の機能を強化し、首相に権限が集中するしくみをつくった点で特筆される。「日米安全保障共同宣言――二十一世紀に向けての同盟」（九六年）や「新ガイドライン」（九七年）を決定し、日米同盟強化への道筋をつけたのも橋本政権だった。

中曽根が新右派転換への第一歩を踏み出し、小沢が明確なビジョンを示し、橋本が官邸主導型政治のしくみをつくる。――こうしてみると、二〇〇〇年以降に小泉や安倍が大暴れするためのお膳立ては、九〇年代までにほぼ整っていたってことだ！

「新自由主義」と「国家主義」は〈利己的な行動に倫理的なお墨付きを与えることから、とりわけ強者にとって解放的な側面を持つ〉点で親和性が高い、と中野はいう。また、新自由主義経済の受益者（グローバル企業のパワーエリート）と、国家主義的政策によって権力の掌握を強固にする保守統治エリート（世襲政治家や高級官僚）の利害は一致する。「自由な経済」と「強い国家」は相反するように見えて、じつは相性がよいのである。

新右派転換は、小泉政権（二〇〇一～〇六年）の「構造改革」、第一次安倍政権（〇六～〇七年）の「戦後レジームからの脱却」に引き継がれてパワーアップし、自公政権の停滞期と民主党への政権交代を挟んだ後、第二次安倍政権（一二年～）で完成の域に近づく。

新右派転換の合間合間で、土井たか子率いる社会党の躍進（八九年）、「村山談話」を出すなど国際協調の最後の輝きであった自社さ政権（九四～九八年）、民主党への政権交代（二〇〇九～一二年）など、新右派転換を減速させる動きもあったが、それは小さな「揺り戻し」にすぎず、全体としてこの三〇年、政治は右へ右へと動いてきた。

しかも、政治の右傾化は日本のみならず、冷戦終結後の世界的な傾向だった。アメリカも韓国も中国も。〈対共産主義の勝利に酔いしれた自由民主主義が、ライバルを失い独善に陥り、瞬く間に劣化していったかのようであった〉と中野は嘆く。彼がいう「新右派転換的」な政策は「改革」と呼ばれ、メディアがなべてこれを支持したことも見逃せない。

論壇「右傾化」の転機は二度あった

表舞台の政治とは別に、では「思想的な右傾化」はどのように形成されたのか。

『右傾化する日本政治』に加え、**大沼保昭＋江川紹子『「歴史認識」とは何か』**や**上丸洋一『『諸**

君！』『正論』の研究』を参照すると、転機は二度あったことがうかがえる。

第一の転機は八〇年代、中曽根政権下の八二年と八五年だった。

八二年は検定で「侵略」を「進出」と書き換えるよう指示が出たと噂された「教科書問題」が浮上した年、八五年は中曽根の靖国参拝が問題になった年である。こうしたトピックは韓国や中国を刺激し、反日思想の火種となったが、半面、世界的に人権意識が高まっていたこともあり、日本国内でも戦争の加害責任を問う動きが活発化した。すべての教科書に南京大虐殺が記載されるようになったのは八〇年代後半という。

第二の転機は九五〜九七年。中野晃一は、戦後五〇周年の九五年を前に〈より組織的な歴史修正主義の動きが見られるようになった〉ことに注目する。一九九三年八月に自民党は「歴史・検討委員会」を設置。ここで国会議員と歴史修正主義の学者グループらとの連携がなされ、また、奥野誠亮や板垣正ら旧世代から、衛藤晟一《えとうせいいち》、中川昭一、安倍晋三らの新世代へのバトンタッチが行われていったのだ、と。

右派をヒートアップさせる材料は、九五年当時、たしかに多かった。日本の侵略戦争と植民地支配を謝罪した「村山談話」。慰安婦の救済を目的とした「アジア女性基金」の設立。また、検定に合格した中学歴史教科書（九七年度用）のすべてに「慰安婦」についての記述があると報じられた。右派が危機感を強めたのは当然だったかもしれない。

中野は九七年を「バックラッシュ（反動）元年」と位置づけ、上丸洋一は〈右派の動きがさらに活発〉化した例として、「つくる会」ほか、自民党を中心に、数々の団体が九七年に設立されたと記している。中川昭一が代表を、安倍晋三が事務局長を務める「日本の前途と歴史教育を考える若手議員の会」(二月)。右派の運動団体「日本を守る国民会議」と宗教系国家主義団体「日本を守る会」が合体した「日本会議」(五月)。国会議員のグループ「日本会議国会議員懇談会」(五月)。上丸によれば〈このころから『諸君!』『正論』の文体が著しく劣化していく〉。

書籍ベースで考える癖のある私は九六年を「歴史修正主義元年」と考えたが、ソ連の崩壊後、敵を失った保守論壇誌が「先の戦争の正当化」を反共に代わる新しい鉱脈として掘り当てたのも、歴史修正主義が政界に波及したのも九七年。このころに日本の保守政治は保守論壇と歩調を合わせて「右旋回」したと見ていいだろう。つけ加えると、九九年にはネット掲示板「2ちゃんねる」が開設され、右派言論が流布するステージも用意された。

で、現在はどうなったか。以上のような構図はさらに強化されている。二〇〇〇年代以降、北朝鮮拉致問題などを機に、論壇の右傾化は総合雑誌や一般週刊誌も巻きこむまでに進行し、政界では『諸君!』『正論』の定連だった安倍晋三が首相の座に座っている。

前にも述べたように、私が「下り坂」について認識したのも、九〇年代後半だった。橘木俊詔『日本の経済格差』(岩波新書)が出版されたのが九八年。啓蒙書レベルで経済格差の進行を指摘した、これはほとんどはじめての本だった。

「新自由主義」と「国家主義」は親和性が高い。言い換えると、右へ右へと曲がり続ける道は、下り坂でもあったのである。まだ午後一時だ、三時だと思っているうちに、あっというまに時間はすぎて、気がつけば夜の帳《とばり》が下りていた。「草の根右派」の側からいえば、九〇年代半ばから二〇年かけてこつこつと地歩を固めてきた結果、政界や財界も巻きこんだ今日の興隆を手にしたのである。左派リベラルがここから失地回復を図るのは、だから簡単じゃないんだよ。（2015.12）

『右傾化する日本政治』中野晃一、岩波新書、二〇一五年　第二次安倍政権の誕生以後、強まっている「右傾化」。そのルーツとプロセスを八〇年代に遡って検証する。「恩顧主義と開発主義」の「旧右派」から「新自由主義と国家主義」の「新右派」へ。自民党内の穏健派は世代交代に失敗し、政界再編や政治改革のたびに社会党などの左派が退潮していった……という筋書きは説得力に富む。

『「歴史認識」とは何か――対立の構図を超えて』大沼保昭著＋江川紹子聞き手、中公新書、二〇一五年　七〇年代まで被害者史観一辺倒だった日本人が、加害責任について考えるようになったのは八〇年代、「歴史認識」という語がメディアに登場するのは九〇年代以降だった。戦後の日本人の戦争観や植民地観を追いつつ、東京裁判、在日コリアン、慰安婦などをどう考えるかに示唆を与える好著。

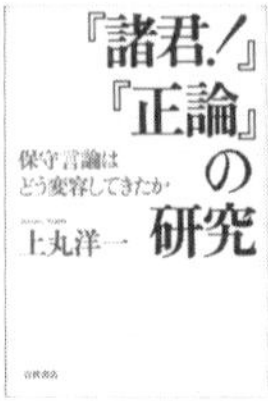

『諸君！』『正論』の研究――保守言論はどう変容してきたか』上丸洋一、岩波書店、二〇一一年　『諸君！』（一九六九年創刊、二〇〇九年休刊／文藝春秋）と『正論』（一九七三年創刊／産経新聞社）を中心に、保守論壇の言説の特徴と変容を追った労作。核武装論、靖国神社、東京裁判、反ソ連&反北朝鮮プロパガンダ、朝日新聞批判などを、各時代の論客の代表的な主張を織り込みつつ紹介。

いまこそ知りたい「六〇年安保」

六〇年安保闘争とは何だったのかを考えている。

理由は単純で、二〇一五年の夏、安保関連法制をめぐって盛りあがった（ように見えた）反対運動を見ながら、市民が盛大に参加した六〇年安保を思い出したのだ。

思い出したといっても当時の私は三歳児。リアルタイムで闘争を知っているわけではもちろんない。ただ、あの頃の子どもはみんな「アンポハンタイごっこ」をやっていた。テレビの普及率は半分以下だ。思うに当時の子どもは、メディアではなく周囲の大人を通して闘争を知ったのではなかったか（私の場合は父の肩車でデモに参加したらしい。妹が生まれたばかりの頃で、母は入院中。父としてはやむなく娘をデモに連れて行ったのだろう）。

という雑談はともかく、一五年の「戦争法案反対デモ」を横目で見ながら、日本人にとって六〇年安保は意外と大事な経験だったのかも、と思うようになった。

一九六〇年の庶民は安保改定の内実を、じつはよくわかっていなかったのではないか。ただ、警察予備隊が保安隊（のちの自衛隊）に再編され（五二年）、保守合同で誕生した自民党が自主憲法の制定を掲げ（五五年）、A級戦犯だった岸信介が首相に就任する（五七年）といった、いわゆる「逆コース」の中で、人々は「また戦争になる！」という危機感を募らせた。敗戦から一五年しかたっていない時代である。今日まで憲法が改定されず、曲がりなりにも日本が戦争を回避できたのは、あそこで平和憲法を「選び直した」からではないか。

警職法反対運動から安保闘争へという流れ

基本的なことから復習しておこう。そもそも日米安全保障条約は、一九五一年九月八日、サンフランシスコ条約とともに締結された条約である。

五五年の自民党結党を経て、五七年二月、岸信介内閣が発足する。岸は「自主憲法の制定」と「自主外交の展開」を政策の柱にし、防衛力の強化に向けて、五七年一〇月、日米安保改定の交渉に乗り出した。条約の片務性（日本には米軍基地提供の義務があるが米国には日本防衛の義務がない）を克服し、日米を対等な関係に、というのが改定のキモだった。いわば不平等条約の改正である。それなのになぜ国民は反対したのか。

保阪正康『六〇年安保闘争の真実』はプロローグで〈あのときの安保闘争とは、岸首相への嫌悪感に代表される太平洋戦争への心理的な決算と、敗戦から十五年を経ての戦後民主主義そのものの確認の儀式、といった趣があったように思う〉と述べる。

岸内閣への不信感が急激に高まった最初のキッカケは、五七年一〇月八日、岸内閣が衆院に突然提出した「警察官職務執行法（警職法）」の改定案だった。警官の権限を大幅に拡大させる内容だったため、社会党はただちに撤回を要求した。

保阪によれば〈安保条約改定交渉と同時に提案されたところに、安保改定阻止運動を力ずくで押さえようとの意図をもっているとも指摘された〉という。〈基本的人権の破壊や個人への官憲の干渉が著しく進むという見方から、マスコミもこぞって反対運動を広げた。「オイコラ警察の復活」や「デートもできない警職法」というスローガンが街にあふれ、社会全体が騒然となった。戦後民主主義そのものの解体という恐怖感が、国民の間にも広まった。〝戦前の国家が再現される〟というアピールは、国民をもっとも納得させるものであった〉。

二〇一三年、安倍晋三政権下で提出され、かつてない規模の反対運動に発展した特定秘密保護法みたい！　岸内閣は警職法成立のために会期延長を強行。強引な国会運営で国民の不信感が頂点に達した点も似ている。ただ、秘密保護法と異なるのは、総評の呼びかけで六〇〇万人の組合員が抗議ストや実力行使に加わり、社会党委員長（鈴木茂三郎）との党首会談で警職法が廃案になったことだろう。当時は野党や組合の力が、いまよりずっと強かったのである。

警職法反対運動で盛りあがった国民のエネルギーは、そのまま安保改定反対のエネルギーに転化した。五九年三月には「安保条約改定阻止国民会議」が発足。労働組合や学生組織（全学連）の参加によって運動は徐々に拡大し、六月二五日の統一行動には、三百数十万人の労働者と学生が参加した。政府与党は〈「安保改定反対の中心は極左勢力であり、その狙いは安保体制そのものの破壊であり、日本を容共［共産主義容認］に導こうとするものである」〉というキャンペーンに努めたが、新聞は〈岸首相が改定交渉をまったく国民に説明せず、党内への説明ばかりを考える〉と批判した。

ここまではしかし、まだ前哨戦である。反対運動が質的に転換したのは、五九年一一月二七日だった。この日、国会周辺には六万人のデモ隊が集まっていたが、全学連の学生たちを先頭に、その一部が警官隊のバリケードを突破して議事堂構内に突入したのだ。

大井浩一『六〇年安保――メディアにあらわれたイメージ闘争』は、「六〇年安保」がはじまったのは、この日だったと規定している。〈この事件こそ、政治家や安保改定阻止国民会議（以下、国民会議と略記）に参加した労組員、学生といった運動の当事者以外の、社会の広い層の人々に安保反対闘争が初めて強く印象付けられたメルクマールだったからである〉。

第二の転換は六〇年五月一九日。同年二月に「新安保条約批准案」を衆院に提出した岸内閣は、五月一九日午後一一時四九分、ついに同案の強行採決にふみきった。

反対運動が国民的規模に膨れ上がったのは、翌二〇日からだった。その日からの一週間のあいだに、それまでは傍観者だった市民団体、文化人の横断的な組織、婦人団体、学術団体、キリスト教団体などが次々と反対声明を出し、〈抗議のために閉店ストを打つ商店街まであらわれたほどだった。組織や団体に属していない市民たちの怒りも、うねりとなってあらわれてきた〉（『六〇年安保闘争の真実』）のである。国会へのデモは連日続き、彼らのスローガンは新安保条約を超えて「岸内閣退陣」「国会解散」にまとまっていく。

そして六月一五日、全学連主流派の学生ら二万人のデモ隊が国会を取り巻く中、約一〇〇〇人の学生と約三五〇〇人の警官が衝突、東大生の樺美智子さんが死亡するという事件が起きる。

六月一九日、新安保条約は自然承認されたが、二二日、岸内閣は自主憲法の制定という悲願を達成することなく総辞職した。

学生と市民が参加した政治運動

とまあ、以上が六〇年安保闘争のざっとした経緯である。

あらためて時系列でたどってみると、規模はちがうが、一九六〇年と二〇一五年の類似点が多々見つかる。警職法（今回は特定秘密保護法）反対運動から安保闘争（今回は安保法制反対運動）へという流れ。政府の強行的な国会運営。国会を取り囲むデモ隊。学者や文化人を含めた幅広い層の運動への結集（余談ながら安保闘争では大江健三郎も石原慎太郎も運動に参加した）。

六〇年安保闘争を機に、運動の担い手として新しく浮上した層は二つあった。ひとつは学生、もうひとつは一般市民である。

「暴力学生」のイメージをふりまき、市民やメディアの受けが必ずしもよくなかった「全学連」が加わったことで安保闘争はいっそう盛り上がった。一五年の安保法制反対運動のシンボル的存在となった学生グループ「ＳＥＡＬＤｓ」とはスタイルが正反対とはいえ、いつの時代も学生が動くと、世間の注目が集まるのだ。

それまで政治とは無縁だった市民が運動に参加したのも、六〇年安保闘争と二〇一五年安保法制反対運動に共通した特徴である。**栗原彬編『ひとびとの精神史（第3巻）六〇年安保』**は、巻頭言で〈運動のスローガンは「安保改定阻止」から「議会制民主主義を守れ」、更には「岸を倒せ」へと移行した〉経緯を記し、〈階級や職能で括りきれないひとびとの中から「市民」のアイデンティティがゆっくり広がっていった〉と指摘している。

同書所収の論文「小林トミ――「市民」となった主婦たち」で、天野正子は市民が集まる「声なき声の会」の主催者だった小林トミの声を拾っている。〈国会に詰めたかけた人たちの心の中には、二つの思いがあったと思うの。新安保条約が、警官が導入された中で多数党のゴリ押しによって強行採決された。民主主義が破壊されたから今こそ守れ、という憤り、もう一つは、新安保条約によって、日本が戦争に巻き込まれるのではないか、との素朴な恐れ。わたしにも両方あったけど、戦争になったら大変、という気持ちが強かったわね〉。

ほらね、二〇一五年と似てません？

保阪正康は〈院外闘争が日本の歴史上かつてみられないほど高まった〉理由は〈結局は岸首相の体質や肌合いに対する国民の怒り〉だったと述べている。また大井浩一は、A級戦犯である岸信介が政権をとっている点だけとっても〈その後はパターン化し、次第にマンネリ化していく「戦前の再帰」論も、「六〇年安保」の時点においては実質的な効力をもっていた〉と述べる。戦前を想起させる岸信介への嫌悪は、相当強かったのである。

で、二〇一五年。岸信介の孫によって強行された集団的自衛権の行使容認（二〇一四年）と、それを前提とした安保法制案。首相個人への強い反発。国会前に集結した人の波。六〇年安保との類似が見つかる半面、違いも大きい。なにしろ安倍内閣は退陣どころか今日も政権の座に居座り、支持率が上がってさえいるのである。いったいこれはどういうわけか。与野党の数と力の差が大きすぎるのか。それとも安倍晋三のほうが、祖父・岸信介より面の皮が厚いのか。一五年の新語・流行語大賞では「アベ政治を許さない」「ＳＥＡＬＤｓ」がベスト10入りした。反対運動の置き土産がそれだけだったとしたらあまりにも空しい。

(2016.1)

『六〇年安保闘争の真実——あの闘争は何だったのか』保阪正康、中公文庫、二〇〇七年　著者は一九三九年生まれ。同志社大生として闘争を経験した。〈安保条約の内容など知る由もなかった。むしろ学生も含めての大半の人びとは岸内閣への反感が強かった〉。安保条約改定に至る経緯を、永田町と市民の両側から追った良質のドキュメンタリー。一九八六年刊の講談社新書を文庫化。

『六〇年安保——メディアにあらわれたイメージ闘争』大井浩一、勁草書房、二〇一〇年　著者は一九六二年生まれ。当時の新聞報道と知識人の言説を通し、六〇年安保がどう語られ、どう消費されたかを検証した労作。第一章は「怒れる若者たち」で、特に全学連に関する分析が充実。共産党が武力闘争を放棄した「六全協」との関連、暴走族の前身「カミナリ族」との類似などに頷かされる。

『六〇年安保——1960年前後』ひとびとの精神史第3巻、栗原彬編、岩波書店、二〇一五年　「美智子妃と樺美智子」（吉見俊哉）、「小林トミ」（天野正子）、「丸岡秀子」（新津新生）、「石牟礼道子」（花崎皋平）など、一二人の人物をとりあげた一二の論文を収録。安保闘争のほか、水俣、三井三池、筑豊、沖縄など、各地で誕生した運動の担い手が登場。市民意識が芽吹いた時代の熱気に打たれる。

四〇年後のロッキード事件と田中角栄

田中角栄が逝って二三年。ロッキード事件で彼が逮捕された一九七六年から数えれば四〇年。それなのに（それだからか？）、田中角栄本がブームである。検索してみたところ、二〇一六年に発売された関連書籍だけでざっと四〇冊を超えていた。

〈今の時代に田中角栄ブームが起きたのは、オヤジが「決断と実行」をキャッチフレーズにした政治家だったからだと思う〉と語っているのは小沢一郎（「週刊朝日」一六年四月一五日号）。〈いま田中角栄がウケるのは、少なからぬ国民がなんとかしてハト派の手がかりをつかみたいと願っているのではないか〉と分析するのは田原総一朗である（「週刊朝日」一六年六月三日号）。「タカ派で小粒」な現在の政治家たちに比べると、たしかに田中は「ハト派の大物」の印象である。のかもしれないが、私にとっての田中角栄は「郷土の恥」だったからな。

田中角栄が首相になった一九七二年、私は新潟市内の高校生だったが、忘れもしない、その日教師が教室に入ってくるや否や、とっておきのニュースだといわんばかりに「田中角栄さんが総理大臣になった」といったのだ。「だから何？」という私の気分をよそに、その途端、教室中で拍手が起こった。こ、この人たちって何なの?

ロッキード事件はCIAの陰謀だった?

まあ、いいや。まずおさらいからはじめよう。

田中角栄は一九一八(大正七)年、新潟県刈羽郡二田村(現在の柏崎市)に生まれた。成績は優秀だったが、高等小学校を卒業後は建設現場で働き、一五歳で上京。土建会社で住み込みの小僧をしながら、私立の中央工学校土木科を卒業した。

一九三九(昭和一四)年から二年半、軍隊生活を経験した後、東京で建築の個人事務所を設立。事業は拡大し、田中土建工業株式会社の社長として朝鮮半島に進出、ソウルで敗戦を迎えた。

そんな田中が、民主党の衆議院議員として初当選したのは一九四七年。戦後の二度目の総選挙の際である。当時、田中は二八歳。同期の衆議院議員には中曽根康弘や鈴木善幸がいた。

五五年の保守合同後は、めきめき頭角をあらわし、三九歳で郵政大臣として初入閣(五七年)、池田勇人内閣、佐藤栄作内閣の大蔵大臣、通産大臣などを歴任した後、七二年、福田赳夫を破って自民党総裁選に勝利、五四歳で総理大臣となった。

コンピュータつきブルドーザー、今太閤、闇将軍……。さまざまなニックネームで呼ばれた田中だが、首相就任後の重要なトピックは意外に限られる。新幹線や高速道路網を軸に日本のグランドデザインを描いてみせた『日本列島改造論』の刊行(七二年)、周恩来首相との間で成立した日中国交正常化(七二年)、金権政治批判による内閣総辞職(七四年)、そして退陣後に発覚し、後に有罪判決が出たロッキード事件（七六年に逮捕）。首相在任期間はわずか二年。退陣の二年後には逮捕されるという急転直下の展開！　あれはたった四年間の話だったのだ。

本の話に移ろう。田中角栄本で、もっか売上げナンバーワンなのが**石原慎太郎『天才』**である。帯には「90万部突破！」「2016年上半期ベストセラー総合第1位」の文字。

石原慎太郎がなんでまた田中角栄なの？　と思ったが、読んでみると、はたしてこれは〈俺はいつか必ず故郷から出てこの身を立てるつもりでいた〉という一文からはじまる、田中角栄を語り手にした一人称小説だった。そう聞くとおもしろそうだが、中身はひどい。メリハリもない。構成の工夫もない。一人称小説らしい内面すらもない。

日本列島改造論については〈多くの国民はどこに住んでいようとこれでそれぞれの夢を持てたはずだ〉。首相に就任した際は〈総理大臣に指名されたことでのことさらな達成感はあまりなかった〉。日中国交正常化に関しては〈俺の発言の要旨は……〉〈大平の発言要旨は……〉〈周総理の回答は……〉と、どこぞの資料を引用（丸写しともいう）しているだけだし、金権政治を告発するレポートについては〈これには往生させられた〉。ロッキード事件が発覚し、事情聴取のために収監された際は〈どうにも納得のいかぬことばかりだった〉。

資料から事実関係と会話部分を拾い出し、「俺」のちょっとした感想を付け加えて一丁上がり。この程度だったら、べつに一人称小説にする必要はないんじゃねーの？

その点、**石井一『冤罪——田中角栄とロッキード事件の真相』**は拾いものだった。著者は田中派の政治家としてロッキード事件を間近に見た元衆議院議員。一貫して田中に同情的な本ではあるが、事件の真相を追う手つきはむしろジャーナリストのそれに近い。
〈ロッキード事件は米国のある筋の確かな意図のもとに、日本政府、最高裁、そして東京地検特捜部が一体となって、推し進めてしまった壮大なる「冤罪事件」だとの疑念を、私は今も払拭することができません〉と石井はいう。〈おそらくその背後には、キッシンジャーとCIA、米国政府関係者がいたと思います。／田中が電撃的に成し遂げた日中国交回復、そして独自に進めようとした資源外交が、あくまでも日本を自らの隷属下に置こうとする米国の神経を逆なでし、大きな危機感を抱かせたことは間違いありません〉。

取るに足りない陰謀論として片づけることもできるだろう。しかし、事件の詳細を見ていくと、ロッキード事件にはたしかに疑問が多いのだ。

ロッキード社は、民間機トライスターと戦闘機F－15、対潜哨戒機P3Cを日本に売りつけることに成功した。これにからんで、ロッキード社から日本側に贈賄があったというのが事件の骨子だが、田中は一貫して金銭の授受はなかったと主張した。石井もまた、ロッキード社から田中への五億円の授受はなかっただろうという。仮にあっても、それは軍用機P3Cに対してのもので、トライスターは無関係だった。トライスターの機種選定は田中が首相に就任した時点で決着しており、田中にとっては受託収賄にあたる案件ではなかったからだというのである。

列島改造論と資源外交

興味深いのは、列島改造論、日中国交正常化、そしてロッキード事件を、石井がひとつの流れでとらえていることだ。〈吉田茂総理から安倍晋三総理の今日に至るまで三十名もの総理にわたって、日本の政治は、日米安保条約とも相まって、米国の傘の下で、米国の意向にまさに盲従するように行われてきた〉が、その中で〈日米両国の政治の枠組みから、ただ一人、臆することなく「逸脱」したのが田中角栄でした〉と石井はいう。

列島改造論の構想を実現するために、田中は〈米国だけに依存しない日本独自の資源の確保〉を目指して日中国交正常化に奔走し、中東に一極集中した石油調達体制から脱却すべく「資源外交」を積極的に展開、ヨーロッパ、ソ連、東南アジア各国、北米、中南米、オセアニアなどを精力的に訪問する。だがそれがCIAとキッシンジャーの逆鱗にふれた。

〈これはずばり、日本政府のP3C調達に絡んだ、田中以外の日米両国関係者の巨大な利権スキャンダルだったのではないか。この巨大で醜悪な謀略に、田中を危険視したキッシンジャーと三木との思惑が重なって、田中とトライスターだけに焦点を絞り、P3Cからトライスターに、十三名の灰色高官から田中一人に、ターゲットをすり替えて立件したのが、「田中ロッキード裁判」ではなかったか〉と、石井は推測するのである。

この冤罪さえなければ〈日本という国の「改造」はさらに大きく進んでいたはずです〉と石井は嘆く。そのメリットを考えると〈ロッキード事件がわが国の発展にどれほどのブレーキをかけ、どれほどの損害を与えたかを痛感せざるを得ません〉。

こうした見解の対極にあるのが、**服部龍二『田中角栄――昭和の光と闇』**だろう。〈田中角栄は、日本人が最も愛する政治家である。それとともに最も嫌悪され、最も批判された政治家でもある〉と書きつつ、田中に対する服部の評価は厳しい。

田中は前半生と後半生で大きく明暗を分けたが、〈その転換点は石油危機や金脈問題ではなく、超大型予算という失政である〉と服部はいう。〈田中には列島改造論のように、地方再生につながる構想があったのも事実である。だとしても田中は高度成長期に適合的な政治家であり、今日のような財政難の低成長時代には不向きか、よくいって未知数ではなかろうか〉。

ロッキード事件についても、服部は〈田中は五億円を受け取っており、裁判では嘘をつき通そうとして破綻した〉という解釈を取る。

検察や裁判所にも問題の多い裁判ではあったが、〈田中と弁護団の側からすれば、作戦ミスである〉。仮に田中が〈五億円の授受は認めつつもその性質が収賄ではないことで争っていたら、裁判は有利に展開したのではなかろうか〉。〈秘書の配置を含めて、危機管理が甘かったといわねばなるまい。田中の生涯について、最も疑問を覚えるのはこの油断である〉。

はたしてロッキード事件は、石井がいうような冤罪だったのか。それとも服部がいうように作戦ミスなのか（論証の緻密さでは、石井が勝っているように思える）。

しかし、評価はちがっても、二冊の本から浮かび上がるのは、田中角栄という政治家の特異な姿である。対米従属路線からの逸脱という田中の路線を仮に誰か、下の世代の政治家が継承していたら、日本の政治はちがっていたかもしれない。

今日の田中角栄ブームの背景にあるのは、ああいう政治家がいまいたら、もうちょっと景気もよくなるんじゃないかという願望にも思える。田中角栄の政策は、金権政治、土建屋国家と揶揄もされたが財政出動型だったし、利益誘導型政治に陥りやすい半面、列島改造論はいまにして思えば、地方から中央への反逆、または中央と地方の格差を縮める貧困脱出策だった。
このブームで「悲劇の政治家」のイメージになってしまった感がある田中角栄。その姿は今日の、希望が見えない「悲劇の日本列島」に重なる気がしないでもない。

(2016.11)

『天才』石原慎太郎、幻冬舎、二〇一六年　〈ロッキード裁判という日本の司法を歪めた虚構を知りつつ、それに荷担した当時の三木総理〉や〈対潜哨戒機P3C問題を無視して逆指揮権を発動し、それになびいた司法関係の責任者たち〉こそが非難糾弾されるべきだった、という認識は悪くないが、全体に雑。一人称小説の体裁をとりつつ、資料をコピペしただけなんじゃないかと思わせる。

『冤罪——田中角栄とロッキード事件の真相』石井一、産経新聞出版、二〇一六年　歴代総理は〈日米同盟を基軸とし〉たが、田中角栄は〈米国の目を気にせず中国との国交を回復し、また資源小国の国益優先の観点から〉（略）日本独自の資源外交を展開〉。ゆえにハメられたのだとの視点から事件の真相を探った本。田中の無念を背景に、米国や司法の「陰謀」を立証していく手つきは迫力満点。

『田中角栄——昭和の光と闇』服部龍二、講談社現代新書、二〇一六年　評伝に近い田中角栄論。〈老人医療費は無料となり、一九七三年は「福祉元年」と呼ばれた。小中学校の教員給与も大幅に改善された〉。が、インフレが加速し、「狂乱物価」が流行語に。〈むしろ緊縮財政で安定成長に移行すべき時期だった〉などの視点は新自由主義的。派閥抗争の話などが多く全体像が見えにくいのが難。

政治家の回想録が語る、永田町の九〇年代

国政選挙ではなく、東京都議選ではあるが、自民党が大敗した（二〇一七年七月二日）。当然といえば当然だろう。森友学園問題や加計学園問題における不誠実な対応。数え切れないほどの政治家の失言や暴言。そして共謀罪（テロ等準備罪）を含んだ組織的犯罪処罰法改正案をめぐる乱暴な審議と採決。おかげで安倍晋三内閣の支持率も四〇％を切った。

もっとも、数を頼んだ「一強多弱」の体制がそう簡単にゆらぐとも思えない。問題はそこなのだ。いまさらながら、なぜこんなことになったのだろう。

ターニングポイントは、いくつかあった。一強多弱の元凶としてみんなが指摘するのは「小選挙区制の導入」である。さらにまた、第二次安倍政権下における安全保障政策転換の元をたどると、「湾岸トラウマ」に行き着くように思われる。湾岸戦争の際、日本は多国籍軍に多額の資金を提供したのに国際的に評価されなかったという、あのトラウマだ。

いずれも九〇年代のトピックである。思い返せば当時の政治も、十分ゴタゴタしていたのである。だとすると、ボタンの掛け違いはあの頃はじまったのか？

じつは最近、政治家の回顧録をまとめて読む機会があったのだが、予想に反して（という言い方も失礼だけど）、これがけっこうおもしろかったのだ。というわけで今回は九〇年代の検証。当時、政府の中枢にいた政治家たちの証言を読んでみたい。

九条にこだわった海部首相

最初の一冊はこれ、『海部俊樹回想録――われをもっていにしえとなす』である。

海部俊樹政権（八九年八月一〇日～九一年一一月五日）は、九〇年代最初の政権だ。最重要トピックはやはり湾岸戦争への対応だろう。

九〇年八月二日、イラク軍がクウェートに侵攻。これが湾岸戦争のそもそもの発端である。八月一四日、ブッシュ大統領から総理官邸に二度目の電話が入った。

海部はどう応じたか。〈最初の電話では、クウェートに侵攻したイラクへの経済制裁を求められた。次の要求はさらに厳しいものだった。「英国、フランス、オランダ、オーストラリアは海軍の派遣に合意してくれている。日本は機雷の掃海や装備の輸送を考えてもらえないか」／私は、即座にこう応じた。「憲法の制約があるので、軍事分野に直接参加することは考えられない。（米国を中心とする）多国籍軍への参加はできない」〉。

ちゃんとしたことといってるんだよね、海部。しかし、彼は米国の要求と国内世論の板挟みにあう。米国から多国籍軍への資金援助を再三催促され、その額は膨らみ続けるし、野党は「戦争に金を出すべきではない」と反対するし。憲法九条の制約の中で、目に見える貢献をと迫る米国に対応するため、海部は医師団の派遣や民間機による輸送を画策したが、危険地帯に人は出せないと断られる。せめて自身も創設にかかわった海外青年協力隊の派遣をとも考えたが、これも実現しなかった。〈食事や寝泊まりまで全て賄える「自己完結力」がなければ現地では必要とされないという、厳しい現実があった。やはり、自衛隊しか派遣できないということだ〉。

九一年一月一七日、多国籍軍がイラクを爆撃し、湾岸戦争が勃発。

海部は悩んだ末に、同年四月、海上自衛隊の掃海艇をペルシャ湾の機雷除去に派遣することを決断する。自衛隊が国外で活動する、これが史上初のケースとなった。

あのときは私も相当憤慨したけれど、当時は九条の縛りがそれほど強かったということを、海部の回想録は示している。事実、このときは、ＰＫＯ法案も激しい反対にあって廃案になったのだ（次の宮沢喜一内閣で成立）。海部自身、「自衛隊を海外に出す千載一遇のチャンスだ」というタカ派（中曽根康弘、橋本龍太郎、小沢一郎ら）の声を不穏当と断じ、クウェートに感謝されたのだから「湾岸トラウマ」も不必要だといいきっている。

〈国際的な評価を得るために、自衛隊を戦地に出そうというような軽々しい姿勢でいいのか。日本は悲惨な戦争を二度と起こさないという決意で憲法九条をつくり、私自身、それを守っていかなきゃならんと思い込んでやってきた。挑発に乗ってはいけない〉。

今日の感覚からすると、こんな自民党の政治家がいたんだ、って気がしません？　だが海部俊樹が特に立派だったわけではなく、これが当時の普通の感覚だったのだ（この感覚が崩れたのは二〇〇四年に小泉純一郎政権が陸上自衛隊をイラクに派遣した後だろう）。

では、内政はどうだったか。思い出すべきは、細川護熙政権（九三年八月九日～九四年四月二八日）と、村山富市政権（九四年六月三〇日～九六年一月一一日）の時代である。細川政権は、新生党を立ち上げた小沢一郎が中心となって成立した非自民八党（七党一会派）連立内閣。村山政権は、自民党、社会党、新党さきがけの三党連立内閣だった。

どちらの政権も中途半端な印象しか残っていないが、まず細川政権のほうからいくと、最初からこの政権は危うさの中にいた。『聞き書　野中広務回顧録』と『村山富市回顧録』を読むと、野中も村山もむしろ細川政権に懐疑的だったことがわかる。

野中はいう。〈細川さんが総理になったときから、まずいなあ、と僕は思っていたからね。というのは、この人は飾り物にされている、本当のお殿様が座らされただけで、実権は小沢さんらが握って、操っておるんだから〉。一方の村山は、細川政権が短期間で終わった理由は〈七党一会派が政権を構成しているのだから政権運営にかなり神経を使わなければならないのに、それがうまくできなかったことが大きい〉と述べている。およそ民主的な運営ではなく、細川政権では社会党が最大政党だったのに、政策決定の場から外されていたのだと。

さらに今日の政治につながる重要な証言。野中も村山も、裏で小沢一郎が音頭をとり、細川内閣が熱心に推進した小選挙区制には反対だった。

〈小選挙区になれば、五一が生き残り、四九がつぶされる。そうすると、中選挙区のようにそれぞれ多様な国民の意思が反映されない。（略）民主主義の議会を構成するのに、そんな制度で民意が封殺されるのはよくない〉〈しかも世襲制度をより長く、強くしていく。そう思いましたね〉と野中はいい、村山は次のように述懐する。〈小選挙区制は社会党には不利だということも分かっていたから党内は反対が強かった〉。しかし、小選挙区制に反対する勢力には「守旧派」のレッテルが貼られ、マスコミもそれに同調した。そして九三年七月の総選挙後、〈社会党は細川政権に参画する前提として「小選挙区」を呑まされた〉あげく、〈できるだけ比例代表の定数を増やすことが目標となった〉のだと。

そうだった。あのときは小選挙区制が「善」だったのである。

活発な意見交換があった自社さ政権

そんな経緯もあって、さきがけと社会党は細川連立内閣を離脱。六〇日あまりで退陣した羽田孜内閣（九四年四月二八日〜六月三〇日）の後、まさかの「自社さ」政権が成立した。村山富市内閣である。世間は騒然となった。政権を奪取するためなら、自民党は宿敵とも組むのかい！

しかし、二〇年以上が経過したいまになって振り返ると、自社さ政権は、奇跡のような「中道リベラル政権」だった気がしてくる。まず自民党の総裁が、護憲派保守リベラルの河野洋平だった。武村正義ひきいる新党さきがけは、自民党を離党したやはり保守リベラルの政治家たち（田中秀征、園田博之、鳩山由紀夫ら）の集団だった。社会党との相性は存外悪くなかったのである（ちなみに海部はこのとき社会党なんかと組めるかと怒って自民党を離党、旧連立与党の候補者として首相指名選に立ったが、僅差で村山に敗れた）。

実際、野中と村山が口を揃えるのは、三党の良好な関係である。

閣議や閣僚懇談会の雰囲気はどうだったかという質問に答えて野中はいう。〈それはものすごく活発だった。いまはほとんどないというけれど、このときぐらい活発だったときはない。閣議は形式的なものですが、閣僚懇談会に長い時間がかかったのは、それほど閣僚が好きなことを言い合えるからです〉。

そして村山はいう。〈数で決めれば自民党優先になってしまう。何でも自民党のいう通りになる。しかしそうはいかない。連立政権なのであって自民党単独政権じゃあないんだから、自民党がおとなしくなるのは当然だろう〉。野党に戻りたくないだけだったとしても、自民党は〈全体としては社会党に対して非常に好意的に協力してくれたことは間違いない〉。

その成果が、戦後五〇年を期して先の戦争への謝罪を述べた「村山談話」であり、水俣病未認定患者救済問題の決着であり、被爆者援護法の制定であり、地方分権推進法の制定であり、慰安婦の救済を目的にした「アジア女性基金」の制定だった。

次の橋本龍太郎政権（九六年一月一一日～九八年七月三〇日）が退陣した後、自社さは連立を解消し、自民党は小沢一郎率いる自由党や公明党と組んで、「自自公」体制に移行。村山首相の退陣後、社会党は社民党に党名を変えるも、党勢を著しく落とした。

『村山富市回顧録』で興味深いのは、自民党との関係ではなく、むしろ社会党内部の混迷ぶりである。社会民主主義と労働組合は継承すべきだとする村山ら左派と、旧来の路線は捨てて新党をつくるべきだと主張する山花貞夫、横路孝弘ら右派との対立で、党は二分。社会党議員の多くは新党結成で頭がいっぱいで〈政権与党であるとか責任ある立場だということは、やっぱり残念ながらあまり意識してなかったな〉（村山）。

一強多弱といわれる現在と比べると、九〇年代の政治はずっと自由で健全に思える。しかし、そんな九〇年代の政治家たちによって、小選挙区制は導入されたのだ。安倍政権の製造責任が、現在は反安倍を標榜する政治家（小沢一郎、細川護熙、河野洋平ら）にこそあるという皮肉。責任の一端は小選挙区制をもてはやしたメディアにも有権者にもある。私たちはつまり、二十数年前のツケをいま払わされているわけだ。逆にいうと、今日の失敗は忘れた頃にたたる。だからやっぱり、変な法律を妥協で通しちゃったらダメなのだ。

(2017.8)

『海部俊樹回想録――われをもっていにしえとなす』垣見洋樹編、人間社、二〇一五年　海部俊樹は一九三一年、名古屋市生まれ。地元衆院議員の秘書をした後、六〇年、衆院選で初当選。文部大臣などを経て、八九年、首相に就任。退陣後は複数の党を渡り歩く。〇九年に政界引退。自らの戦争体験から〈「九条」を守ろうと自然に思った〉など、湾岸戦争時の苦悩した日々が語られている。

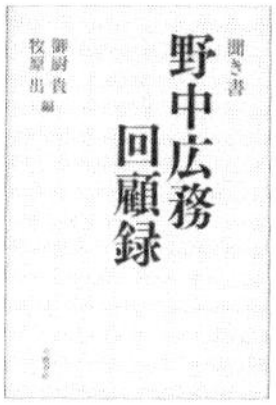

『聞き書　野中広務回顧録』御厨貴＋牧原出編、岩波書店、二〇一二年　野中広務は一九二五年、京都府生まれ。園部町議、園部町長、京都府議、副知事を経て八三年、衆院選に初当選。自治大臣、官房長官、自民党幹事長などを歴任。村山、橋本、小渕、森内閣を裏から支え、〇三年に政界引退。村山首相誕生は戦後五十年の節目の〈「天の配剤」〉と評価するなど、政治家を語る言葉もおもしろい。

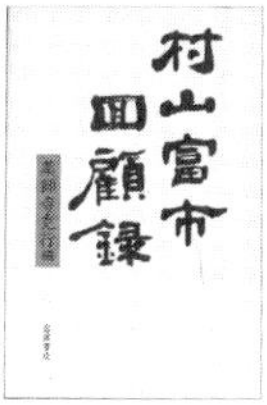

『村山富市回顧録』薬師寺克行編、岩波書店、二〇一二年　村山富市は一九二四年、大分県生まれ。大分市議、同県議などを経て七二年、衆院選で初当選。九三年、社会党委員長に。九四年、首相に就任。九六年に退陣後、社民党の初代党首に。〇〇年に政界引退。自衛隊や日米安保に関する政策転換に九五年はいいチャンスだと思ったなどの本音や、党のその後についての反省の弁が印象的。

なかったとは言わせない「朝鮮人虐殺」

小池百合子東京都知事が、九月一日に墨田区横網町公園で営まれる関東大震災朝鮮人犠牲者追悼式への追悼文送付を見送った（山本亨墨田区長も追悼文の送付を見送った）。この追悼文は、式典が始まった一九七三年以降、歴代都知事が毎年送り続けてきたものである。

都が方針を見直したキッカケは、二〇一七年三月の都議会一般質問だった。古賀俊昭議員（自民党）が、碑文にある六千余名という数を「根拠が希薄」とし、案内状にも「六千余名、虐殺の文言がある」ことから、「知事が歴史をゆがめる行為に加担することになりかねない」と追及。知事は「私自身がよく目を通した上で適切に判断する」と答弁し、この結果になった。都側は虐殺者数について「六千人が正しいのか、正しくないのか特定できないのが都の立場」としている。

同じような動きは、じつは一足先に教育界ではじまっていた。

焦点は、東京都教育委員会が発行する都立高校の日本史副読本『江戸から東京へ』。この副読本は高校の日本史が必修化された二〇一一年度に導入されたのだが、一三年度版で記述の一部が書き換えられたのだ。そのひとつが、くだんの横網町の「朝鮮人犠牲者追悼碑」についてのコラムである。旧版は〈大震災の混乱のなかで数多くの朝鮮人が虐殺されたことを悼《いた》み、1973（昭和48）年に立てられた〉。新版は〈碑には、大震災の混乱のなかで、「朝鮮人の尊い命が奪われました」と記されている〉。「虐殺」いう語が消えたわけだね。

当時の報道（「朝日新聞」一三年一月二五日）によると、都教委は「殺害方法がすべて虐殺と我々には判断できない。（虐殺の）言葉から残虐なイメージも喚起する」と説明したらしい。

横浜市でも同様の書き換え問題がくすぶり続けている。中学校用の副読本『わかるヨコハマ』の二〇一三年度版が、旧版の「虐殺」という文言を「殺害」に変更、軍や警察の関与も消した。市教委は「虐殺は主観的な言葉」「間違いではないが、誤解を招きかねない表現があった」と説明。キッカケはやはり議会で、一二年七月の市議会で保守系の市議（氏名は不明）が「あたかも軍や警察が自警団とともに朝鮮人を虐殺した、という強い表現」を批判。当時の教育長がその場で記述の変更を約束したのだという。六〇〇〇人という人数。「虐殺」という表現の是非。保守系議員の抗議。一連の動きには、朝鮮人虐殺の歴史を快く思っていない同じ勢力ないし集団の圧力が感じられる。

軍も警察も新聞も踊った流言蜚語

朝鮮人虐殺が今日までどう語られてきたかを先にざっと振り返っておこう。現在もっとも入手しやすい関連書籍として**吉村昭『関東大震災』**を読んでみたい。

流言と虐殺については「第二の悲劇――人心の錯乱」で詳しく検証されている。

一九二三（大正一二）年九月一日、午前一一時五八分。マグニチュード7・9の大地震が関東一円を襲った。東京や横浜の電話局や新聞社は壊滅状態となり、〈九月一日から五日の夕方まで一切の新聞は発行されず、東京市民は報道による情報の入手ができなかった〉という情報空白状況の下で、流言蜚語が発生する。

最初の流言は「大津波が来た／来る」「もっと大きな地震が来た／来る」などの自然現象に関するものだった。それが「東京の刑務所の囚人が一人残らず釈放された」などに拡大。地震発生三時間後には「社会主義者が朝鮮人と協力して放火している」という噂が伝わりはじめる。一方、類焼中の横浜市で「朝鮮人放火す」の声が上がったのは地震当日の一日夜だった。当初は「放火」だけだったのが夜の間に「朝鮮人強盗す」「朝鮮人強姦す」などに変化し、さらには殺人をおかした、井戸へ劇薬を投下したなどに発展する。震災の被害が大きかった横浜市からは東京方面に大量の人が避難し、朝鮮人に関する流言も彼らの口を介して東京に広まった。

朝鮮人襲来の噂とともに、各地で続々と結成されたのが、凶器を手にした男たちによる「自警団」だった。〈男たちは、町内を探し廻って朝鮮人を発見すると、これに暴力を加え縛り上げて傷つけ、遂には殺害することさえした〉と吉村は書く。

加えてここに、公の機関である警察と軍が乗った。〈庶民は恐怖に駆《か》られて、流言をそのまま警察署や憲兵分隊に通報する。その度に官憲側も調査し、通報内容が全く根拠のないものであることを確認したが、通報が度重なるにつれて官憲側でも事実かも知れぬという疑惑をいだき動揺の色を見せはじめていた〉のである。

新聞も踊らされた。〈鉄道は破壊され、通信機関の杜絶した東京、横浜は孤絶《こぜつ》し、そこから得られる確実な情報はない。各地の新聞社は、東京を脱出した人々からの取材によると同時に、苦労して潜入した記者の手で記事を蒐集し、記者はそれらを近県からの電話で本社に伝えたが、それらも実地に踏査したものは少く、大半は流言を反映したものであった〉。

耳に入るのは不確かな口コミのみ。恐怖にかられた人々は噂を信じ、口伝えで広がる間に噂の内容は多様化し、凶悪化する。集団ヒステリーと大規模な伝言ゲームともいうべき、おそるべきデマの伝播過程。忌まわしい虐殺はその結果として起きたのだ。〈暴徒はむしろ自警団員らであった〉と吉村はいいきっている。

虐殺された人の数は、政府発表では二三三人。だが吉村は、吉野作造が着目した「在日朝鮮同胞慰問会」の調査として二六一三名という数字を示し、さらに調査を続けた同会が〈難に遭った朝鮮人の実数は六千人以上〉と発表したことも付け加えている。

実際の流言や殺害がどんなふうであったかは、多くの証言が伝えている。子どもの作文から作家の日記までを網羅的に収集した、西崎雅夫『関東大震災朝鮮人虐殺の記録——東京地区別１１００の証言』（現代書館）はその集大成。同じ資料を一部用いた**加藤直樹『九月、東京の路上で』**でもその一端を知ることができる。当局が資料を敗戦直後に破棄したため、虐殺者の実数はつかめていない。だが、虐殺自体は紛れもない史実である。

にもかかわらず、いまになってなぜ「虐殺」否定論が浮上したのだろうか。

歴史を改ざんしたがる人にはタネ本があるのが常。こういう本が量産されたのは九〇年代後半以降だ。「南京大虐殺はなかった」といいたい人のタネ本は、東中野修道『「南京虐殺」の徹底検証』（展転社、一九九八年）ほか多数。「従軍慰安婦は捏造だ」といいたい人のタネ本は、秦郁彦『慰安婦と戦場の性』（新潮選書、一九九九年）。朝鮮人虐殺否定論者にもタネ本がある。

自警団による殺害は正当防衛だった!?

それがこの本、**加藤康男『関東大震災「朝鮮人虐殺」はなかった！』**だ。工藤美代子『関東大震災「朝鮮人虐殺」の真実』（産経新聞出版）に加筆のうえ、著者と書名を変えて出版された本で、ちなみに加藤康男は工藤美代子の夫である。

〈何の罪もない者を殺害したとされる「朝鮮人虐殺」は、はたして本当にあったのか〉と鼻息も荒く、この本はブチ上げる。彼らの主張は主に二点にまとめられる。

第一の論点は、流言蜚語とされてきた噂について。

噂の中には〈震災に乗じて朝鮮の民族独立運動家たちが計画した不穏《ふおん》な行動〉が含まれているというのが加藤の主張で、論拠は当時の新聞記事である。〈不逞《ふてい》の鮮人約二千は腕を組んで市中を横行し、掠奪《りやくだつ》を擅《ほしいまま》にする〉（「河北新報」九月五日）とか、〈鮮人は鉄砲や日本刀で掛るので危険でした〉（「北海タイムス」九月六日）とかいった新聞記事（目撃談）を取り上げて加藤はいう。この記事がすべて幻だというのか、事実だったのではないか。

傍証として彼が挙げるのが、震災の直前には朝鮮人の犯罪が多発し、民族独立運動や抗日活動が活発化していたという話である。仮に自警団による殺害が事実でも、それはあくまで正当防衛だ。〈もとを質《ただ》せば社会主義者と抗日民族主義者が共闘し、上層部からの指令を受け、天災に乗じ、思いを遂げようとした輩《やから》がいたからだということを忘れてはならない〉。

わかりますか、この論理。「社会主義者が朝鮮人と協力して放火している」などの噂には根拠がある。→その中には事実も含まれていたはずである。→だから罪のない朝鮮人が殺害されても仕方がない。要するに、流言を信じた当時の日本人と同じ理屈だ。

第二の論点は、「虐殺」された人数について。

「在日朝鮮同胞慰問会」が出した六〇〇〇人というのは誇大な喧伝だとこの本はいう。当時、京浜地区にいた在日朝鮮人の総数を約九八〇〇人と見積もった上で、そこから震災直後に収容所に保護された人数を引くと、震災による在日の死者と行方不明者は計二七七〇人。うち八〇〇人が殺害されたと考えられるが、そこには民族独立運動家などの「(殺されても仕方がない?)テロリスト」が入る。したがって六〇〇〇人は多すぎるという理屈である。

しかも、自己防衛のためにやむを得ず相手を殺す行為は「虐殺」ではない、と彼はいうのだ。〈自警団であろうと、警察官であろうと、彼の最終解決手段は正義といっていい〉。

殺されたのが六〇〇〇人でも八〇〇人でも大量殺人に変わりはなく、断じてそれは「正義」ではない。一般市民や警察官が朝鮮人を殺害したという事実は消せないのだ。

話を戻そう。東京都や横浜市の言い分は右の本と瓜二つ。「虐殺」という文言と「六〇〇〇人」という人数にこだわる点はほぼ同じである。東京都と横浜市の教育委員会は「朝鮮人虐殺はなかった」と銘打つ怪しい本の主張に、つまり同調したのである。

『九月、東京の路上で』の著者・加藤直樹は、関東大震災を、ヘイトデモで「不逞朝鮮人」と書かれたプラカードを見た際の思いに重ねる。〈レイシストたちの「殺せ」という叫びは、90年前に東京の路上に響いていた「殺せ」という叫びと共鳴している〉と。

　こんな状態で、大地震が再び東京を襲ったとき、日本人が過去の過ちを繰り返さないといえるだろうか。私にはとても自信がない。

(2017.10)

【付記】小池都知事は一八年も一九年も二〇年も追悼文の送付を見送った。

『関東大震災』吉村昭、文春文庫、二〇〇四年〈二十万の命を奪った大災害を克明に描きだした菊池寛賞受賞作〉(カバーより)。多数の一次資料をもとに、未曾有の大地震を描き出した迫真のノンフィクション。東日本大震災後、再び読まれるようになった旧著(親本は一九七三年刊)だが、流言蜚語、朝鮮人虐殺、大杉栄殺害事件などの「人災」にも多くのページを割く、最良の入門書。

『九月、東京の路上で』加藤直樹、ころから、二〇一四年〈関東大震災の直後に響き渡る叫び声／ふたたびの五輪を前に繰り返されるヘイトスピーチ〉(帯より)。多くの在日が暮らす新大久保で育った著者が、朝鮮人虐殺の現場を歩き、当時の証言や記録を再構成したノンフィクション。当時の虐殺と現代のヘイトスピーチの間には同種の差別意識があると説く。工藤美代子著への批判もあり。

『関東大震災「朝鮮人虐殺」はなかった！』加藤康男、ワック株式会社、二〇一四年〈「従軍慰安婦」だけではない、もう一つの歴史の捏造！〉(帯より)。虐殺に関する従来の研究をすべて否定。「虐殺」はなく、あったのは朝鮮人テロ行為への自警団の正当防衛だけ、と主張する。『九月、東京の路上で』を「韓国報道機関と変わらぬ反日トンデモ本」と呼ぶなどする一種のプロパガンダ本。

明治一五〇年と「司馬史観」の罪

二〇一八年は「明治一五〇年」だそうだ。官邸のポータルサイトには〈「明治150年」をきっかけとして、明治以降の歩みを次世代に遺すことや、明治の精神に学び、日本の強みを再認識することは、大変重要なことです〉などとある。

悪い冗談を聞いてるみたい。敗戦で断絶された歴史を無視し、主権在君の帝国主義時代に戻れといわんばかりだ。この機に乗じて『文春MOOK明治150年　文藝春秋でしか読めない幕末維新』『別冊正論30　明治維新150年――先人の智慧と気概』（いずれも文藝春秋）といったムックも、すでに発売されている。この傾向が今年いっぱい続くのだろうか。

ところで、右のようなムックも含め、明治というと必ず名前があがるのが司馬遼太郎である。たしかに司馬は『竜馬がゆく』『翔ぶが如く』『花神』など幕末明治に取材した作品を数多く残したし、一九六八年から七二年まで産経新聞に連載された『坂の上の雲』は日本人の明治観を決定したといわれるほど大きな影響力を持った。

しかし、歴史修正主義の発火点ともいうべき藤岡信勝＋自由主義史観研究会『教科書が教えない歴史』が〈私たちの考えでは亡くなった司馬遼太郎さんの「司馬史観」も自由主義史観と同じ立場にあります〉と巻頭で述べていたことも、私は忘れていない。

いまや思想信条のちがいを超えて称揚される司馬遼太郎だが、歴史学者の中には司馬に批判的な人も少なくない。はたして「司馬史観」とは何なのか。そこに問題点はなかったのだろうか。

「明るい明治」と「暗い昭和」の二項対立

まず磯田道史『「司馬遼太郎」で学ぶ日本史』。最近テレビ番組でも引っ張りダコの、売れっ子歴史学者による司馬作品の手軽な入門書である。

〈歴史というのは、強い浸透力を持つ文章と内容で書かれると、読んだ人間を動かし、次の時代の歴史に影響を及ぼします〉と磯田はいい、そのような「歴史をつくる歴史家」として、頼山陽、徳富蘇峰、司馬遼太郎の三人の名前をあげる。

とりわけ司馬は、戦後の急激な経済成長と民主主義を伴った大衆社会の時代の作家であり、その叙述が映画やテレビ番組に翻案された結果、〈日本人の多くは司馬作品を通じて日本の歴史に接し、その歴史観をつくったと言っても過言ではないでしょう〉。

実際、この本を読むと、司馬が戦後の日本人に受け入れられた理由がよくわかる。

斎藤道三から織田信長へと時代が変わる過程を描いた『国盗り物語』が雑誌で連載されたのは一九六三〜六六年。高度経済成長の時代であり、その時期に働いていたのは復員軍人を中心とする人々だった。〈国を失った人々が、もう一度国を獲得していくその展開に、読者は非常にシンパシーを感じたのではないかと思います〉。

一方、明治維新から日露戦争までの過程を描いた『坂の上の雲』が連載された六八年〜七二年は、高度成長の終わりが見えた頃だった。高度成長によって物欲は満たされたが、「坂の上の雲」を目指すような目標はもうない。それが〈「坂の上」をめざした明治人への興味をかきたて、『坂の上の雲』を国民的な人気作品としたのかもしれません〉。

司馬が好んで描いたのは、坂本龍馬（『竜馬がゆく』）や大村益次郎（『花神』）のような合理主義的な人物だった。その対極にあるのが過去の因習にとらわれ、思想的に純粋培養された人物や集団だった。戦争中に無体な思想を押しつけられた読者が、司馬が描く合理的な人物に共感したのは当然だった、ともいえる。

ただし磯田も、司馬作品を手放しで礼賛しているわけではない。〈司馬さんは大局的な視点、世の中に与えた影響という点から、可能なかぎり単純化して人物評価していることを理解しなくてはなりません〉と彼はいう。〈司馬作品を読むときには、一定の約束事、言わば「司馬リテラシー」が必要なのです〉。これは重要な指摘だと思うが、残念ながら、じゃあどうやって「司馬リテラシー」を磨くかという点までは、この本は踏み込まない。

その点、**中村政則『『坂の上の雲』と司馬史観』**は、かなり強烈な司馬史観批判の書といっていいだろう。文芸評論家の尾崎秀樹を引用しつつ、司馬遼太郎の歴史観の特徴を「鳥瞰史観」「大局史観」と中村は呼ぶ。未知のものを前におののく人間ではなく、その起こりから終焉まで、すべて完結した時点から人間に光を当てる、それが司馬作品だ、と。

たとえば中村が問題視するのは司馬の〈過剰表現、勘違い、作為〉、いわば誇大妄想癖である。『竜馬がゆく』で尊王攘夷派と幕府方が衝突した「禁門の変（蛤御門の変）」を描いた際、〈その数、五万である。帝都の内外にこれだけの戦闘員があつまったのは、室町末期の応仁ノ乱いらいのことであった〉と書いた司馬。が、御所の周囲に五万の兵が集結するのは不可能で、文献ではせいぜい四〇〇〇。司馬の数字や人物像にはこの手の誇張が多い。日露戦争の原因は「ロシアが八分、日本が二分」などという記述も、鵜呑みにはできない。

中村は『坂の上の雲』を「安心史観《コンフォタブル》」をベースにしたエンターテイメントだという。それは〈高度経済成長の社会的背景もあって、中堅サラリーマンや中小企業経営者の間で圧倒的な人気を博し、「日本もすてたものではない」という安心感をあたえた〉が、半面、大きなマイナスも伴った。第一に、歴史の暗部（暗い話、残酷な話、戦争犯罪や植民地差別などの問題）を避けて、史実の悪用や曲解を招いたこと。第二に、軍事技術の先進・後進を進歩の程度を測る基準としたために、新技術をつくり得ない民族や国民を「遅れている」とみなしたこと。加えて、戦争の犠牲者である民衆の姿もほとんど視野には入っていない。

注目すべきは、中村がくだんの藤岡信勝ら「自由主義史観」派への影響を論じている点だろう。彼らの言説にはいかに司馬の受け売りが多いかを指摘したうえで、その根底にある司馬史観の限界を中村は問う。司馬史観の最大の特徴は「明るい明治」と「暗い昭和」という二項対立。さらにはその分岐点は日露戦争だとして、日露戦争までの四〇年は上り坂、日露戦争から後の四〇年は下り坂としている点である。その「単純な二項対立史観」が最大の問題だと彼はいう。「四〇年サイクル説」が日清戦争の評価を誤らせ、日本の近代史上、もっともリベラルだった大正期を欠落させたのではなかったか。

この話はものすごく腑に落ちる。「上り坂／下り坂」史観には私も毒されているからな。

「栄光の明治」という欺瞞

中塚明『司馬遼太郎の歴史観』は、さらにもう一歩踏み込んで、朝鮮史の視点から、司馬史観を批判した本である。中塚はまず、佐藤栄作首相の下で行われた一九六八年の「明治百年記念式典」を問題にする。敗戦後、ようやく戦争批判や植民地支配への反省が広まりかけた時期に企てられた明治賛美論。『坂の上の雲』の連載は、そんな年にスタートした。

『坂の上の雲』で語られた司馬の朝鮮観は単純だ、と中塚はいう。

第一に「朝鮮の地理的位置論」。〈北からは大国である清国やロシアの、そして南からは日本の圧力をうける「朝鮮半島」という自然の位置が罪作りの原因なんだ〉という論法である。

第二に「朝鮮無能力論」。〈李王朝はすでに五百年もつづいており、その秩序は老化しきっているため、韓国自身の意思と力でみずからの運命をきりひらく能力は皆無といってよかった〉（『坂の上の雲』）と司馬はいう。たしかに李王朝は崩壊しつつあったが、しかし当時の朝鮮は近代化への道をまさに開かんとする激動期だったにもかかわらずである。

第三に「帝国主義時代の宿命論」。一九世紀のこの時代、日本は他国の植民地になるか帝国主義国の仲間入りをするか、二つに一つの道しかなかったように司馬はいう。よって「地理的位置」と「主体的無能力」に規定された朝鮮が日本に従属したのは当然だ、と。
〈これは、日露戦争を前後して、日本が朝鮮を植民地として支配しようとしたとき、さかんにふりまかれた朝鮮停滞論、朝鮮落伍論と少しもかわらない主張です。こういう主張が日本による朝鮮支配正当化の議論に通じることは、いうまでもありません〉。

激烈だが、これは今日の朝鮮観にもつながる至当な批判である。

司馬が唱えた「明治栄光論」、日本の「痴呆化」は日露戦争後にはじまったという説にも中塚は異を唱える。日露戦争の一〇年前、日清戦争時における日本の行動にも、後に日本が暴走する萌芽は現れていた。日本はかなり強引なやり方で朝鮮を占領し、また朝鮮が自ら近代化を切り開く可能性のあった農民蜂起（東学党の乱など）を、日本は日清戦争によって潰した。「日本の勃興」と「朝鮮の没落」はじつは同時進行だったと中塚はいう。

〈朝鮮は無力である、日本が支配しなければロシアがとってしまう、そうなると日本の安全は保てない――そういって明治の日本は朝鮮への圧迫を正当化しました。（略）当然のこととして「明治の栄光」は、朝鮮のはげしい民族的な抵抗に直面せざるを得ませんでした〉。

これが、栄光とは切れたもうひとつの明治の姿だ。〈日本の「明治の栄光」は、隣国、朝鮮の犠牲の上になりたっていた〉のであり、〈その民族主権をうばって、それを「栄光」というなら、そんな「栄光」が長持ちするはずはないではありませんか〉。

いまなお周辺国（とりわけ北朝鮮）を敵とみなし、それに見合った軍事的要件を整えようとしている二一世紀の日本。中村政則や中塚明の本が出版されたのは、ＮＨＫが『坂の上の雲』をドラマ化した〇九年だった。その当時と比べても、近隣アジア諸国との関係はますます悪化している。その現実を思うと、司馬遼太郎が広めた（あるいは加担した）日本人の明治観がいかに危険をはらんだものだったか、あらためて考えざるをえない。明治を無意味に礼讃する「明治一五〇年」に込められた意図も、やはり注視したほうがいいのである。

(2018.2)

『「司馬遼太郎」で学ぶ日本史』磯田道史、NHK出版新書、二〇一七年　著者は国際日本文化研究センター准教授。〈歴史学者が「司馬遼太郎」をあえて正面から取り上げ、司馬作品から入って、体系的に戦国時代から昭和までの日本史を学ぶ珍しい本〉とある通りの入門書。司馬作品のエッセンスを巧みに抽出する手腕はさすがだが、司馬作品の暗部にふれていないのは「司馬譲り」の忖度ゆえ？

『『坂の上の雲』と司馬史観』中村政則、岩波書店、二〇〇九年　著者は一橋大学名誉教授。司馬遼太郎は〈明治時代の政治、軍事、教育、エートス（精神的雰囲気）、そしてナショナリズムも、この外圧（外国から侵略されるかもしれないという恐怖）に由来する〉という「主観的外圧」を強調する傾向が強いと喝破。日清・日露戦争を中心に『坂の上の雲』を検証。歴史修正主義に関する言及も必見。

『司馬遼太郎の歴史観――その「朝鮮観」と「明治栄光論」を問う』中塚明、高文研、二〇〇九年　著者は奈良女子大学名誉教授。〈朝鮮を「内部からの変化は期待できない、他から倒されるほかない」と断定してしまえば〉、当時の民衆や宮廷や政治家などについては〈なにも述べる必要はないのです〉と指摘。日朝関係の専門家の立場から司馬と日本人の歴史観を厳しく問う。

ネトウヨvsリベラル、攻防の二五年

南京虐殺はなかった、慰安婦は性奴隷ではなかった、朝鮮人虐殺もなかった、先の戦争の反省や謝罪を示すのは自虐史観である……。前にも述べたように、この種の歴史修正主義の発端になった本は『教科書が教えない歴史』（一九九六年）だと私は考えている。九七年には「新しい歴史教科書をつくる会（つくる会）」が発足し、九八年には小林よしのり『新・ゴーマニズム宣言ＳＰＥＣＩＡＬ戦争論』がベストセラーになった。

それから二十数年。以後も修正主義本は増殖を続け、教科書から慰安婦の記述が消える、近隣諸国との関係を悪化させる、ヘイトスピーチを生むなど、教育、外交、生活面でも具体的な弊害が生じている。かような言説の担い手として暗躍するのが、インターネット上に出没するいわゆる「ネトウヨ（ネット右翼）」である。攻撃的かつ差別的なのが彼らの発言の特徴だ。

それを苦々しく思う人も当然いたはずなのだけど、今日まで有効な反論が十分に展開されてきたとはいいがたい。だいたいの歴史学者は無視を決めこんでいるし、私自身、この手の本はわりとリアルタイムで批判してきたつもりだけれど、何の役にも立ってませんからね。

ただ、二〇一九年に入って少し風向きが変わってきたような気もするのだ。四月に公開されたミキ・デザキ監督のドキュメンタリー映画「主戦場」の予想以上のヒットはその一例だろう。慰安婦問題を中心に、歴史修正主義者と彼らに対する批判者の意見を並列的に取り上げたこの映画は、修正主義のインチキ臭さをあぶり出す結果になった。

そして書店に目をやれば、同様の問題意識に基づいた本が一九年に入って何冊も出版されているのである。さて、どんなことが書かれている？

着々と準備されたネトウヨ的言説空間

安田浩一＋倉橋耕平『歪《ゆが》む社会――歴史修正主義の台頭と虚妄の愛国に抗う』は、ネトウヨ問題にコミットしてきたジャーナリストと社会学者の対談本だ。修正主義の過程を追った密度の高い本だが、特に新鮮だったのはメディアとの関係を語った箇所である。

九〇年代後半をふり返り、安田は週刊誌の中堅記者だった当時、新人の言葉に驚いた経験を語っている。〈仕事をはずれた席で、「『戦争論』っていいですよね」とか「小林よしのりっていいですよね」と僕に語るのです〉。それまでも慰安婦や戦争について話す機会はあったが、かつては〈「日本が起こしたのはアジアに対する侵略戦争だよね」ということで、保守的な人も含めて認識はほぼ一致していた〉。〈そういう時代背景のなかで「従軍『慰安婦』って、いなかったんでしょう」と唐突に後輩から言われて愕然とした〉。

以前には共有されていた最低限の歴史認識が、九〇年代後半になぜ崩れたのか。

倉橋はこの時代の論壇誌の「語り方」に注目する。

〈「正論」は、大島編集長時代の九八年に、約四〇〇頁の誌面のうち一〇％も読者投稿コーナーを設けます。そんな論壇誌など、ほかにはありませんでした〉。また、『ゴーマニズム宣言』シリーズは、慰安婦に関して「さあ朝日新聞が正しいか？　産経新聞が正しいか？」と称して読者投稿を募り、慰安婦の「強制連行はなかった派」が八割に達したと発表、これをもとに作品を展開する。このやり方は〈「参加型文化」と「集合知」と呼べるものだと分析できます。すなわち、九〇年代の右派・保守論壇は、通説の歴史に対して「みんなで考えよう」「みんなで考えたことを共有しよう」という姿勢を持って作られていったのです〉。

当時、インターネットの普及率はそこそこだったが、「集合知」に依拠するネトウヨ的な言論空間は論壇誌上ですでに準備されていた。倉橋は「つくる会」のディベート好きにも言及している。〈ディベートに勝つためには、その場かぎりの知識や論理だけが必要とされ、その他の要素や一貫性は無視してもよい〉し、二項対立のゲームだから〈妙な説や変な言い分の俗説であっても、科学的・客観的に検証されてきた通説と最初から同じ土俵に上がることができます〉。その場限りのディベートならば、俗説でも「下駄を履かせてもらえる」というわけだ。

問題は右のような言論状況にメディアや言論人が鈍感だったことである。

日本ではじめて教科書に慰安婦問題が載ったのは九六年、二三区すべてで採用されていた日本書籍の教科書だった。が、「つくる会」などの攻撃により、〇二年には東京都で同社の教科書を採択した区は一区に減り、〇四年、同社はついに倒産する。だが、そんな未来が訪れるとも知らず、〈僕ら週刊誌の記者たちは笑いながら「つくる会」の設立をながめていた〉（安田）。

出版市場がピークに達したのはじつは九六年である。活字媒体にはまだ活気があったことも、余裕をカマしていられた原因だった。しかしその後、出版物の発行部数は急激に落ち続け、代わってインターネットが台頭する。そして〈〇〇年代には歴史修正主義を盛りあげたり擁護するための方法がやたらと蓄積されていきました〉（倉橋）。

右派言論界がディベートに勝つテンプレートを整えていく一方で、メディアの側も変化する。第一に出版不況に由来する商業主義の進行、第二に編集者らの世代交代だ。

〈元左翼の幹部連中が一斉に退職し、僕らの世代がデスクとかキャップになり、小林よしのりを評価する記者たちが取材の現場を歩く。そして、幹部連中に嫌な思いをさせられた僕らの世代の編集者が、自分の部下にはそういう思いをさせまいと、部下に対して放任になる。／結果として、小林よしのりを評価し、僕らに放任された人たちが、いまの大出版社で幹部になっているんですね〉（安田）。

こうして粗製濫造のヘイト本が増産されていく。それで左派は何をした？

〈何もできませんでした。取材や調査を重ね、何度も校閲をおこない、一冊二〇〇〇円から三〇〇〇円の本を作り、地道に売るのが常でした。そんな本が、一〇〇〇円前後で粗製濫造されるムックに対抗できるわけがありません。／乱暴な言い方になりますが、いま考えてみれば、左派も粗製濫造したほうがよかった〉（安田）。〈本の現物だけではなく、広告の面でも右派が勝っています。／たとえば、電車の中吊り広告や新聞の広告欄を見ると、右派の雑誌広告が目につきます。

違う雑誌の広告なのに、似たような見出しが並んでいることなど、ざらにあります。こうしたことを、左派はやってこなかったし、いまもやっていません〉（倉橋）。
そうなんですよ。だから、こんなことになったのよね。

ネトウヨの正体は高学歴の中年男性

ただ、リベラル側も「敵」を知る努力だけは続けてきた。

『ネット右翼とは何か』は、同じ問題意識を共有する研究者らが、杳としてつかみどころのないネット右翼の実像を描き出そうとした画期的な試みだ。

結論を先にいうと「四六時中パソコンの前にはりつく風采が上がらない男性」という一般的に流布する「ネット右翼」のイメージは、男性であることを除けば実像に即していない。

社会学者の永吉希久子は、東京都市圏在住の二〇歳〜七九歳の男女七万七千人強を対象にした「市民の政治参加に関する世論調査」（二〇一七年）から、どんな人がネット右翼になりやすいかを導き出した。この場合のネット右翼とは「中国・韓国への否定的態度を持ち、政治志向は保守的で、ネット上での意見発信や議論をする人々」のことだ。

それによると、若年層（二十代）より中高年層（四十代・五十代）、正規雇用者より自営業者や経営者がネット右翼になりやすい（「ネット右翼とは誰か」）。さらに政治社会学者の樋口直人は「Facebook」のユーザー七百数十人の属性からネット右翼像を描いている。それによると、高学歴で（六〇%が大卒）、年齢は三十代〜五十代の働き盛りがほとんど。六分の五は男性で、職業が判明した二百数十人の約半数が自営・経営者だった（「ネット右翼の生活世界」）。
ネット右翼＝若年層ではないという事実に安堵する半面、働き盛りの男性が主流らしいのは「敵の手強さ」を示してもいる。安田浩一がいうように、それは十代、二十代で小林よしのりに出会った世代が年齢を重ねた結果ともいえそうだ。

山崎雅弘『歴史戦と思想戦――歴史問題の読み解き方』は今日の惨状に風穴を開けようとした意欲的な本である。前二冊が歴史修正主義を憂慮する「ホーム」の読者向けだとしたら、本書はいわば「アウェイ」に乗り込んで、修正主義への反論を試みる。

産経新聞にならって、歴史修正主義を「歴史戦」と山崎は呼ぶ。「歴史戦」とは中国政府や韓国政府による歴史に関連した日本批判を「不当な攻撃」ととらえ、〈自国中心の戦闘的な態度で過去の歴史と向き合う〉やり方のこと。それは戦時中の「思想戦」や「宣伝戦」とも同型であることを念頭に置きつつ、焦点となるトピックに、本書はていねいな反証を加えていく。

慰安婦、南京虐殺、東京裁判史観、コミンテルン脅威論、GHQの陰謀……。「自虐史観」で何が悪いと彼はいう。天皇を中心とした戦前戦中の「大日本帝国」と、民主主義国に生まれ変わった戦後の「日本国」は別物だ。である以上〈戦後の「日本国の日本人」が戦前や戦中の「大日本帝国」を批判しても、それは「自分で自分を虐めるマゾヒズム」にはまったく当たりません〉。なかなか鮮やかな切り返しである。

しかし、はたしてこの本を当のネトウヨ諸氏が読んで反省するかいえば、まあ、難しいだろう。右派の粗製濫造本と広告攻勢に対抗するのは容易じゃないのだ。

歴史修正主義を修正する、という方法ではたぶん逆転は図れない。発想の転換が必要だろう。幸い、ネット右翼の中心的勢力は中高年男性だ。だとしたら、これからのリベラルには、次の世代に向けて、いかにパンチのある魅力的なメッセージを出せるかが問われているのではないか。右派が台頭したのも、そもそもは既存の歴史が退屈だったからなのだ。

(2019.7)

【付記】本稿発表後に出版された、伊藤昌亮『ネット右派の歴史社会学――アンダーグラウンド平成史1990―2000年代』(青弓社)も必読。決定版のクロニクルである。

『歪む社会――歴史修正主義の台頭と虚妄の愛国に抗う』安田浩一+倉橋耕平著、論創社、二〇一九年〈通説をねじ曲げ、他者を差別・排除し、それが正しいと信じる。そんな人たちが、なぜ生まれるのか?〉(帯より)。『「右翼」の戦後史』を書いた安田と、『歴史修正主義とサブカルチャー』を書いた倉橋の対談本。九〇年代以降の歴史修正主義台頭の経緯と右派言説の特徴を整理する。

『ネット右翼とは何か』樋口直人、永吉希久子ほか、青弓社、二〇一九年〈誤ったネット右翼像を刷新する――。八万人規模の世論調査、「Facebook」の投稿、bot の仕組みなどを実証的に分析して、(略)ネット右翼の実態をあぶり出す〉(カバーより)。二〇一八年六月のシンポジウムをもとにした六人の著者による論考集。キモヲタ、独身ニート、無職……といった従来のイメージが覆される。

『歴史戦と思想戦――歴史問題の読み解き方』山崎雅弘、集英社新書、二〇一九年〈「従軍慰安婦はいなかった」「南京虐殺はなかった」「GHQが日本人を洗脳した」……それってホントなの?〉(帯より)。歴史を「事実」や「学びの対象」ではなく「戦場」と見なす思考形態を「歴史戦」と呼び、彼らの思考形態のどこが誤りか読み解いた労作。ネトウヨになってしまった家族に手渡すといいかも。

改元のついでに考えた、平成の天皇制

「平成」に代わる新元号が「令和」と発表されたのが二〇一九年四月一日。明仁天皇が退位したのが四月三〇日。五月一日には皇太子徳仁が新天皇に即位し、四月二七日から五月六日までは前代未聞の一〇連休。改元を挟んだ約一ヵ月、日本はお祭り騒ぎ状態だった。

いったいこの改元騒ぎ、というか天皇の交代劇は何だったのだろうか。

明仁天皇が一九年四月末日で生前退位すると正式に決定したのは一七年一二月一日。それから約一年半。平成史本が出版されたり、「平成最後の」というフレーズが流行したりはしたものの、その間、天皇制そのものについて活発な議論が交わされたとはいいがたい。しいていえば、日本国憲法下の象徴天皇について多少の議論が出てきたくらい？

自ら生前退位の意向を表明した「おことば」（一六年八月八日）で、天皇は象徴天皇たる自身の務めとして、「国民の安寧と幸せを祈ること」（宮中祭祀）と、「時として人々の傍らに立ち、その声に耳を傾け、思いに寄り添うこと」（各地への訪問＝行幸）の二つをあげた。これをどう評価したらいいのか。改元に合わせて刊行された天皇論を読んでみた。

個人崇拝に近い明仁論

伊藤智永『「平成の天皇」論』は、明仁天皇にきわめて好意的な天皇論だ。〈平成の天皇は、思想家だった〉というのが、伊藤の考える明仁像だ。

〈ただ「ある」のではない、象徴に「なる」のであるという思想を創造した。どうすれば、なれるのか。戦後、青年皇太子の頃から日々それを考え、間もなく皇后が、その活動に加わった。抽象的な観念だった象徴を、何とか実体あるものにしたいと意志する人だった〉。

まるで歴史上の人物を評するような語り口。神格化ではないまでも、これは一種の「偉人化」である。さらに続けて伊藤はいう。〈そうした思索と行動の表現が、旅であった。天皇は、旅を「象徴的行為」と名付ける。（略）天皇が自らを旅人であったと語る自己認識は、打ち明けられてみると私たちの天皇観を根底から揺さぶるイメージではないだろうか〉。

明仁を「思想家」と呼ぶ伊藤の手にかかれば、譲位も「戦略」になってしまう。〈譲位は、高齢化に伴う肉体的限界に直面してやむなく思い付かれた単なる「隠居宣言」ではない。一部保守派が勘違いしたような「弱音」や「わがまま」などでもない。象徴制は天皇制を今後も続けていくための伝統に根ざした政治的・社会的・文化的戦略であり、譲位は象徴制を続けていくにはこれしかないと天皇自身が突き詰めた戦略である〉。

政治的・社会的・文化的戦略⁉　手放しの礼讃ともいうべきこの明仁論が、いわゆる「左派リベラル」の側から書かれていることに注意したい。

左派が明仁天皇を持ち上げる風潮は以前からあり、とりわけ第二次安倍政権の発足後、明仁は自分たちと同じ「リベラルな天皇」のイメージで肯定的に語られてきた。逆にいうと明仁は、保守派や右派には「気に入らない天皇」だったといえるだろう。伊藤もそのことは意識していて、保守派に対する「してやったり」な明仁像を好んで描く。

〈毎年八月の全国戦没者追悼式で、安倍首相は二〇一三年から、歴代首相の式辞にあった「加害と反省」への言及をやめた。すると天皇が一五年以降のおことばで、首相に代わって消された言葉を補うように「深い反省」を表明するようになった〉。この一事を取り上げて伊藤はいう。〈国会で野党党首が天皇・皇后と同じ発言をしたとしたら、安倍首相がどれほどムキになって反撃するか想像すれば分かる〉。〈天皇の仕事は祈ること〉であって、〈海外戦地慰霊の旅も、そこまでする必要はなかった〉という右派論客・渡部昇一らの発言は〈平成の「象徴の思想」を、真っ向から否定する発言と言える〉。

明仁天皇夫妻の好感度が高いのは事実である。しかし、象徴天皇制とは「天皇個人の思想」が政治に及ぼす影響を封じる策だったはずだ。「保守的な安倍政権vsリベラルな天皇」という図式を伊藤は強調するが、もしこれが「リベラルな政権vs保守的な天皇」という逆の構図だったら？　天皇個人の思想に執着するのは個人崇拝への道で、きわめて危うい。

原武史『平成の終焉』は、右のような無邪気な明仁礼讃論に釘を刺す本ともいえる。

原はまず、天皇自らが退位を表明した一六年八月八日の「おことば」を子細に検討し、そこに含まれた問題点を指摘する。以下列挙すると……。

①〈「おことば」を発することで、天皇が日本国憲法で禁じられた権力の主体になっている〉。②象徴天皇の務めを明仁は「宮中祭祀と行幸」と規定したが、〈そもそも、「象徴天皇の務めとは何か」という問題は、天皇が決めるべき問題ではなく、主権者である国民が考えるべき問題のはず〉である。③「宮中祭祀と行幸」を（生前退位も）国民が望んでいるかどうかは必ずしも自明ではないにもかかわらず、〈自明でない民意が、天皇自身によってあたかもはじめからあったかのようにつくられ〉てしまっている。④「宮中祭祀」は明治以降につくられたもの、「行幸」は明治に復活したもので、昭和初期には天皇の神格化に寄与した行為である。それを自らの務めとするのは〈天皇の権力が強大化した明治から昭和初期までの天皇制を否定しつつ、その残滓を受け継ぎ、天皇の務めの中核にしている〉点で矛盾している。⑤天皇がいう「国民」とは誰のことか明確ではない。⑥天皇の行幸は大がかりな警備や交通規制を伴うのに〈「おことば」に言うところの「国民の暮らしにも様々な影響が及ぶ」」〉ことへの自覚がない。

一見、重箱の隅に見える。だが、これを読むと、伊藤の明仁礼讃論に何が欠けているかがわかる。それすなわち、この国の主権者は誰なのか、という視点である。

とりわけ⑤の「国民」に関する指摘は重要だろう。

天皇皇后は日系人の施設は訪れても〈外国人が集まる国内の施設や学校など〉は訪れていない。多くの福祉施設を訪れてはいるが、〈精神障害者を収容する施設〉も〈受刑者が収容された刑事施設〉も自衛隊関連施設も訪れていない。さらにいえば行幸先の公園などでは事前にホームレスが強制排除されている。天皇個人の意志がどうあれ、背後には「国民」とそれ以外を巧妙に区別、選別する論理が働いている、と原は指摘する。〈天皇・皇后が心がけて訪ねる人々は、いわゆる社会的弱者だ〉（伊藤）なんて単純な話ではないのである。

生前退位は世界のトレンドだった

戦争の激戦地への訪問も、〈平成の天皇は、昭和天皇の戦後観から身を離し、独自に自分自身で、あの戦争と敗戦と戦後に向き合ってきた〉（伊藤）と簡単にはいえない。

訪問先を見ればわかると原はいう。皇太子時代を含め、天皇皇后が訪れた激戦地は、沖縄をはじめ、硫黄島、サイパン、パラオ、フィリピンと、一九四四年から四五年にかけて、日米が戦い敗北を重ねた島々だった。だが、その一方で、瀋陽の柳条湖や北京の盧溝橋、南京、武漢、重慶、真珠湾、マレーシアのコタバルなど、〈満州事変や日中戦争で日本軍が軍事行動を起こした場所や都市〉や〈太平洋戦争でも日本軍が米軍や英軍に奇襲を仕掛けた場所〉は訪れていない。いかに「おことば」の中で中国や韓国への「深い反省」を示しても、訪問先を見る限り、二人が加害の歴史と向き合っているとはいいがたい。

原はまた、被災地への訪問を報じる新聞記事が、しばしば首相と天皇皇后の比較に流れることに注意を促す。一九九一年、雲仙普賢岳を天皇皇后が訪れた際には、当時の海部俊樹首相との態度の差が比較された。同質の比較は阪神・淡路大震災や東日本大震災でも踏襲された。〈被災地を訪れた首相の村山富市や菅直人の態度を批判し、天皇と皇后の態度を称賛するというもの〉である。そして原はいうのである。〈ここには、権力にまみれた現実の政治に対する人々の不満が高まれば高まるほど、天皇や皇后がそこから超越した「聖なる存在」として認識される構造がはっきりと現れています〉。伊藤の『「平成の天皇」論』はその一例だろう。

ではこの先、令和以降の天皇制はどこへ行くのだろうか。

ケネス・ルオフ『天皇と日本人』が、いくつかの興味深い論点を提出している。

生前退位による王位継承は、じつは二〇〇〇年代のトレンドだった。あまり報道されなかったが、二〇〇六年から一四年までに、ブータン、オランダ、カタール、ベルギー、スペインの五カ国で王位が継承されていたのである。その際、ブータンは日本をモデルに議会制民主主義と象徴王制に転換し、オランダの新国王は「陛下」という称号をやめてほしいと述べ、多言語国であるベルギーの新国王は三カ国語で宣誓を行った。新しい路線を続々と打ち出す各国王室のグローバルな流れに、日本も連動すべきだとルオフはいう。

明仁天皇は、天皇中心の国家主義を志向する〈最右派の世界観とははっきり異なる立場〉をとってきた。それは〈ナショナリズムとは異なる国際協調主義〉であり、次代の徳仁&雅子夫妻は先代よりもさらに国際的な経験を積んできた。であるなら新天皇皇后は〈海外の日系人だけではなく、日本の国民共同体への全面的統合を求めているマイノリティ・グループにも関心を向けるべきだ〉とルオフは提言する。人種的にも宗教的にも多様化する将来の日本を見すえて〈神道の祭祀も再考すべき時期がきているのかもしれません〉。

天皇制はいま、かつてない存亡の危機に直面している。男系男子に継承者を限ってきたためである。女性天皇の可能性や女性宮家の創設などが探られてはいるものの、私たちは天皇制について、真剣には考えてこなかった。多くの日本人は皇室をセレブの一種くらいにしか思っていないし、旧左翼は「天皇制なんていらない」と口ではいいつつ天皇制廃止への道筋を具体的に示してはこなかった。徳仁&雅子夫妻がどんな天皇皇后像を創出するかは未知数である。が、せめて思考停止には陥らないようにしよう。主権者はあくまでもわれわれなのだ。

(2019.8)

『「平成の天皇」論』伊藤智永、講談社現代新書、二〇一九年　〈すべては天皇・皇后が平成の30年を通して作り上げた戦略だった〉（帯より）。著者は毎日新聞編集委員兼論説委員。平成の天皇は昭和天皇から宮中祭祀や公的行為を受け継ぎながらも、独自の天皇像を作り上げた。そんな認識で書かれた明仁天皇論。退位をめぐるジャーナリスティックな視点はあるが、明仁天皇を持ち上げすぎ。

『平成の終焉――退位と天皇・皇后』原武史、岩波新書、二〇一九年　〈二人の「平成流」とは何だったのか〉（帯より）。著者は『大正天皇』『昭和天皇』などの著作もある政治学者。皇太子時代を含め、天皇夫妻は全都道府県を三巡するほど日本中を歩いた。「おことば」の分析や行幸を報じる地方新聞の記事などから、そんな明仁天皇と美智子皇后の六〇年を描く。巻末の訪問先一覧は圧巻。

『天皇と日本人――ハーバード大学講義でみる「平成」と改元』ケネス・ルオフ著／木村剛久訳、朝日新書、二〇一九年　〈明仁天皇と美智子皇后の目標《アジェンダ》と象徴性を徹底分析！〉（帯より）。著者はアメリカの近現代天皇制研究の第一人者。戦後の天皇制をイギリス、スペイン、ベルギーなどと同じ「象徴君主制」と見なし、世界史的な視点から明仁天皇夫妻を論じる。意外な指摘もあって刺激的。

わかったつもりになっちゃいけない、地方の現在地

限界集落、空き家の増加、工場の海外移転や規模縮小にともなう雇用の喪失。人口減少時代の地方をめぐる事情は、ぱっとしない話ばかりである。政府は「地方創生」を掲げて二〇一四年に「まち・ひと・しごと創生本部」を発足させたが、掛け声先行の感は否めない。その一方で、国はしばしば地方を国家の「コマ」として使ってきた。顕著な例が沖縄である。しかし多くの場合、遠い地域の出来事に人は関心を持たないし、情報にも鈍感だ。日本人は日本を知らない。地域のことは地域に聞こう。ディスカバージャパンの精神は、観光以外の分野でこそ発揮されるべきなのだ。

観光でも基地でもない、沖縄の実像

本土から見た沖縄は二つのイメージに引き裂かれている。

ひとつは「南の楽園」としての顔。沖縄が一躍注目を集める地域となったのは、二〇〇〇年代と考えていいだろう。〇〇年には「琉球王国のグスク及び関連遺産群」がユネスコの世界文化遺産に登録され、七月には九州・沖縄サミットが開かれ、翌〇一年にはＮＨＫの連続テレビ小説「ちゅらさん」が放映されて大人気となった。『るるぶ』や『まっぷる』などの旅行ガイドの沖縄の巻は他の巻より厚い。通常の観光情報に加え、マリンレジャー情報が豊富なためだ。いまや沖縄は一大観光地。いわば「明るい沖縄」である。

沖縄のもうひとつの側面は「基地の島」としての顔だ。こっち方面で沖縄が注目を集めるようになったのも二〇〇〇年代だ。宜野湾市普天間飛行場の代替と称する名護市辺野古の新基地移設問題、オスプレイの配備問題、東村高江地区のヘリパッド建設問題。本土における報道はけっして十分とはいえないが、それでも米軍基地をめぐる情報は、沖縄タイムスや琉球新報などの現地メディアやネットを通じて入ってくる。日本で唯一の地上戦・沖縄戦の舞台だったことも忘れられない。いわば「暗い沖縄」である。

むろんどんな地域にも明るい側面と暗い側面はあり、両者が渾然一体となっているのが地域の実態ではあろう。ただ、沖縄の場合は「明るい沖縄」と「暗い沖縄」のギャップが激しすぎるのだ。基地問題には一切ふれない旅行ガイド。南の楽園イメージとは無縁な基地問題の本。

もっとも、以上はあくまで「本土から見た沖縄」である。「二つの沖縄」の間に隠れた、リアルな沖縄の姿はどうなのか。新しめの本の中から気になる数冊を読んでみた。

進む都市化と環境破壊

仲村清司『消えゆく沖縄――移住生活20年の光と影』は移住者が島の変化を書きとめた生々しいレポートだ。仲村は二〇〇〇年代沖縄ブームの仕掛け人のひとりだった。両親は沖縄出身、本人は大阪生まれ。沖縄に移住したのは一九九六年。沖縄の文化を紹介する本を何冊も執筆したが、沖縄はこの一五年ほどで消費し尽くされ、すっかり変わってしまったと彼はいう。

超高層タワーマンション、ビルの隙間を縫って走るモノレール。海岸線は次々埋め立てられ、すさまじい勢いで陸地化が進んでいる。〈観光客が訪れる沖縄本島の海水浴場も実のところ、そのほとんどが他所から砂を運び入れた人工ビーチ〉であり、〈復帰後から三十七年間で姿を消した自然海岸は東京ドーム約五〇〇個分〉。いまは辺野古の海の埋め立てにばかり目が行くが、それはそれとして沖縄の環境はとっくに破壊が進んでいたのである。

環境破壊だけではない。人口一〇万人あたりのスターバックスの店舗数は東京に次いで二位。

マクドナルドなどのハンバーガーショップやケンタッキーフライドチキンの店舗数は全国一位。〈沖縄はこの十数年で全国有数のファストフード王国になった上に、コンビニや大型スーパーの先進県に躍り出ていたのである〉。都市化の波と、進む乱開発。まるで日本列島改造論の時代（七〇年代）かバブル時代（八〇年代後半）の本土のようだ。

大型工事や海岸の埋め立てが進む背景には、沖縄のいびつな産業構造の問題がある。沖縄県で建設業が全産業に占める割合は一割弱で、全国平均の二倍超。七二年に本土に復帰してから、沖縄は補助金行政で生き延びてきた。巨額な補助金（助成金）や振興策が流れる先の大半は公共事業だ。〈コンクリートに消えてしまう公共工事はいまやこの島を支える成長産業にのし上がり、雇用先もいわずもがなで土建建設業に集中し、離農者や漁業をやめる人の多くが同業界に流れている〉のが現状という。町が変われば、古い文化は失われる。〈おそらくこの先も「こんなはずではなかった」という思いはついてまわるだろう〉と仲村は嘆息する。〈永住を決め込んで沖縄に移り住んだつもりではあったが、余生をこの地で暮らそうという思いは、いま僕のなかでずいぶんあやしくなっている〉。

では、当の行政はこの状況をどう見ているのだろう。

高良倉吉編著『沖縄問題――リアリズムの視点から』は沖縄の行政マン数人が経済復興と基地問題をつづった異色の一冊。編著者の高良は琉球史研究の第一人者だが、仲井眞弘多知事時代（二〇一三～一四年）に副知事を務めた経験を持つ。「沖縄問題」とは多様な安全保障観が混在する基地問題についての言説空間を指すが、現場の地方行政マンたちは理念で動くわけにもいかず、常にクールで現実的な対応を迫られてきた。

戦後、壊滅的な被害を受けた状況から出発しなければならなかった沖縄。復帰前も復帰後も〈人びとは自立経済を模索し、かつ自治権の拡大を求めつづけていた〉のだとこの本は力説する。復帰後の沖縄が目指していたのは、他の地域と同様の工業化だった。しかし、地理的なハンディ（本土から遠く離れていること）と、沖縄固有の事情（県土の一〇％をしめる米軍基地の存在）が経済復興の前に立ちはだかる。

産業の育成がままならない状況の中で、沖縄の経済は公共投資に頼らざるを得なくなった。国の主導による第一次～第四次「沖縄振興開発計画」（一九七二年～二〇一一年）を見ると、仲村が嘆いた理由がよくわかる。そこに並んでいるのは道路、橋、空港、ダム、港湾などの整備事業、公園、大学、ホール、県庁舎などの建設事業、いずれも大型公共事業である。

インフラの整備は重要だし、基地の返還は県民の総意だろう。とはいえ次のような部分を読むと、やっぱ役人は役人だわ、と思わざるを得ない。〈問題は基地の返還に止まらない。実際に返還が実現しても、その跡地をどのように利用・活用すべきかという、新たな課題が浮上するのである〉。それでも〈沖縄本島の中南部都市圏に存在する米軍基地は、そのロケーションからして土地の開発ポテンシャルが高く、都市的利用に適したものといえる〉。

真っ先に頭に浮かぶのは土地利用。行政の仕事は土地活用？　これもまた七〇年代～九〇年代の本土の発想を思わせる。現地で問題になっているのは「明るい沖縄／暗い沖縄」ではなく「新しい沖縄／古い沖縄」のせめぎ合いなのかもしれない。

背景に横たわる貧困と階級社会

その意味でも、**大久保潤＋篠原章『沖縄の不都合な真実』**はちょっと衝撃的な本だった。

基地問題とはズバリ経済の問題だと彼らはいいきる。

〈基地負担の見返りに投入されている振興資金は、保革を問わず沖縄では大歓迎されます。振興資金は、基盤の脆弱な沖縄経済を支える屋台骨だと考えられているからです〉。〈「カネを落とせば、沖縄はおさまる」。これが日本政府の沖縄政策の基本です。／そして、沖縄の行政も多かれ少なかれこの政府の沖縄政策を利用して税金に依存してきました〉。〈復帰以来、米軍基地の代償として一〇兆円を超える財政資金が投入されましたが、経済実態はインフラ整備を除いて改善されていません〉。

このように行政を批判しつつ、彼らが基地以上に重要な問題だと指摘するのは、県民の貧困問題と格差問題だ。実際、沖縄はネガティブな指標に事欠かない。

一人当たりの県民所得は、全国平均の二八八万円に対して二〇三万円で全国最低（最高は東京都で四三一万円）。約五〇％の家庭が年収三〇〇万円未満。失業率は全国最高、離婚率全国一、父子家庭比率・母子家庭比率全国一、待機児童数比率全国一、ＤＶ発生比率全国一。高校進学率・大学進学率は全国最低。最低賃金も国民年金納付率も全国最下位。反対に、非正規雇用率、国税滞納発生割合、男性肥満率などは全国最高（以上二〇一四年現在）。

なぜこうした問題が放置されているのか。

背景には、沖縄特有の「階級社会」があるという。〈本来、こうした社会的弱者の立場で活動をすることを期待されているのが、「左翼」や「革新勢力」です。ところが、沖縄では彼らは機能していません〉。〈なぜなら、革新勢力は支配階級である公務員・教員の労組に支持されているからです〉。

産業が育っていない沖縄では、相対的に高給取りの公務員と教員が「富裕層」「支配階級」だと彼らはいうのだ。そもそも明治の琉球処分（沖縄県の設置）以前の琉球王朝時代から、沖縄では「士族＝公務員」が優遇される歴史があった。その伝統に、琉球大学ＯＢのネットワークが加わって「支配階級」が形成される。〈琉大出身者が県庁、政財界、マスコミ、学識者の中枢を占め意思決定に関わっています。これほど一つの大学出身者が社会を支配し、尊敬を集めている県はほかにありません〉と、この本はいう。すなわち〈沖縄には本来の左翼がいないので、県内の差別問題には鈍感なのです〉。

「日本対沖縄」という構図の中では沖縄は反権力でも、県内の権力に対する批判勢力が存在しない。本土からは一枚岩に見える「オール沖縄」も中は複雑なのだ。

いやー、でもよくわかりました。「明るい沖縄」も「暗い沖縄」も本土の人間の思い込みだということが。〈「戦争と基地の島」「自然の楽園」というイメージは沖縄の一面であり、一種の幻想です。この沖縄幻想を支えているのが本土のマスコミや沖縄フリークの学識者です。この構図が沖縄問題をややこしくしています〉とは『沖縄の不都合な真実』の一節だが、立ち位置こそちがえ、他の二冊にも根底には同様の戸惑いが流れているように思われる。

沖縄についてあれこれいう人は以前に比べてずいぶん増えた。だが、私たちは自分の思いを沖縄に勝手に仮託していないだろうか。少し反省いたしました。（2017.3）

【付記】しかし、「基地に頼らない振興策」を掲げ観光政策などに力を入れた結果、翁長雄志《おながたけし》県政（一四年一二月〜一八年八月）の下で沖縄は経済成長をとげた。一人当たりの県民所得は二三四万九千円に増加（一七年）、完全失業率は二・七％まで低下（一九年）。本土との格差はまだ大きいが、翁長前知事・玉城デニー現知事の支持率の高さは経済政策が支持されたためでもある。

『消えゆく沖縄——移住生活20年の光と影』仲村清司、光文社新書、二〇一六年　著者は、大阪で一八年、京都で四年、東京で一六年暮らし、九六年に沖縄に移住。空前の沖縄ブームと、少女暴行事件（九五年）や普天間飛行場の返還発表（九六年）による反基地闘争の高まりという、二つの流れの中で格闘した二〇年を描く。オール沖縄への思いと島の変化への戸惑いを率直に語り、共感を誘われる。

『沖縄問題——リアリズムの視点から』高良倉吉編著、中公新書、二〇一七年　仲井眞弘多知事時代の副知事、知事公室長、総務部長、土木建築部長が、沖縄の経済復興と基地問題を語る。「よくも悪くもお役人」という印象ではあるが、問題の背景を明らかにすべく琉球王朝時代にまで遡る点は真摯で好感度大。基地は「沖縄問題」ではなく「日本問題」、差別ではなく不公平、などの提言が前向き。

『沖縄の不都合な真実』大久保潤＋篠原章、新潮新書、二〇一五年　日経新聞の元那覇支局長（大久保）と沖縄に関する著書も多い評論家（篠原）による、かなり辛口の沖縄論。復興資金に頼った経済構造から脱却しない限り、基地問題の解決はないと説く。本土の出身者が反基地闘争を痛罵するあたり一見保守派の言説に見えるが、沖縄県人が言いづらい現実に言及している点は貴重かつ痛快。

アイヌ民族は「未開の民」だったのか

唐突だが、急にアイヌ文化が気になりはじめたのである。

ご多分に漏れず、キッカケは北海道を訪れたことだった。道内各地の博物館ではアイヌ民族関係の展示資料を見る機会が多いのだが、いまいち全体像がつかめない。そんな中、釧路市内の市立博物館でふと目に入った年表に、私は釘付けになった。

学校で習う「日本史」の時代区分は、おおむねこんな感じである。

縄文時代→弥生時代→古墳時代→飛鳥時代→奈良時代→平安時代→鎌倉時代→室町時代→安土桃山時代→江戸時代→明治時代
北海道の歴史はちがう（カッコ内はいわゆる日本史）。

縄文時代（縄文時代）→続縄文時代（弥生・古墳・飛鳥時代）→擦文時代（奈良・平安時代）→アイヌ文化時代（鎌倉・室町・安土桃山・江戸時代）→明治時代
縄文には「続」があった！「弥生」ではなく「擦文」があった？

そんなの聞いてねえぞ、である。それとも私以外の人にはこんなのとっくに常識なのか。ともあれ、私たちが「日本史」として習った歴史は「本州・四国・九州の歴史」にすぎず、北海道の歴史は別物だったのだ（つけ加えれば沖縄の歴史もちがう）。知らず知らずのうちに刷り込まれていた単一民族史観、ないし大和朝廷史観。われながら、これは少々問題ではないか？

アイヌ民族には歴史がない？

というわけで、北海道史とアイヌ文化の入門書を探したのだが、その過程でアイヌがちょっとしたブームになっていることを知った。「週刊ヤングジャンプ」に連載中の野田サトル「ゴールデンカムイ」が二〇一六年のマンガ大賞を受賞し、マンガにからめたムック（『時空旅人別冊今こそ知りたいアイヌ』三栄書房）まで出版されていたのである。

このムックもだけれど、アイヌ入門書の多くは言語、衣食住、祭礼といった風習をテーマ別に紹介した本が多い。ロングセラーの『**アイヌ文化の基礎知識**』はその代表的な例だろう。「ことば」「ひとびとのあゆみ」「えものをとる」「よそおう」「たべる」「すまう」など全一一章で構成された、これはアイヌ文化の総合的なガイドである。

こんなことが書かれている。〈狩猟採集民族であったアイヌの人々は、その生活の大部分を自然に頼っていました〉。〈アイヌの人々にとって、クマは主要な食料ではなく、また毛皮も道具の材料として使うことは少なかったようです。しかし、信仰の対象として、また、毛皮や胆嚢《たんのう》は交易品として、たいへん重要なものでした〉。

なんか物足りない。私はこんなことが知りたかったんだっけ？　この種の民族学的な話題なら、たいがいの人がどこかで（多くは北海道で）見聞きしたことがあるんじゃないか。

この本で重要なのはむしろ、次のような但し書きの部分である。

〈ところで、この本で語られるアイヌ文化は、ほとんどが明治時代以降の聞き取り調査にもとづき、おもに明治時代のころの人々の生活の様子を描いたものです〉。

そこだよそこ。私たちが「アイヌ文化」として知っている習俗は「明治時代の一時期」のものにすぎないのだ。時間軸を棚上げにして、あたかもそれが「普遍的なアイヌ文化」のように語られてきたこの不思議。この本にも歴史は出てくるが、最後は〈アイヌの人々に歴史がないのではありません。歴史として書かれなかっただけなのです。まだまだ、信頼度の高いアイヌ史の本はありません。アイヌ史の研究は始まったばかりなのです〉で逃げてしまう。

まあ仕方がないか。二五年近く前の本だからね。

では、比較的新しい『**アイヌ民族の歴史**』はどうだろう。

続縄文時代、擦文時代から戦後までアイヌ民族の歴史を記した、これはいちおう通史である。しかし、のっけから調子が狂う。主に日本側の文献史料に基づいているため、話は「日本書紀」に登場する「蝦夷《えみし》」と阿倍比羅夫《あべのひらふ》が北海道に赴いた北征（六五八年）からはじまるのだ。日本史でいえば飛鳥時代だけれども、アイヌ史ではこの頃はまだ「続縄文時代」だ。

とはいうものの、いかにも教科書然とした記述の仕方（山川出版社ですから）さえ我慢すれば、この本はけっこう勉強にはなった。

「日本書紀」に描かれた蝦夷は〈農耕を知らない狩猟民族で、住居をもたずに移動生活をしている未開・野蛮な存在である〉と本書はいう。〈このように、蝦夷は唐との関係でヤマト王権によって創られたイメージの中で、その後の歴史を強いられることになる〉。示唆的な一文だ。アイヌ民族に対する固定化されたイメージは、すでに古代からはじまっていたらしい。

また、アイヌ史の端緒に関しても〈歴史的・文化的に「我々はアイヌだ」という自民族意識を持ち始めたのは、時期的には一三世紀前後〉であり、〈アイヌ史の始動は日本史でいうところの鎌倉時代の頃になるというのが本書の見解である〉と明言されている。日本が元に襲来されたのと同じ頃、アイヌも元と戦っていた。一五世紀のアイヌはすでに本州との交易を行っていたが、和人の支配が北海道にまで及び、争いが絶えなかった。その一例が、渡島《おしま》半島に進出した和人との間で勃発したコシャマインの戦い（一四五七年）や不利な交易条件を強制した松前藩に対してアイヌが蜂起したシャクシャインの戦い（一六六九年）だ。

なぜこのような戦いが起こったのだろうか。『アイヌ文化の基礎知識』は日本側の身勝手な姿勢を批判する。〈最初は自由に交易できたものが、和人側はアイヌとの交易を独占し利益をあげるために、いろいろな手段を使い、またしだいに交易の方法を制限していきました。そのたびごとに、自由を失っていくことになったアイヌ側は、戦いを挑んだのです〉。その後も同様だった。〈江戸幕府の政策は、あくまでも国防という観点からのもので、積極的にアイヌの人々やアイヌ文化を守ろうとの姿勢があったわけではありません〉。

アイヌ民族を日本に同化させる明治の同化政策はこの延長線上にある。中世以来、日本は常に先住民族であるアイヌの土地と権利を収奪し続けてきたのである。

アイヌ民族は交易の民だった

しかし、日本との関係だけがアイヌ民族の歴史ではない。くだんの北海道の年表に興奮したのは、そこに民族の独自性を見た気がしたからだった。勝手な思い込みではあるのだが、そんな勝手な興味に、わずかながら応えてくれたのが、瀬川拓郎『アイヌ学入門』である。

この本の第一の特徴は、アイヌ民族を「縄文人の末裔」ととらえていることである。〈世界中のどの民族とも異なるアイヌの特徴を一言であらわすとすれば、「日本列島の縄文人の特徴を色濃くとどめる人びと」ということになるでしょう〉と著者はいいきる。

最新の遺伝子解析によれば〈弥生時代に朝鮮半島から渡来した人びとが縄文人と交雑して和人（本土人）になり、周縁の北海道と琉球には縄文人の特徴を色濃くもつ人びと、つまり琉球人とアイヌが残った〉。〈かれらはその意味で、現在の日本列島における「本家」筋ともいえる人びとであり、北海道の先住民どころか日本列島の先住民ともいえるのです〉。

縄文とアイヌの連続性については、同じ著者の『アイヌと縄文』（ちくま新書）に詳しいが、〈重要なのは、アイヌ・琉球人・和人が、同じ縄文人を祖先にもちながら、それぞれがちがった歴史を歩んできた事実であり、たがいに異なる集団と認識してきた事実です。／（略）「民族」とは、このような歴史や文化の共有の意識にもとづくものなのです〉といわれると、一気に視界が広がるような気がしないだろうか。

この本の第二の特徴は、アイヌ民族を「交易の民」と見ていることだ。

〈江戸時代後半になって北海道へ多く入りこむようになった和人は、エキゾチックなアイヌの習俗を文書やスケッチに記録しました。私たちがイメージするアイヌは、そこに記録された一八世紀以降の姿にほかなりません〉。

だが、この本が描き出す、たとえば一〇世紀のアイヌ民族の姿は、北海道のほか千島列島・カムチャツカ半島南端、サハリン南部、本州北端を含む広大な地域に住み、大陸のアムール川下流域も含む広大な交易圏を持つ「移動する民族」である。こうした民族移動を促したのが、九世紀以降に活発化した和人との交易だった。アイヌ側からはクマ、シカ、キツネ、ラッコなどの毛皮や、サケ、オオワシの尾羽などが移出され、日本からの産物には、米、塩、酒、タバコ、綿布から、鉄製の刀や高価な鎧兜までが含まれる。それは対等な富と富の交換である。

〈交易を通してみえてくる複雑なアイヌの姿は、かれらを歴史をもたない民、閉じた世界に安住する狩猟採集民、政治的統合もない低位レベルの社会などとみなす、あらゆる言説が誤りであることを示しているのです〉。

アイヌ民族というと、私たち本土の人間は「自然と共生する民」というステレオタイプな見方をしがちだ。だがそれは「未開の民」という認識と大差がない。

国連で「先住民族の権利に関する国際連合宣言」が採決されたのは二〇〇七年、それを受ける形で「アイヌ民族を先住民族とすることを求める決議」が衆参両院で可決されたのは〇八年である。まだ研究の余地の多いアイヌ民族の文化と歴史だけれども、それ以前に自分の無知を痛感した。コタンの店で買った木彫りの人形だけがアイヌの文化じゃないのである。

(2017.7)

【付記】二〇年七月、北海道白老町に、国立アイヌ民族博物館を中核とした文化施設「民族共生象徴空間（ウポポイ）」が開業した。目的は「アイヌ文化の振興や普及啓蒙」だが、先住民権の保障問題は置き去りで、同化政策などの「負の歴史」には無自覚だなどの批判も出ている。

『アイヌ文化の基礎知識』アイヌ民族博物館監修、草風館、一九九三年　アイヌ文化のイロハを知りたい人のための入門書。衣食住、狩猟や漁撈の方法、宗教観、死生観、村のしくみ、人の一生、歌と踊りにいたるまでをカタログ式に網羅。小中学生にもわかる平易な言葉で書かれている点は高ポイントだが、嚙み砕きすぎたせいか、アイヌ文化の全体がつかみにくいのが難。

『アイヌ民族の歴史』関口明・田端宏・桑原真人・瀧澤正編、山川出版社、二〇一五年　縄文、続縄文、擦文……という北海道の歴史区分にしたがってアイヌ民族の歴史を説いた概説書。よくも悪くも「ザ・教科書」なのが難点だが、近代以降の記述に多くページを割き、「北海道旧土人保護法」や明治政府の同化政策、戦後のアイヌ政策や差別問題まで俯瞰できる。詳細な年表や索引が便利。

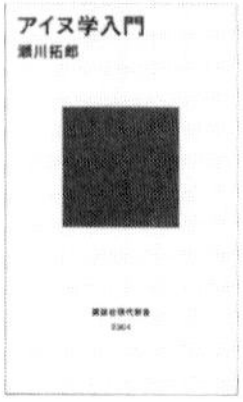

『アイヌ学入門』瀬川拓郎、講談社現代新書、二〇一五年　「自然と共生する未開の文化」という従来のイメージを一新。海洋をダイナミックに移動する「縄文の末裔」「交易の民」としてのアイヌ民族を描く。表現は易しいが、考古学的知見や文献紹介が頻出するためやや整理不足で、初心者には辛い部分も。第三回古代歴史文化賞大賞受賞作。著者は考古学者・アイヌ研究者、旭川市博物館館長。

世界遺産登録の裏でゆれる長崎キリシタン論争

二〇一八年のユネスコ世界文化遺産に「長崎と天草地方の潜伏キリシタン関連遺産」が登録される見込みとなった。それ以前に日本政府は「長崎の教会群とキリスト教関連遺産」として登録を目指していたが、一六年、イコモス（国際記念物遺跡会議）に「禁教の歴史の特殊性に焦点を当てるべきだ」と指摘され、推薦書を取り下げた経緯がある。今回は禁教期と無関係な二つの構成資産を除外し、「潜伏キリシタン」に特化させることで登録に漕ぎ着けた恰好だ。「潜伏」といえば美しいけど、要は宗教弾圧、「負の歴史」ですからね。イコモスに指摘されるまで、そのへんをゴマ化して登録を目指したのが、いかにも昨今の日本らしい。

ところで、「潜伏キリシタン」と「隠れキリシタン」のちがいをご存じだろうか。

禁教時代のキリスト教徒はこれまで一般に「隠れキリシタン」と呼ばれてきた。しかし、禁教が解かれた後も、というか現在でも、「隠れキリシタン」の信仰は九州の一部で受け継がれている。そこで両者を区別すべく、禁教時代のキリシタンを「潜伏キリシタン」と、現在まで残った宗教を「かくれキリシタン（カクレキリシタン）」と呼ぶのが一般化しつつある（「隠れ」てはいないので、ひらがなかカタカナで表記される)。

私がこの件に興味を持ったのは、二〇〇一年に出た宮崎賢太郎『カクレキリシタン』(長崎新聞新書)を読んだのがキッカケだった。「カクレキリシタンは隠れてもいないし、キリスト教徒でもない」がこの本の主張で、読んだときには心底驚いた。以来、関係書籍を漁り、キリシタン関係の聖地にも足を運び、そっち方面にはまあまあ詳しいつもりでいたのだが……。

とんでもない話でした。まだまだ半可通でした。最近発行された二冊の本を読んで、その思いを強くした。この件は予想以上に込み入っていて、しかし、その分めちゃめちゃおもしろいのである。というわけで、今回は「キリシタンの謎」に迫ってみよう。

キリシタンはキリスト教徒ではない⁉

日本のキリスト教史は大きく三期に分けられる。ひとまず宮崎賢太郎の区分に従うと……。
【第一期】キリシタン時代(一五四九年〜一六四四年)
フランシスコ・ザビエルがキリスト教を伝えたのは一五四九年。その後の約五〇年間で信徒の数は急激に増えたが、一六一四年に禁教令が出された後は、激しい迫害と殉教が続いた。
【第二期】潜伏時代(一六四四年〜一八七三年)
最後の宣教師・小西マンショが殉教したのが一六四四年。ここから日本のキリシタンは一人の指導者もいない信徒だけの時代に入る。二二〇年後の一八六五年には、来日したパリ外国宣教会のプチジャン神父らと、浦上の潜伏キリシタンが劇的な出会いを果たすが(「信徒発見」と呼ばれている）、迫害は明治期にも続き、殉教者も出ている。

【第三期】復活時代（一八七三年〜）

一八七三年に明治政府がキリシタン禁制の高札を取り下げたことで、事実上、キリスト教は解禁になった。以後、潜伏キリシタンは二つの道に分かれる。一方は外国人神父のもとで教義を学び直した正調のカトリック教徒、もう一方が潜伏時代の信仰形態を守り続ける「かくれ（カクレ）キリシタン」である。

さて、ここからが本題。私たちはこれまで「潜伏キリシタンは幕府の厳しい弾圧にも耐え、仏教を隠れ蓑として命がけで信仰を守り通した」（世界文化遺産登録運動のキャッチコピーより）と教えられてきた。だが、この通説はどうやら崩れはじめているのである。

二〇一八年二月に発行された宮崎賢太郎『潜伏キリシタンは何を信じていたのか』は、夢とロマンに包まれた従来のキリシタン像は幻想にすぎないと退ける。〈キリスト教がどのような宗教であるか説いてくれるひとりの指導者もいない悪条件下で、仏教や神道が偽りの宗教であり、キリスト教以外に救いはないとはっきり理解できていたのであろうか〉。

実際、この本はキリシタンに対する幻想をみごとに打ち破る。

まず、キリシタンの急増期、なぜ短期間に多くの日本人が改宗したのか。多神教の世界に生きる日本人がいきなり一神教に改宗できるはずもない。結論からいうと〈従来の神仏信仰の上に、さらにキリシタンという信仰要素をひとつ付け加えたにすぎなかった〉。

一般の庶民は〈キリストやマリアがどのような存在なのか、まったくといってよいほどわかっていなかった〉し、キリシタン大名の主な改宗の目的は南蛮貿易だった。大村純忠は最初に受洗したキリシタン大名だが、家臣や領民、仏僧までを強制的に改宗させ、神社仏閣を破壊した。大友宗麟、有馬晴信、高山右近らも同様である。キリシタンが急増したのは集団改宗の結果であって、一部の知識人以外は必ずしも自由意志によるものではない。

改宗した信徒たちは、聖像、聖画、十字架、メダイ、ロザリオなどの聖具を競って求めたが、それは改宗する際に破棄させられた神仏具（仏像、仏壇、位牌《いはい》、数珠《じゅず》、お札、お守りなど）に代わる〈呪術的な現世利益をもたらす呪物〉だったからだ。

そういわれると、そりゃそうだ、という気がしてくる。現在も仏教や神道の教義をよく知らずに人々は神社仏閣で手を合わせ、神棚や仏壇を拝む。五〇〇年前も同じだろう。

では、潜伏時代はどうか。潜伏キリシタンたちはなぜ禁教時代も信仰を守ったのか。〈それは先祖が大切にしてきたから〉だと宮崎はいいきる。寺請制度の下で暮らすキリシタンは〈仏教徒として、また神社の氏子としての務めもしっかりはたし、それに加えて「先祖伝来のキリシタン信仰」も併せ行っていた〉。オラショ（祈りの言葉）は意味不明な呪文。祈願の目的は無病息災、大漁、豊作、極楽往生などの現世利益。秘密を守ったのは、先祖のタタリや仏罰を恐れてのこと。つまり彼らが信仰したのは、先祖伝来の土俗化した宗教で〈現代のわれわれが思い描く一神教的なキリスト教とは似て非なるもの〉なのだと。また、彼らを取り締まる幕府の役人たちも、キリシタンとは何かをわかってはいなかった。そもそも秀吉が伴天連《ばてれん》追放令を出したのも、キリシタン大名らに神社仏閣を破壊するなど過激な行動が見られたからだ。キリシタンはあやしげな「異宗」として弾圧されたのである。それは現代人がオウム真理教などの新宗教や、ISやアルカーイダを見る目と共通するのではあるまいか。

知れば知るほど、そうにちがいない、と思えてくる。今日のキリシタン研究も、キリシタンは潜伏時代に仏教や神道と習合して土着の宗教に変容した、という説が主流を占める。

キリシタンは古い信仰の型を継承している

ところが、こうしたキリシタン＝非キリスト教徒説に真っ向から異議を唱える本が現れた。一八年三月に出版された**中園成生『かくれキリシタンの起源』**である。

キリシタン信仰が日本の既存の宗教の影響を受けていることは認めつつ、中園は〈かくれキリシタン信仰の実相は、あくまでキリシタン信仰との比較によって理解されるべきものである〉と主張する。つまり禁教時代を経て継承されたキリシタン信仰は、現代のカトリックではなく、キリスト教が伝来した第一期、一六世紀の信仰要素と比較すべきだと。

そこで中園がとった方法は、現在の長崎県各地（平戸、生月《いきつき》、浦上、外海《そとめ》、五島）や天草（熊本県）などに残っている「かくれキリシタン」の風習と、一六世紀の宣教師らが書き残した当時の信仰要素（組織、施設、墓地、聖画や聖像などの信仰具、洗礼や葬儀など人生儀礼、年中行事、オラショの文言など）を並べて、子細に比較検討することだった。

その結果、中園は宮崎と正反対の結論に達するのである。

〈禁教以降の欠落・転訛も多少あるものの〉、〈かくれキリシタン信仰には、各地域の宣教師との接触が断たれる前のキリシタン信仰の要素がそのまま継承され〉ている。宣教師がいなくなったからこそ勝手に改変ができず、〈かくれキリシタン信仰では、宣教師が居なくなる前の信仰形態を継続することしか出来なかった〉のだ、と。

さあ、困った。こちらはこちらで、読めば読むほど絶対そうにちがいない、と思えてくる。宮崎も中園も自ら各地のかくれ（カクレ）キリシタンへの丹念な調査を行っており、使用している資料にも大きな差はない。キリシタンに対する愛着も、両者、並々ならぬものがある。なのに、正反対の結論に至るのはなぜなのか。

民衆のキリシタンはキリスト教徒ではなく〈典型的な日本の民俗宗教〉なんですよ、それじゃいけないのか、と強調する宮崎。〈教義を理解せず勝手に信仰を変容させた無知な信者〉だって？　冗談じゃないよ。彼らは弾圧の危険の中で、仏教や神道と並存させつつ〈信仰形態を継続させる事を自ら選択した強い人々〉ですよ、と主張する中園。

私が出した結論は、どちらも本当なんじゃないか、である。同じ宗教に帰依していても、信仰の持ち方は、人によっても時と場合によっても異なる。それでよくない？

いずれにせよ、キリシタンが真性のキリスト教徒だったか否かで論争になるほど、これはディープなテーマだったのだ。学校でさらっと習ったイメージを両書はともに覆す。

最後にもう一冊、そこまでディープではない本を。**星野博美『みんな彗星を見ていた』**。これは非キリスト教徒の著者が、キリシタンの謎を求めて旅するルポルタージュだ。

心配なのは、世界遺産に登録されたら、潜伏キリシタンの聖地には観光客が押しよせて恐ろしいことになるんじゃないか、ということだ。迫害されたキリシタンたちは、草葉の陰（じゃなくて天国か）であきれているかもしれない。夢でもロマンでもなく、せめてこれが「負の歴史遺産」であることを、どこかで心にとめておきたい。

(2018.6)

『潜伏キリシタンは何を信じていたのか』宮崎賢太郎、角川書店、二〇一八年〈隠れキリシタン＝ロマンの幻想はなぜ生まれたのか？〉（帯より）。著者はカクレキリシタン研究の第一人者。イメージではなく史実を見よと主張する。理解できなくとも先祖伝来の宗教を大切にした潜伏キリシタンの素朴な信仰は、正調のキリスト教徒に劣るものではないという、ラジカルで刺激的なキリシタン論。

『かくれキリシタンの起源――信仰と信者の実相』中園成生、弦書房、二〇一八年〈長年の「かくれキリシタン」論争に終止符を打つ〉（帯より）。著者は平戸市生月町博物館「島の館」（私見ではここのキリシタン展示は日本随一）の学芸員。宮崎らの「禁教期変容論」に異を唱え、また禁教時代のキリシタンは捕鯨や漁労で経済的に豊かだったとも主張。研究書だけどエクサイティング。

『みんな彗星を見ていた――私的キリシタン探訪記』星野博美、文藝春秋、二〇一五年〈東と西が出会ったとき、いったい何が起きたのか？〉（帯より）。ふとしたことからキリシタンに興味を持った作家・写真家が、その足跡を求めて長崎各地や宣教師の故郷であるスペインのバスク地方まで旅した記録。天正遣欧使節の少年たちに憧れてリュートを習い、宣教師の記録を読み、殉教の意味を考える。

民営化から三〇年、鉄道はどこへ行く

はたして鉄道に未来はあるのだろうか。

突然そんなことを思ったのは、ここ数年、東急電鉄を中心に進む渋谷駅周辺の再開発を間近に見てきたからだ。もともと迷路みたいだった駅構内はますます複雑怪奇になり、周囲にはこれ見よがしに巨大なビルが何本も建設中だ。この人口減少時代に何考えてんの?

いや、渋谷は都会のど真ん中だからまだいいですよ。しかし、地方はどうなのか。駅前商店街の廃れっぷりはもはや見慣れた光景だが、地域の足だったローカル線や寝台列車の廃止が進む一方、新幹線は北陸へ、北海道へと伸び、たわけた値段の豪華観光列車も大はやり。東京駅舎は立派に生まれ変わったが、新幹線ホームは過密状態。すべてちぐはぐに思える。

国鉄の分割民営化(一九八七年)から三〇年余。そういえば近頃の鉄道事情はどうなっているんだろう。民営化で赤字は解消されたのか。サービスは向上したのか低下したのか。乗りかかった列車である。この機に考えてみることにした。

鉄道路線を整理して駅ビルを建てる？

まず、石井幸孝『人口減少と鉄道』。著者はＪＲ九州の初代社長で、私が想像していたのとはだいぶちがう本だった。が、いまのＪＲ各社の現状は、なんとなくわかった。

先に整理しておくと、八七年の民営化で旧国鉄はＪＲ七社（北海道・東日本・東海・西日本・四国・九州・貨物）に分割されたが、貨物は別として、旅客六社は異なる条件の下でスタートした。本州三社（東日本・東海・西日本）は当初から黒字が見こめたが、「三島《さんとう》会社」と呼ばれる本州以外の三社（北海道・四国・九州）は構造的に赤字が必定だった。

三島会社が赤字になる理由は、過疎化すなわち人口減少である。鉄道の採算は人口密度によると石井はいう。一平方キロメートルあたりの人口密度が三五〇人以上なら黒字、それ以下は赤字。二〇一五年現在、もっとも利益率の高いＪＲ東海は五一一人、もっとも厳しいＪＲ北海道は六八・二人。しかし、いまは黒字の本州三社も楽観してはいられない。人口減少時代に入った現在、本州三社も三島会社と同じ道をたどることは明らかだからだ。

かくて「成功例」として紹介されるのが、石井自らが変革の指揮をとったＪＲ九州のケースである。ＪＲ九州エリアの人口密度は一平方キロあたり三〇七人で、三島会社の中では恵まれている。だが九州では高速バスが発達しており、輸送業だけではとても太刀打ちできない。全国に先駆けて人口減少の局面に入った九州は待ったなしだった。そこで彼は二つの打開策に出た。

ひとつは車両の一新である。工業デザイナーの水戸岡鋭治を起用。八九年に運行がはじまった観光列車「ゆふいんの森」を皮切りに、特急「つばめ」「ソニック」「かもめ」など、次々に斬新なデザインの車両を開発。この延長線上で、二〇一三年には「世界一の寝台列車」をうたうクルーズトレイン「ななつ星in九州」の運行がスタートする。三泊四日コースの料金は五〇～八〇万円と高額だが、人気は沸騰、現在も平均予約倍率は二〇倍である。

もうひとつは多角経営の導入だ。石井はそれを近鉄グループに学んだという。他の私鉄とちがい近鉄はローカル線も抱えているが、旅行会社、ホテル、百貨店など、鉄道事業の一〇倍近い規模で多角経営をし、そのすべてがブランドとして確立している。

「これだ！」と思った石井は、JR九州の社員を多様な業種に出向させて見聞を積ませた結果、みごと多角化に成功する。〈JR九州では、いまや鉄道と並び大型不動産の開発・販売・賃貸業が主な収益源になっている。なかでも駅ビル開発と店舗賃貸、それにマンション事業が利益の中核だ。ホテル・飲食業がそれに続く〉のだそうだ。

それやこれやで石井はいう。〈輸送業で食える本州はそれでいい。しかし九州は過当競争だからそれだけでは選ばれない。「かっこいい」とか「洒落ている」「話題性がある」という「感性的価値」で人が動く〉のだ、と。そしてついでに同業他社への批判。〈とっくに超高齢化社会に入っているのに鉄道業界の対応は遅いと言わざるを得ない〉。

観光開発と経営の多角化。「ガイアの夜明け」というか「カンブリア宮殿」というか、経営者の発想では、まあそうですよね。JR九州の車両が魅力的なのは鉄道ファン以外にもよく知られるところだし、経営の多角化による収益が赤字路線の維持を可能にするという論理も理解はできる。しかし、この発想はどこか決定的にズレている。石井はJR九州が開発したパン屋の人気を自慢するが、パンはパン屋に任せておけばいいじゃん。

上岡直見『ＪＲに未来はあるか』の立ち位置はまったく逆だ。徹底した乗客目線、市民目線で、これはＪＲを批判した本である。

上岡はまず、国鉄分割民営化の理由付けになった「ローカル線と赤字」の問題をとりあげる。七〇年代以降、モータリゼーションの到来で国鉄の業績はたしかに低下したが、その原因は必ずしもローカル線ではなく、新幹線の建設費などがかさんだ結果だという。そのしわ寄せは在来線に来て、八〇年代には新幹線以外のスリム化が求められ、軌道の総延長も車両数も低下した。都市のラッシュ時の詰め込みなどは、そのためだというのである。

石井が胸を張る多角経営にも、上岡は批判的である。人口減少化社会で、ＪＲ各社が存続するために関連事業に手を出すのは仕方がないとしても、逆にいえば、本体である鉄道事業そのものへのインセンティブは下がっている。二〇一六年に自社の鉄道ネットワークの半分を放棄すると発表したＪＲ北海道でさえ、札幌駅前に三八階建ての「ＪＲタワー」を建設した。〈このような現状は、株主からは高い評価を受けるかもしれないが「利用者の立場に立った足になった」という評価に相当するであろうか〉。

豪華観光列車にも、上岡は厳しい。ＪＲ九州の「ななつ星」、ＪＲ西日本の「瑞風」、ＪＲ東日本の「四季島」など、新しいビジネスとして注目されているクルーズトレインは在来線を走っている。つまりは〈ＪＲ各社が経営の負担として極限までサービスレベルを低下させている赤字線がなければ成り立たない〉「廃線商法」で、周遊先では若干の観光収入が期待できても、抜本的な解決策とはいえず、地域の交通機関としては意味がない。むしろ〈「金持ちの遊び」「鉄道マニアの郷愁」という反感を招いてローカル線不要論を加速する契機になりかねない〉。

これは鉄道の本質にかかわる批判といっていいだろう。

鉄道はそもそも格差是正のシステムだったのだと上岡はいう。現代の生活に即していうと、最寄りの医療機関や食品スーパーに公共交通機関で行けなくなれば、生活の質の低下、つまり格差の拡大に直結する。高速道路も赤字なのに、鉄道だけがいつも廃止論にさらされる理不尽。路線ごとの収支だけを基準に「存続の意義がない」と評価することはできないと彼はいう。

まったくその通りではある。しかし、では鉄道を再生させる道はあるのだろうか。

人口減少時代に必要な鉄道とは

ひとつのヒントとなるのが**田中輝美『ローカル鉄道という希望』**だろう。

著者は巻頭で〈ローカル鉄道こそ、いま、ローカルにイノベーションを起こす最前線となっているのです〉と豪語する。これは単なる希望的観測ではなく、意外にも二〇一三年度、全国八二のローカル鉄道のうち、六割で乗客数が増えている。

全国のローカル鉄道の撤廃や廃業の流れができたのは、そんなに古い話ではない。キッカケは二〇〇〇年。鉄道事業法が改正され、国土交通大臣の許可が必要だった路線の撤退が、廃止届けを提出するだけでできるようになったのだ。その結果、全国で三五路線、六七三・七キロメートルの鉄道が廃止された（二〇一四年三月末現在）。一方では大規模小売店舗法の改正（一九九二年）が商店街を廃れさせ、もう一方では鉄道事業法の改正が鉄道の廃線を加速させていたわけだ。

現在でも〈ローカル鉄道は、何も手を打たなければ、乗客が減るのが当たり前の環境にある〉のは変わらない。しかし、中には乗客数がV字回復した鉄道も存在する。

「ぬれ煎餅」で人気になったものの脱線事故でピンチに陥り、地元の高校生がクラウドファンディングで車両の修理費を集め乗り切った銚子電鉄（千葉県）。住民の寄付を募って大正時代の駅舎の横に三〇〇～五〇〇万円かかるトイレを新設、これを機に住民参加の運営が進んだ北条鉄道（兵庫県）。乗客をサポートするアテンダントを乗せて、高齢者へのサービスを向上させたえちぜん鉄道（福井県）。自転車が積める車両を運行させ、列車とバスの時刻の連携を進めた熊本鉄道（熊本県）。いずれも一度は廃線の危機に直面したローカル鉄道だ。

成功の要因はいろいろだが、共通しているのは、どのローカル鉄道も地域の特性を徹底的に吟味して、地域住民との連携をはかっていることだろう。つまり地域ファーストだ。

もちろん長距離移動を担う大企業のJR各社と、小規模経営の地方のローカル鉄道とでは、あまりにも事情が異なる。しかし、人口減少時代の鉄道を考えるなら、著者の田中がいうように、車もバスもタクシーも〈他の交通は「ライバル」ではなく、手を携えて共存すべき「仲間」なのだ〉という方向への発想の転換が必要だろう。ローカル鉄道の運営者たちが口にする〈鉄道会社の仕事は、駅から駅へ人を運ぶことだけじゃない〉〈地域をこれ以上、さびれさせない。その手段が鉄道なんだ〉などの言葉は傾聴に値する。

人を運ぶだけが仕事ではなくなった今日の鉄道会社。問題はその先だ。地域に密着するか、観光の拡大を狙うのか。どちらを重視するかは地域によるが、もっとも古臭いのは経営の多角化で集客力のある駅ビルを、という発想だろう。渋谷駅周辺再開発のやり方ですよ、つまり。(2018.10)

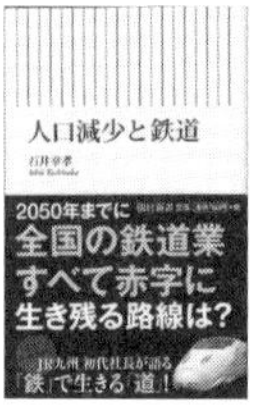

『人口減少と鉄道』石井幸孝、朝日新書、二〇一八年　著者は一九三二年生まれ。八七年から二〇〇二年までＪＲ九州の社長と会長を歴任。経営を軌道に乗せた立役者で自慢タラタラだが、国鉄がなぜ凋落したかにも鋭く言及。長距離トラックに対抗すべく新幹線の大動脈を物流に活用せよ、深夜の時間帯もフル活用して夜間の「走るホテル」などの観光列車を強化せよ、といった具体的提言も。

『ＪＲに未来はあるか』上岡直見、緑風出版、二〇一七年　著者は一九五三年生まれ。七九年、国鉄全線を完乗した鉄道研究家。今のＪＲは「親方日の丸」から「親方株主」へ、「画一的なサービス」から「格差の拡大」へだと批判。サービス、安全性、ローカル線切り捨てなど、あらゆる角度からＪＲの三〇年を検証する。辛口すぎる気もするが、データを駆使した有無を言わせぬ姿勢に脱帽。

『ローカル鉄道という希望――新しい地域再生、はじまる』田中輝美、河出書房新社、二〇一六年　著者は一九七六年生まれ。山陰中央新報記者を経て島根のローカルジャーナリストとなり、二〇年がかりでＪＲ全線を完乗した「乗り鉄」。一五のローカル鉄道を取材し、ローカル鉄道は中（地域住民）と外（観光客など）の両方を意識せよと指摘、ローカル鉄道の意義を説いた総論も説得力大。

「オール沖縄」を育てた翁長雄志の二〇年

二〇一八年の快挙というべき久々の明るいニュースは、九月三〇日の沖縄県知事選で、名護市辺野古の新基地建設に反対する玉城デニーが大勝したことだろう。

玉城候補自身の主張や魅力もさることながら、彼が当選した背景としては、八月八日に死去した翁《お》長《なが》雄志《たけし》前知事の後継者という側面も大きい。

翁長前知事はいま思うと、やはり不世出の政治家だった。沖縄知事選に勝利したのは二〇一四年一一月。二〇〇〇年から四期一四年務めた那覇市長の職を辞しての出馬、それもかつては自身が選対本部長まで務めた現職の仲井《なかい》眞《ま》弘多《ひろかず》知事と、自身も所属していた自民党を敵に回しての勝利だった。以来四年弱、彼は一貫して辺野古の新基地建設に反対し続けた。

沖縄県知事で他に思い出すのは、一九九〇年から九八年まで知事を務め、二〇一七年に九二歳で死去した大田昌秀元知事である。だが、大田元知事が革新系であったのに対し、翁長前知事は保守系、それも自民党の幹部クラスの政治家だった。その人が保革を超えた「オール沖縄」の立役者になってしまう。本土の政治は絶望的だが、沖縄にはまだ希望がある？

翁長にどれほど厚い信頼が寄せられていたかは、死後に出版された本からも推察できる。沖縄タイムス社編と琉球新報社編、沖縄の二大新聞社が編集した本が、死去からまもない九月中に、それぞれ出版されているのである。知事選に間に合わせたかったという思惑があったにしても、こんな政治家ってほかにいます？　翁長雄志とは、はたしてどのような人物だったのか。その足跡をあらためてたどってみることにした。

沖縄県民は目覚めた。もう元には戻らない

沖縄タイムス社編『沖縄県知事　翁長雄志の「言葉」』は翁長が県知事選に立った二〇一四年から一八年までの、印象的な言葉を集めた本だ。

〈県民は絶対にぶれていないことを見せつけよう。ありとあらゆる手段で辺野古新基地は造らせない。全力で頑張る〉（一四年一一月一日。県知事選の総決起大会で）とか、〈沖縄の主張は世界に通用する。本当の民主主義とは何か、沖縄から発信していく〉（一四年一一月一九日。当選後はじめて名護市の米軍キャンプ・シュワブゲート前を訪れて）とか。

翁長雄志は一九五〇年一〇月、那覇市生まれ。七五年に法政大学を卒業し、会社員生活を経て、八五年、自民党公認で那覇市議選で初当選。さらに九二年には自民党の沖縄県議となった。その間、自民党沖縄県連の幹部を歴任し、普天間飛行場問題に関しても、後年とは正反対の「県内移設推進派」だった。二〇〇〇年一一月、無所属で那覇市長選に出馬し初当選。

その翁長が、なぜ政治的な立ち位置を変えたのか。

琉球新報社編著『魂の政治家　翁長雄志発言録』は、『翁長雄志の「言葉」』よりやや詳しく、那覇市長時代からの翁長の足跡を当時の記事とともに追った本である。

同社経済部長の島洋子は、翁長の変化を次のように書く。

〈（翁長が）自民党と距離を置き始めたきっかけは、2007年の教科書検定問題だった。高校歴史教科書で沖縄の「集団自決」（強制集団死）の「日本軍に強いられた」などの文言を削除・修正する検定意見が出た時、検定意見撤回を求める県民大会の実行委員会に加わった。「ウチナーの先祖があれほどつらい目に遭った歴史の事実が無かったことにされるのか」と憤った〉（「評伝翁長知事　沖縄の自己決定権求めて」一八年八月九日琉球新報朝刊）。

とは申せ、このときの県民大会には当時の仲井眞知事も参加し、〈県民を代表する者として、今回の文科省の検定意見に対して強く抗議し、遺憾の意を表明するとともに、検定意見が速やかに撤回され、記述の復活がなされることを強く要望する〉と述べている。歴史認識がからむ教科書問題などに関しては、沖縄の意志はもともとひとつだった。

しかし、那覇市長時代の翁長は、しだいに反政府、反基地の旗幟を鮮明にしていく。一〇年、二期目を狙う仲井眞知事の選挙で選対本部長を務め、公約に「普天間飛行場の県外移設」を入れさせたのも翁長だった。さらに二年後、普天間飛行場へのオスプレイ配備計画が浮上する。基地に対する翁長の姿勢が固まったのはこの頃だったのではないか。その証拠に、沖縄県市長会会長（那覇市長）としての翁長の発言も先鋭化していくのだ。

〈知事や各首長、各議会、県選出国会議員全ての反対を押し切って強行配備をしようとする日米両政府のやり方は、戦後の銃剣とブルドーザーで土地を強制接収したのと、何ら変わらない構図で今日まで継続している〉（一二年九月九日。オスプレイ配備に反対する県民大会で）。〈沖縄県民は目覚めた。もう元には戻らない〉〈沖縄県民の意識は大きく変わった。基地を挟んで保革がいがみ合うのではなく、オール沖縄で基地の整理縮小を強く訴えている〉（一三年一月二七日。オスプレイの配備撤回を求める東京集会で）。しびれませんか。〈沖縄県民は目覚めた〉。なんと力強い転向宣言！

ところが、そんな翁長を裏切るような事件が起きる。

一三年一二月二七日、仲井眞知事が辺野古の埋め立て工事を承認したのだ。この翻意には日本中が驚いたのだから、まして仲井眞に「県外移設」を公約させた翁長においてをや。一四年九月、一一月の沖縄県知事選への出馬を表明した翁長はこう述べた。〈今や米軍基地は沖縄経済発展の阻害要因だ。辺野古新基地建設には断固反対する〉。〈仲井真知事が公約を破棄して（辺野古埋め立てを）承認した。承認は県民の理解を得ていない。まずは知事選で県民の意思をはっきり示すことだ〉（一四年九月一三日。知事選への出馬会見で）。

一一月一六日、翁長は現職の仲井眞に一〇万票の差をつけて県知事選に勝利した。『翁長雄志の「言葉」』は知事就任挨拶の中から次の言葉を拾っている。〈普天間の県外国外、あるいは県内移設はやらないように、あるいはオスプレイの配備撤回を要請したが、残念ながら一顧だにされませんでした〉（一四年一二月一〇日）。

以上のような経緯を見てくると、ことは明白である。翁長雄志を戦う政治家に変えたのは、沖縄の自己決定権を踏みにじり続けた本土の政治だったのだ。

保革の対立で笑うのは誰か

それにしても、翁長雄志はなぜ政治家を志望したのだろうか。

松原耕二『反骨――翁長家三代と沖縄のいま』は、翁長雄志を育てた土壌を先代、先々代にまで遡って追った興味津々のルポである。

翁長雄志は政治家一家の家に生まれている。雄志の父・助静は保守系の政治家だった。戦時中は教師として生徒を戦場に送る教育の現場にいたが、父（雄志の祖父）の助信を米軍の砲撃で目の前で亡くし、自身はすんでのところで生き延びた。一九四五年六月二七日、他の住民らとともに日本兵の目を盗んで壕（ガマ）から出たのだ。他の壕では大量自決が決行されたことを思うと、まさに九死に一生を得た格好である。

戦後の助静は真和志《まわし》市長となり、立法院（のちの県議会）議員を務めている。雄志の一四歳上の兄・助裕も政治の道に入り、最後は沖縄県副知事まで務めた。

そんな家で育った雄志にとって、選挙戦は日常だった。自らも政治家を志したのは一二歳のとき。父の助静が選挙で敗れた際、クラス討論の場でいきなり〈自分は大人になったら、那覇市長をめざします〉と発言し、生徒や教師を驚かせた。

このときのことを翁長自身も語っている。父が選挙戦で負け、母は「お前だけは政治家になるなよ」と泣きながらいったが〈人間は不思議なもので、その時に私は「将来、政治家になろう」

と決心しました〉（一四年一一月一六日／『翁長雄志の「言葉」』）。

重要なのは、翁長が見慣れていたのは、保革が激突する沖縄の選挙戦だったことだろう。保革の差とはどこにあるのか。親米路線の保守はなぜ米軍に屈服するのか。『反骨』が拾った翁長の言葉は印象的だ。〈革新は、異民族支配のなかで『人権の戦い』をしていた。それに対して保守は『生活の戦い』をしていたんですよ〉。〈どっちも正しいんです〉。〈それなのに保守と革新は激しく対立していたんです〉。保守派は革新に「理想論で飯が食えるか」といい、革新系は保守に対して「お前たちは命を金で売るのか」と迫る。子どもの頃からその激しい対立を彼は見ていた。〈ぼくは悲しみで、心が傷ついていてね〉。大人になるにつれ、この感覚は〈こうした争いを日本とアメリカの両政府が上から笑ってるよ〉に変わる。

それがオール沖縄の原点だとすれば、晩年の変節の原因のひとつは病気だったのではないかと松原は推察する。〇六年四月、翁長は胃がんの全摘手術を受ける。例の教科書検定問題の直前である。このとき「自分の命はあと二年」と思い定めた翁長。退院後の翁長は変わったと周囲の人は口を揃える。側近のひとりによれば「腹がすわった」。

さらに翁長が辺野古の新基地反対に舵を切った契機は、〇九年に政権の座についた民主党・鳩山由紀夫首相の「最低でも県外」発言だった。沖縄県民は期待するも約束は消え、鳩山政権下では七〇％あった「県外移設支持」という国民の世論も、次の菅直人政権下では七〇％が「県内移設支持」になった。〈ぼくはこれを見た時に、あ、これはもう自民党とか民主党とかの問題ではないなと。オール本土で沖縄に基地を置いとけと、そういうメッセージだなと〉。

こうして翁長雄志は辺野古の新基地に断固反対する政治家となった。

知事就任後の翁長は、県民に語りかける際に必ずウチナーグチをまじえた。「はいさい（こんにちは）」ではじまり、「うちなーんちゅ、うしぇーてぇーないびらんどー（沖縄人を舐めるな）」で終わる演説。「イデオロギーよりアイデンティティ」というオール沖縄のスローガンは、沖縄の歴史と翁長の人生が詰まった言葉だったのである。

(2018.12)

『沖縄県知事　翁長雄志の「言葉」』沖縄タイムス社編、沖縄タイムス社、二〇一八年　翁長が県知事戦に立った二〇一四年～一八年の言葉を収録。巻末には記者たちのエッセイも。巻頭は「NO　OSPREY東京集会」での〈沖縄県民は目覚めた〉という一言（これのみ一三年の発言）。〈うちなーんちゅ、うしぇーてぇーないびらんどー（沖縄人を舐めるな）〉とともに印象深い言葉である。

『魂の政治家　翁長雄志発言録』琉球新報社編著、高文研、二〇一八年　二〇〇七年（那覇市長時代）の教科書検定意見撤回を求める集会から、死の直前、一八年七月の辺野古埋め立て承認「撤回」表明までの、主として基地問題に関する翁長の発言を、当時の琉球新報の記事とともに整理した記録。翁長は〈沖縄近代史、琉球史に記される存在〉（編集局長）という巻頭言に記者らの思いがこもる。

『反骨――翁長家三代と沖縄のいま』松原耕二、朝日新聞出版、二〇一六年　著者はTBSの記者兼ニュースキャスター。琉球処分に翻弄され沖縄戦で死んだ祖父、沖縄戦を生き延びて保守政治家となった父などもからめ、翁長の原点をさぐるノンフィクション。政治家一家で育ったため〈私はいびつな人間〉と語るなど、表舞台に出てこない翁長の率直な言葉や、政敵たちの翁長評もおもしろい。

住民投票が問うもの、問われるもの

二〇一九年二月二四日、沖縄県で、辺野古の新基地建設にともなう埋め立ての賛否を問う県民投票が行われた。結果は、投票率五二・四八％。賛成一九・一％（一一万四九三三票）、反対七二・二％（四三万四二七三票）、「どちらでもない」八・八％（五万二六八二票）。反対票は知事が投票結果を尊重する（安倍晋三首相とトランプ米大統領に結果を報告する）義務を負う投票有資格者の四分の一を超え、昨年の知事選で玉城デニー知事が獲得した三九万六六三二票も上回った。沖縄の民意が予想以上にはっきり示された形といえるだろう。

もっとも投票日までは気が気じゃなかった。二〇一八年末には、沖縄市、うるま市、宜野湾市、宮古島市、石垣市の五市長（いずれも保守系）が不参加を表明。「『辺野古』県民投票の会」代表の元山仁士郎によるハンストなども奏効、結果的には「賛成」「反対」に「どちらでもない」を加えた三択で各会派が譲歩。ようやく全県実施に漕ぎ着けた（しかも全市町村で反対票が賛成票を上回った）。

沖縄県ではこれがじつは二度目の県民投票だった。最初の住民投票は一九九六年九月八日。日米地位協定見直しと基地縮小の是非を問うもので、投票率五九・五三％。賛成八九・〇九％、反対八・五四％で、民意は明らかな形で出た。にもかかわらず投票結果は反故にされた。今回も安倍政権は、投票結果は無視して工事を続行すると述べている。

住民投票に法的拘束力はない、とはよくいわれるところ。直接民主制に近いこの方法は、選挙で民意を問う代議制民主主義に反するという意見もある。しかし、条例に基づく住民投票は、九六年以来、全国各地で四〇〇件を軽く超えるほど実施されているのである（多くは市町村単位。都道府県で実施されたのは二度の沖縄県民投票だけ）。はたしてそこにはどんな意味があるのだろうか。過去に住民投票を実現させた当事者たちの本を読んでみた。

計画を断念させた巻原発と吉野川可動堰

条例にもとづく日本ではじめての住民投票は、九六年八月四日、新潟県巻町（現新潟市西蒲区）で行われた東北電力・巻原発の建設計画の賛否を問う町民投票である（二番目が九六年の沖縄県民投票）。結果は投票率八八・二九％。計画反対が六一・二二％、賛成は三八・七八％。反対の民意ははっきり示され、さらにその七年後、建設計画が公になった六九年から数えれば三四年目の二〇〇三年一二月、東北電力は巻原発建設計画を断念した。

高島民雄『もう話そう　私と巻原発住民投票――計画白紙撤回まで34年の回顧録』は、巻原発計画反対運動の渦中にいた弁護士が運動を振り返った迫真のドキュメントである。

東京での大学時代から反原発運動にかかわっていた高島は、大学を出て弁護士資格を得た後、新潟にUターン。反原発運動に復帰し、八二年には自ら巻町長選にも出馬、みごとに落選したりしていた。しかし大きな転機はその十数年後、九四年にやってきた。八月の町長選で原発推進派の佐藤莞爾町長が三選を果たした後、路線のちがいから、それまで属していた反原発グループを離れていた高島は、九月、思いがけない人たちから相談を受ける。

〈原発反対派の人たちは住民投票を町にやれと言っていた。それは自分たちではできないものなのか？〉〈また、自分たちでやったとして、その効果はどんなものなのか？〉。

法律相談などで知り合った地元の自営業者たちだった。〈町で商売をする人たちは原発推進派にがんじがらめにされていて、原発のことなど口にすらできないもの〉と思い込んでいた高島は驚き、感動する。〈是非やりましょう。手伝います〉。

かくて九月に七人で発足した「巻原発・住民投票を実行する会」は、一〇月には牛乳販売店、ガソリンスタンド、米穀販売店、玩具専門店といった個人商店の店主ら三六人が幹事に名を連ねるに至った。代表に老舗酒造店の専務だった笹口孝明を選び、「自分たちで」の言葉通り、彼らは自主管理による巻町の住民投票を目指して動きだす。官民のさまざまな妨害を受けつつも、巻原発建設の是非をめぐって九五年二月五日に実施された投票は、総数一万三七八票、反対九八五四票、賛成四七四票。反対票は佐藤町長の町長選の得票数を上回った。

政治活動の経験が一切なかった人たちが〈「原発建設の是非は住民に直接問うて決めればいいではないか」というぎりぎりの主張を掲げて行動に出た〉。その決意が、原発に不安を感じながらも口にできなかった多くの町民の心を動かしたのだ。

だが、町長はこの投票を違法と断じ「実行する会」との交渉を拒否。会と町民はここからさらに、いくつものハードルを越えていくのである。住民投票条例の成立を目指した町議選（九五年四月。条例賛成派が過半数の議席を獲得）、住民投票の実施を拒む佐藤町長のリコール（九五年一〇月）、佐藤町長の辞職にともなう町長選（九六年一月。「実行する会」代表の笹口が当選）。それでやっと実施された公式の住民投票。驚異的な粘り強さというほかない。

もう一件、住民投票が成功した例を見てみよう。

吉野川可動堰建設の賛否を問う徳島市の住民投票だ。

武田真一郎『吉野川住民投票――市民参加のレシピ』は、二〇〇〇年一月二三日に行われた住民投票と、さらにその一〇年後、一〇年三月に計画が中止されるまでの記録である。

可動堰の計画が最初に浮上したのは一九六六年。正式に事業化されたのは九一年。建設目的は、当初の塩害防止から、利水と治水へと変わり、九七年からは治水だけになった。

環境や漁業への影響と、公費の無駄遣い。このままでは長良川河口堰と同じことになるのではないか……。住民投票を求める声が上がり、司法書士の姫野雅義を代表世話人に「第十堰住民投票の会」が発足したのが九八年。メンバーの多くがそれまで政治経験のない市民であったのは、巻町と同じである。

まず住民投票を実施する条例が必要だ。条例を制定するには、市長が提案する、議員が提案する、住民による直接請求（有権者の五〇分の一の署名が必要）の三パターンがある。市長も市議も可動堰を推進していた徳島市では九九年一月、住民の直接請求が行われた。はたして集まった署名は、五〇分の一どころか、徳島市の有権者二一万人の半数にも迫る一〇万票超だったが、条例案は当然のように否決される。住民投票派は市議選を戦い（九九年四月。条例賛成派が過半数の議席を獲得）、九九年一二月の条例可決、〇〇年一月の住民投票に漕ぎ着ける。結果は、投票率五五・〇%。可動堰の建設に反対が九一・六%、賛成は八・四%。可動堰ノーの民意が明確に示され、当時の中山正暉建設大臣は「ゼロから考えたい」と発言した。

住民投票が人々の意識を変える

どちらのケースも一見ハッピーエンドである。しかし、こうしてみると住民投票を実現させるのは、やはり容易じゃないのである。条例を求める住民直接請求のための署名集め、条例を通すための議員選や首長選、事業推進派の首長や議員との戦い……。そこまでやって投票が実施されても、投票率が五〇%を超えなければ住民投票は成立せず（条例によっては開票すら行われない）、もちろん思い通りの結果になるとも、投票結果が尊重されるとも限らない。巻原発や吉野川可動堰は結果的にストップしたが、それは他のさまざまな要因がからんでの話。

住民投票でノーの結果が出たにもかかわらず、民意が反故にされた例としては、山口県岩国市のケースがある。岩国市で、米空母艦載機の厚木基地から岩国基地への移駐案受け入れの賛否を問う住民投票が行われたのは、二〇〇六年三月一二日。結果は、投票率五八・六八%。反対が八七・四二%、賛成は一〇・八一%だった。

岩国市の住民投票は、市長自らが音頭をとった点に特徴がある。住民投票条例は具体的な案件がない段階で、常設条例として可決されており、住民投票は市長の発議で行われた。

しかし、圧倒的なノーの民意が出た投票の結果は生かされなかった。具体的な経緯は、市長自らが筆をとった井原勝介『岩国に吹いた風——米軍再編・市民と共にたたかう』に詳しいが、国による新市庁舎建設補助金のカット、岩国基地の民間空港再開にともなう県の圧力などで市政はズタズタになり、次の市長選（〇八年二月）で井原は落選。新市長は方針を一八〇度転換、空母艦載機の移駐を受け入れた。基地問題の厳しさは沖縄と類似する。

しかし、それでも住民投票には大きな意味がある。それが三冊を読んでの私の結論だ。

住民投票は人々の意識を変える。住民投票に至るまでには多くの説明会や勉強会が開かれ、住民は真剣に事実と向き合う。それは世論調査やアンケート調査とはちがうのだ。

巻町の場合、すべてのはじまりは最初の自主住民投票の成功だった。〈高いハードルをもあっさりと飛び越えた町民の勇気は、この自主管理住民投票の結果がもたらした町民意識の大きな変化、町民個々に芽生えた「自分たちも頑張れば原発は何とかなる」という強い自信を抜きにしては考えられない〉と当時を振り返って高島民雄はいう。

武田真一郎は〈徳島の運動は基本的に反対運動ではなかったために、かえって市民の間には明確な反対の意思が形成された〉と総括する。〈始めに反対ありきではなかったために建設省を巻き込んで運動の輪が広がり、議論が深められ、結果的に圧倒的多数の住民が反対の判断をしたことは、逆説的であるが大きな教訓である〉。

これは沖縄県民投票についてもいえることだろう。住民投票運動は反対運動とも選挙とも別物なのだ。自分たちの意思を示す。それは民主主義の原点により近い。何より印象的なのは、いずれの住民投票にも、熱気が感じられることである。今年の沖縄の県民投票は、現に本土の意識も変えつつある。結果だけではない、住民投票は過程にこそ意味があるのだ。

(2019.4)

『もう話そう　私と巻原発住民投票――計画白紙撤回まで34年の回顧録』高島民雄、現代人文社、二〇一六年　著者は巻高校から東大に進学、七八年にUターンし弁護士となった。七九年から巻町在住。「巻原発・住民投票を実行する会」の法律的な雑務などを担当したが、反原発カラーが強すぎるため（？）賛同者には名を連ねなかった。会の代表・笹口孝明元町長とはまた違う立場からのレポート。

『吉野川住民投票――市民参加のレシピ』武田真一郎、東信堂、二〇一三年　著者は行政法が専門の成蹊大学法科大学院教授。「ダム・堰にみんなの意見を反映させる県民の会」のメンバーになる一方、「吉野川シンポジウム実行委員会」「第十堰住民投票の会」などの活動を見守ってきた。ダムなどの大型公共事業の問題点や市民運動のスタイルまで論点は多彩で、住民投票実施のためのヒントが満載。

『岩国に吹いた風――米軍再編・市民と共にたたかう』井原勝介、高文研、二〇〇九年　著者は労働省の官僚を経て、九九年、郷里の岩国市長選に出馬して当選。〇六年の住民投票を実現させる。投票結果を踏まえて米軍基地再編に反対し続けるも〇八年に落選。個人史ではなく、米軍基地再編問題を中心に、基地の町が抱える悩み、国や県や議会との軋轢などを詳述。行政トップの苦労が伝わる。

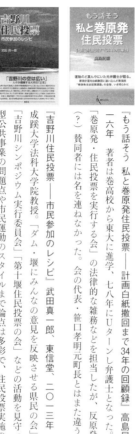

富山県が誇る「幸福度」と日本の未来

富山について考えてみたい。富山県の一般的なイメージはどんなものだろう。薬売り、チューリップ、鱒ずし、ほたるいか？　そんなものですかね。私としては魚津の米騒動と蜃気楼とか、高岡の城と城下の金屋町とか、世界遺産・五箇山の合掌造り集落とかを入れておきたいところだけれど、ま、いずれにしても旅行者目線でしかない。

しかし近年、富山県は、あるいは北陸は、観光以外の点で注目されているのである。大きな理由は「都道府県幸福度ランキング」で北陸三県が常に上位を占めていることだ。

「都道府県幸福度ランキング」とは、一般財団法人・日本総合研究所（会長・寺島実郎）が二〇一二年から発表している調査で、シリーズ四冊目となる最新版は一八年六月に刊行された『全47都道府県幸福度ランキング2018年版』。

それによると、一八年の総合評価は、一位の福井県から順に、二位東京都、三位長野県、四位石川県、五位富山県で、北陸三県がすべて五位以内にランクイン。前回調査では三位だった富山県が五位に下がるなど順番の入れ替えはあるものの、この上位五都県はほとんど不動だ。ちなみに下位はというと、四三位大阪府、四四位長崎県、四五位沖縄県、四六位青森県、四七位高知県。順番の入れ替えはあるものの、下位五府県もほぼ不動である。

高知県の住民にとっては納得いきませんよね。なんで高知が最下位なのさ。トップの福井なんか原発マネーで潤ってるだけじゃねーの？　私だったら、そう勘ぐりますね。

「富山モデル」は日本が目指すべき未来？

それにしても、北陸三県の幸福度はなぜ高いのか。

「幸福度」とは、当初の「人口増加率」「一人あたり県民所得」「選挙投票率」「食料自給率」「財政健全度」という五つの基本指標に、「健康」「文化」「仕事」「生活」「教育」の五分野ごとに一〇の項目を加えた指標である。そこに次々新たな指標を追加し、最新版では全七〇の指標を数値化して総合評価が示されている。要は主観的な「幸福感」ではなく、客観的な統計資料に基づく「暮らしやすさランキング」ということだ。

福井県が三期連続でトップをキープしているのは「仕事」と「教育」が安定した一位を保っているためらしい。雇用関連の指標は軒並み五位以内。女性の労働力人口比率も一位。教育関連でも、学力、社会教育費などすべて一位。雇用と教育の充実が鍵だと。

また、総合ランキングこそ五位に下がったとはいえ、「生活」分野で常にトップなのが富山県である。持ち家比率二位、生活保護受給率の低さも一位、道路整備率も一位で〈暮らしやすい社会環境が整っている〉。さらに、正規雇用者比率は二位、インターンシップ実施率は一位で、〈雇用環境の充実も社会の安定に寄与している〉。

たしかに数値だけで見れば立派な結果だ。でもさ、北陸は寒いぞ。冬なんか雪かきで大変だぞー、と同じ日本海側で育った私は思うが、まあそれはよい。

もともと胡散臭さも含んだ幸福度ランキング。野次馬式に眺めている分には、あるいは自治体が努力目標として参考にする分には、どうってことはなかったのである。

ところが、もう一歩踏み込んで、富山にこそ日本のモデルがある！　とブチ上げた本が出たから、話はややこしくなった。**井手英策『富山は日本のスウェーデン――変革する保守王国の謎を解く』**。一言でいえば、保守的な政治風土にもかかわらず、富山には社会民主主義的な環境が育っている。日本が目指すべき方向性が富山にはある！　という話。

井手が強調するのは、まず富山県の「ゆたかさ」だ。くだんの幸福度ランキングとは別に、富山県が作成した『100の指標　統計からみた富山』などを参照しながら彼はいう。

一人あたりの県民所得は全国六位（福井は一八位、石川は一六位）。一人あたり民間最終消費支出は八位、勤労者世帯の貯蓄額は五位、勤労者世帯の実収入（都道府県庁所在市）は四位。これら経済的基盤に加え、生活面を見ても、持ち家比率は全国トップ、一住宅あたりの部屋数や部屋の畳数も全国一。自家用車保有台数は全国二位、セカンドカー普及率は三位。そこそこみんな稼いでいるし、家も広いし、車も二台あるぞってことか？

井手はまた、女性の就業率の高さにも注目する。

一五歳以上の女性の就業率は全国七位、共稼ぎ率は五位。女性の就業率が高いのは三世代同居率（全国五位）と保育所等入所率（全国二位）が高いためで、結果的に結婚後の離職率は低く、いわゆるM字カーブも富山県ではゆるやかで、待機児童もいない。「ものづくり」の伝統がある富山県には、製造業を中心とした産業が根付いているため、完全失業率は全国六位の低さ、反対に有効求人倍率は七位の高さ。また男女ともに正社員率が高い。

〈いわば、労働者どうしが雇用を分けあう「ワーク・シェアリング」に近い雇用環境があり、これを三世代同居による高齢者の生活支援、充実した保育所施設の存在が補完している〉と井手はいう。〈数字だけを見るかぎり、こうした社会経済的な成り立ち、循環が、社会民主主義や北欧諸国を高く評価する人たちの理想の姿と重なっているように思われる〉

さて、どうですかね。北欧とか社民主義とかいうよりも、嫁探しの宣伝文句みたい。あなた富山に嫁に来なさいよ。家は広いし、車もあるし、道はいいし、仕事もあるし、保育所も完備してるし、じいちゃん・ばあちゃんもいるからね、結婚しても働き続けられまっせ。

それで嫁に行きたくなりますか。家は広くても三世代同居だよ。どこがスウェーデンよ。これじゃ村落共同体が生きていた頃の、昭和の日本だ。

案の定この本は、あちらこちらで物議をかもした。「週刊金曜日」一八年一二月一四日号には「『富山は日本のスウェーデン』か？」と題する県民座談会が載り、中日新聞の論壇時評（中島岳志、一月三〇日）も朝日新聞の論壇時評（小熊英二、一月三一日）もこれを取り上げた。特に私が笑ったのは、富山県民らしきレビュアーによるアマゾンの辛口レビューである。

〈待機児童ゼロったって児童がゼロだからだ〉。〈富山には家事手伝い、専業主婦というカテゴリーがない。働かざるもの食うべからず、で三世代同居で女性が働いていなかったら、何て言われるかわからない〉。〈持ち家率1位というのも21世紀には負の遺産だ。／周り中、空き家だらけで、動ける人も少なく、僕は行政が動員をかけてくるボランティアを確保するのに苦労している〉（富山ブラックジョーク『ここは退屈迎えに来て』）。

さらに論理的な批判は、富山大学非常勤講師の斉藤正美が書いている。

正社員率の高さは〈女性が外での仕事もした上、家庭も地域も担うという女性差別の上に成り立っている〉ことを示している。井手が家族のようだと絶賛する「地域共同体」は〈住民相互の監視社会として働き、とりわけ女性への監視が厳しい〉。生活保護受給率の低さも、申請が受け付けられる割合の低さ（全国平均は五〇％、富山県は三六％）が関係している。富山県はじつは安倍政権の少子化対策や地方創生を積極的に推進しており、井手が称揚する「富山モデル」は〈政権が進める女性・家族政策とも重なる点が多い〉（「本当に、『富山は日本のスウェーデン』？」／「ふぇみん」一九年三月五日号）。

井手英策が富山県の基幹施策「みらい創生戦略」会議のアドバイザーであることも斉藤は紹介している。井手がいう富山モデルはどうやら安倍政権の地方再生政策に近いらしい。

「幸福度」の指標が現状に合っていない

『富山は日本のスウェーデン』が牽強付会に見える理由のひとつは、「保守とリベラル」という政治的な立ち位置に、なぜか著者がこだわっていることである。

〈思想の区分け、保守と革新、左と右という線引きが、もしかすると社会全体を思考停止にし、広がりのある対話を妨げているのではないだろうか〉と井手はいう。〈保守的な風土、価値観という土壌を頭ごなしに否定するのではなく、それらの特性を正視しながら、その土壌のもとでリベラルも納得するような大輪の花を咲かせたい〉。

リベラルよ、保守派を毛嫌いするな、ということか。そういう問題なのかな。

まあでも、この本は「幸福度」について考えるキッカケになった。

思うに「幸福度」を測る指標自体が二一世紀の実情に合っていないのではないか。〈三世代同居率および共働き率も高い福井県では、共働きにより経済的に安定し、子供は親と祖父母に見守られながら安心して勉強や運動に打ち込める環境があり〉とは、『幸福度ランキング２０１８年版』の一節だが、井手英策が富山県を称揚する理由と同じで、あまりにも保守的だ。

雇用や住宅事情が指標になる点に異論はないが、個人の自立度、夫婦の家事分担時間、ＬＧＢＴの権利関係などは勘案されないのか。世界各国の男女平等度を比較したジェンダーギャップ指数を都道府県別にやったらどうなるか、私としてはぜひ知りたい。

もうひとつ、この「幸福度」に私が根本的な疑問を持つのは、気候風土や災害の危険性が指標化されていないことである。県内に十数基の原発と原子力関連施設を有する福井県が常に一位なんて、現実を考えればあり得ないでしょ。

数字の読み方も読み手次第。各県の特質を紹介したご当地本は山ほど出版されていて、同じ数字を使うのでも、そっちのほうがおもしろいこともある。富山が教育県であることはどんな本にも出てくるが、鷲塚飛男『富山の逆襲』はズバリ指摘する。富山県の進学校の〈教育が目指す理想のモデルは、分かりやすく言えば、東大からキャリア官僚という道です〉。人口一〇万人あたりの霞が関の官僚輩出率は、東京都、山口県に次いで富山県が全国三位。それは〈〝お上〟に弱いという県民体質〉が関係している、と。そこで育った人にしかわからない感覚だろう。それを無視してスウェーデンとかいっちゃうから、おかしなことになるのである。(2019.5)

『全47都道府県幸福度ランキング2018年版』寺島実郎監修／（一財）日本総合研究所編、東洋経済新報社、二〇一八年　二〇一二年版から二年ごとに発表された本の四冊目。健康、文化、仕事、生活、教育の五分野を基本に七〇の指標を数値化し、暮らしやすさをランキング。行政の参考にはなりそうだが、幸福とは「家族仲良く、大人はよく働き、子どもはよく学び」だとでもいいたげだ。

『富山は日本のスウェーデン――変革する保守王国の謎を解く』井出英策、集英社新書、二〇一八年　著者は福岡県生まれの経済学者。「保守が生んだ日本型北欧社会」に、少子高齢化、人口減少、経済の停滞というトリプルパンチの時代を生きぬく知恵を学べと呼びかける。一〇年以上「富山県を訪ね続けた集大成」の割に空論の部分もあり、保守とリベラルにこだわる理由も不明だが、富山愛は大。

『富山の逆襲――すごいぞ！富山を大きな声で』鷲塚飛男、言視舎、二〇一七年　富山市生まれ、東京在住のライターによるご当地本。山が見えない、水道の水が細くてぬるくてまずい、マンション住まいの家庭が多い……といった上京時の実感をまじえて、富山の地勢、歴史、生活、文化、食、方言までを幅広く紹介。幸福度ランキング上位は誇らしいが、実態に即しているかどうかは別と説く。

文学はいつも
現実の
半歩先を
行っている

文芸書は売れません。文学はいまやマイナーなジャンルです。そういう話は耳にタコができるほど聞いてきたし、数字を見ればその通りだからあえて否定はしない。ただ、文学の世界が尻つぼみかというと、それも大きな間違い。「前はこんなのなかったな」と感じさせる作品は続々と誕生している。「老人の逆襲」ともいうべき高齢者文学の増加。多様なセクシュアリティ。方言や舞台設定を含めた「地方の復権」。そして古典のリノベーション。現実をただ追いかけるのではなく、現実を異化し、読む人の意識を活性化させる。文学は常に現実の半歩先を行くのである。

認知症が「文学」になるとき

空前の高齢化社会を迎えた今日、認知症は特殊な病ではなくなった。

厚生労働省研究班の調査（二〇一三年）によれば、六五歳以上の高齢者のうち認知症の人は推計一五%。認知症になる可能性がある軽度認知障害（ＭＣＩ）の高齢者まで含めると、六五歳以上の四人に一人が認知症とその予備軍となる計算という。年代別の有病率も、七四歳までは一〇%以下だが、八五歳以上では四〇%に跳ね上がる。

文学の世界でも、認知症の高齢者とその家族を描いた文学作品が急増している。

認知症を描いた作品といえば、有名なのはやはり、ベストセラーになった有吉佐和子の小説『恍惚の人』（一九七二年）だろう。義母が突然死した後、認知症（当時の用語では「老人性痴呆症」）の症状が進行していく義父。介護は妻に任せっぱなしの夫や、われ関せずの息子にイライラを募らせながら奮闘する主人公に、社会福祉主事はいうのである。「このくらいなら、ホームに入れなくても、家で充分面倒を見てあげられますでしょう」。

もう少し後だと、耕治人の晩年の三部作（『天井から降る哀しい音』『どんなご縁で』『そうかもしれない』一九八六〜八八年）が思い出される。ここで描かれるのは八〇歳を超した夫婦の老老介護だ。あるときを境に物忘れが激しくなり、料理ができなくなり、洗濯ができなくなり、やがて夫を認識できなくなる妻。特別養護老人ホームに入った妻は、ナースの「ご主人ですよ」という声に促されていうのである。「そうかもしれない」。

文学史をもっとさかのぼれば、また別の例もあり、島崎藤村『夜明け前』（一九三五年）の主人公・青山半蔵の晩年の姿は若年性認知症が疑われるし、安岡章太郎『海辺《かいへん》の光景』（一九五九年）は認知症の母を息子の目から描いた小説といっていいほどだ。精神科の重い扉の向こうの重症病棟に寝かされ、ろくな手当ても受けていない母。「老耄性痴呆症」とはどんな病気かと問う主人公に医師は答える。「さア、われわれにも良くは、わからんですな」。

今日の認識はその頃とは大きく変わった。二一世紀の認知症文学はどんなものなのだろうか。

違っていても似ている症状

ねじめ正一『認知の母にキッスされ』は、六四歳の息子の視点から八八歳の母を描いた連作短編集である。

自転車で転倒し、胸を強く打ったことから右手右足にマヒが出た母のみどり。マヒは日に日に進み、家の中で転ぶなど、日常生活も危うくなってきた。やがて肋骨にヒビが入っていたことが判明。母は弟夫妻と二世帯住宅に住むが、弟たちの負担も重くなり、「私」は毎日、実家に通いはじめた。週二度のデイケア、何度かの救急騒ぎと入退院、いやおうもなく襲ってくる排泄の世話、食事の介助。その間にも母の認知症は進行し、不機嫌になったり、大声でわめいたり、妄想が激しくなったり、「私」は翻弄され続ける。

認知症者がいる家庭なら、大なり小なり直面する事態だろう。しかし、本書が傑出しているのは、母の発した言葉が克明に記されている点なのだ。

ある日、母は〈正一はパソコンかい〉といいだした。〈やっぱり正一はパソコンだろ。私は正一のことをずうっとパソコンだと思っていたよ。毎日、パソコンに向かっていたら、パソコンになっちゃうと思っていたよ。正一がパソコンでよかったよ。私はパソコンに閉じ込められちゃって外に出られないんだよ。パソコンのスイッチが入ると、もう出られないね。パソコンの中に閉じ込められたとたんパソコンはパソコン電車になって走り出すんだ。走り出したら、パソコン電車は駅に止まらないんだよ〉（「パソコン電車」）。

こうしたみどりの饒舌な語りや俳句が独特なユーモアとなって作品を彩るのだが、とはいえ現実は現実である。肺炎で入院したみどりは、病気の回復を待って医療棟から療養棟に移り、食堂デビューしてリハビリをはじめる。「私」も毎日病院に通う日々がはじまるが、病院には三カ月以上いることができず、「私」は有料介護施設を探すことになる。

一方、中島京子『長いお別れ』は認知症を患った父を妻、娘、孫、ほか複数の人物の視点をからめて描いた連作短編集である。

中学校長を退任後、図書館長などを歴任してきた東昇平は妻の曜子と二人暮らし。同窓会の会場に辿り着けなかったことから認知症と診断された。三人の娘（家族とサンフランシスコに住む長女の茉莉、子育て真っ最中の次女の菜奈、フードコーディネーターで独身の三女芙美）はあてにならず、曜子はほとんどひとりで夫の在宅介護を続けてきた。それでも当初は茉莉の住むアメリカ西海岸や、生まれ故郷の掛川に旅行もできた昇平だったが、認知症を発症して五年を過ぎた頃から、急速に言動があやしくなってくる。

新薬を処方され、脳のどこかが活性化されたらしい昇平と電話で話した三女の芙美は仰天する。電話口で〈おほらのゆうこうが、そっちであれして、こう、うわーっと、二階にさ、こっとるというか、なんというか、その、そもろるようなことが、あるだろう？〉と語る昇平。絶句した後〈あるね〉と答えた芙美に昇平はなおもしゃべり続けた。

〈すふぁっと。すふぁっと、と言ったかなあ、あれは。ゆみかいのときにだね、うーっとあびてらの感じが、そういう、あれだ、いくまっと、いくまっとじゃない、なんだっけ、なんと言った、あれは？〉。いくまっと？〈そう。それそれ。もっけらもっけらするということが、もぎさんのところへあれしたばっかりに、そうなっちゃったんだよ！〉（「つながらないものたち」）。

漢字はしっかり書けるのに、語彙が混乱する昇平。曜子が網膜剥離で入院している最中に、昇平は大腿骨を骨折した。それをキッカケに老老介護の限界を悟った三姉妹は、『認知の母にキッスされ』の正一同様、父のための介護施設を探しはじめるが……。

さて、かつての認知症文学と、これら二一世紀の認知症文学はどこが異なるのだろうか。

実用書、啓蒙書として機能を有していることが、ひとつにはありますよね。

認知症の症状は人さまざま、家族の介護体制も人それぞれだが、共通した部分もある。辻褄のあわない言動が増え、身体機能の衰えと認知症が重なった結果、多くの家族は、排泄物との格闘や食事の介助に非常なエネルギーを使わざるを得なくなる。

『認知の母にキッスされ』のみどりと『長いお別れ』の昇平は、家族やヘルパーさんらの提案を頑として拒否すること、また、デイケアなどの外出先や病院だけでなく、自宅にいてさえ「帰りたい」「帰ろう」と頻繁に口にする点が、きわめてよく似ている。

病院で〈正一、私は一文無しで、この宿に泊っているんだけど、今が逃げるチャンスなんだよ。窓から逃げるから手を貸しておくれ〉と息子に訴えるみどり。夫の口癖に業を煮やし、〈ここがもう二十年近く自分の家なのに、家に帰るって言っちゃ、出て行っちゃうんだから。わたしはもう、頭に来てんですからっ〉と怒りを爆発させる昇平の妻・曜子。

このような現実を、しかし家族はやがて受け入れ、本人にとって何が望ましいかを考えはじめるのだ。最初は困惑するしかなかった家族が、徐々に彼らの癖や望みを学習し、自らも成長していく。「悲惨なだけ」のかつての認知症文学との大きな違いである。

おそらく経験者は「うちだけじゃないんだ」と知って励まされ、未経験者はいずれ直面するかもしれない事態を知って、精神的な備えを得るだろう。

ハナモゲラ現象は精神的なゆとりの産物

ということはあるのだが、それだけだったらべつに文学作品である必要はないわけで、二作の美点はやはり、『認知の母にキッスされ』は母の「パソコン電車」を、『長いお別れ』は父の摩訶不思議な「ハナモゲラ語（?）」を書きとめている点である。彼らの言葉が放つ巧まざるユーモアは、得もいわれぬ味を作品に加え、読者に解放感を与えるのだ。

『恍惚の人』の時代と今日との決定的な差は、介護保険制度の導入などで、社会の側にも認知症者を受け入れる体制が曲がりなりにも整った点である。困難な状況は変わらなくても、専門的なスタッフや制度の拡充は家族や観察者に精神的なゆとりを与える。日本語を異化する「ハナモゲラ現象」はその産物。類書の中でも、先の二作が際立つのはこの点なのだ。

もうひとつ、認知症文学に解放感を与える要素があるとすれば、孫世代、曾孫世代の参入である。**坂口恭平『徘徊タクシー』**は、その意味でも特筆すべき作品だ。

祖父の危篤で故郷の熊本に戻った「僕」は、認知症の曾祖母トキヲと再会。徘徊癖のあるトキヲとドライブをするうち、徘徊老人の頭の中には記憶の地図があるのではないかと考えはじめる。〈ばあちゃんは公園に着くと、山口と呟いて満足そうな顔をしたんだよ。その後は徘徊することなく、すぐに車に乗ろうとした。山口に到着したと思ったんじゃないかな〉。〈ボケてるから仕方ないよ。自分がどこにいるのかも分からなくなってしまったんだね……〉と悲しい目をして答えた祖母に、「僕」は反論する。〈違う違う！　ボケてるんじゃなくて、ばあちゃんは、実際に山口に行ってたんだよ。僕たちには河内でも、ばあちゃんにとっては山口だったんだよ〉。

かくして「僕」は徘徊癖のある老人のために、彼らが行きたい場所と時間に移動するタクシー会社を思いつく。孫や曾孫世代の視点はしばしば家族を、そして当事者を救うのだ。

現実はそんなに甘くない、といわれればその通り。だが、私たちが家族の認知症と、あるいは自身の認知症と付き合っていかなければならないのであれば、絶望よりは希望、暗いよりは明るいほうがいいに決まっている。妄想を描くのが得意な文学は、存外、認知症との相性がいい。そういったら、ひっぱたかれるだろうか。

(2016.2)

『認知の母にキッスされ』ねじめ正一、中央公論新社、二〇一四年　右手足にマヒが出た母のもとに通うようになった「私」。妻に「大マザコン」とからかわれても実家や病院に行って排泄や食事の世話をしていたが、母は〈毎日来てくれと一度も頼んだおぼえはないね〉〈正一なんか帰れ！　帰れ！〉と叫ぶ。その母も認知症が進み「正一！」と呼ばなくなった。母と息子の介護模様にしみじみ。

『長いお別れ』中島京子、文藝春秋、二〇一五年　「ものわすれ外来」でアルツハイマーと診断された父とその家族の一〇年弱を描く。小さな事件を起こしながらもデイサービスに通い、脳トレを楽しんでいた父も、症状が進み、トイレの介助が必要になる。タイトルは「少しずつ記憶を失くして、ゆっくり遠ざかっていく」この病気の別名「Long Goodbye」に由来。一五年の中央公論文芸賞受賞作。

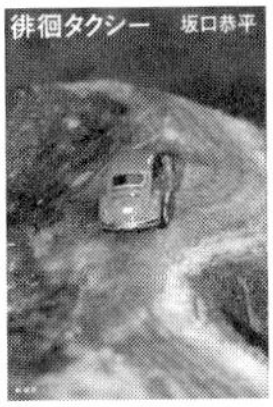

『徘徊タクシー』坂口恭平、新潮社、二〇一四年　認知症の曾祖母とのドライブをキッカケに、徘徊タクシーという商売を思いついた「僕」。目的地まで往復一律千円。チラシには〈二十一世紀の福祉の鍵は「介護」ではなく「新しい知覚」です！／現実は一つだけではなく、人それぞれに違うのです。／認知症は病気ではなく、新しい世界の入口なのかもしれません〉。ポジティブな視点が新鮮だ。

セクシュアリティと小説のトリッキーな関係

こないだ、ふと思ったのだが、空前のベストセラーになった吉本ばななのデビュー作『キッチン』（一九八八年）はLGBT小説のハシリだったのではないか。

近頃急速に普及した「LGBT」という言葉。分解すれば、レズビアン（L）、ゲイ（G）、バイセクシュアル（B）、トランスセクシュアル&トランスジェンダー（T）で、つまりは同性愛者や性転換者など、性的マイノリティを指す総称である。

『キッチン』の主人公は「私」こと桜井みかげ。祖母と二人で暮らしてきたが、祖母が他界し、祖母が生前親しかった田辺雄一の家に転がり込む。田辺家は母ひとり子ひとり。母のえり子さんにはじめて会った日、「私」はあまりの美しさに息を呑む。〈肩までのさらさらの髪、切れ長の瞳の深い輝き、形のよい唇、すっと高い鼻すじ――そして、その全体からかもしだされる生命力の揺れみたいな鮮やかな光――人間じゃないみたいだった〉。

〈「みかげさん、うちの母親にビビった？」〉と問う雄一。頷くみかげに「だって」と雄一は笑いながらいったのだ。〈「整形してるんだもの」〉。〈「しかもさあ、わかった？」本当におかしくてたまらなそうに彼は続けた。「あの人、男なんだよ」〉。

妻（雄一の母）の死後、性別を変えた父。〈母が死んじゃった後、えり子さんは仕事を辞めて、まだ小さなぼくを抱えてなにをしようか考えて、女になることに決めたんだって。（略）半端なことが嫌いだから、顔からなにからもうみんな手術しちゃってさ、残りの金でその筋《すじ》の店をひとつ持ってさ、ぼくを育ててくれたんだ〉。

お話だから無理筋の設定でもいいのだが、ふと湧き上がる疑問。えり子さんの性的アイデンティティはどうなってんの？　ビジネスで性転換とかする？

当時の認識では、でも、これでよかったのである。えり子さんは「ちょっとステキなおもしろい人」で、物語を彩るために創作（捏造）された人物だったにすぎない。三〇年後の現在はどうか。最近出版された数作品を読んでみよう（以下「ネタバレ」あり）。

「常識」を攪乱する新人賞デビュー小説

伊藤朱里『名前も呼べない』は二〇一五年の太宰治賞受賞作である。

語り手の「私」こと中村恵那は二五歳。保育士の資格を持っているが、保育士として働いたのは短大卒業後の一年足らずで、三カ月前に会社を辞めるまでは電機メーカーの契約社員だった。〈恋人が授かった初めての娘は、まもなく生後二ヶ月になるところだった。私はそのことを、前職の同僚に呼ばれた新年会で聞かされた〉という一文から物語ははじまる。知らない間に恋人に娘が生まれていたということは……。彼女はショックを隠しきれない。

それ以上に激怒したのは、短大の保育科の同級生で、保育士をやっている親友のメリッサだった。〈ガキが出来るって結構なことよ？　潜伏期間込みとはいえ半年以上も気づかなかったってどういうことよ、短大で何勉強してきたわけ？　この鈍感女〉。

恵那は恋人との関係を反芻する。〈恋人との関係は、入社してすぐの頃から、どちらからともなく始まった〉。〈家庭を大事にする人だということは、最初から分かっていた〉。〈あの人の帰る場所を壊したり、邪魔をしたりする気にはなれなかった〉。

要は不倫関係だったらしい。で、彼女はかつての上司についての思いをめぐらす。〈宝田一行《かずゆき》主任は私より二十歳上。私が契約社員として勤めた小さな電機メーカーの社員で、経理担当で一番の古株だった〉。彼は〈自宅の一室をピアノ教室にしている十歳年下の妻と、四歳の息子と三人で暮らして〉おり、〈私はそのピアノ教室に通っていた〉。〈亮子さんのピアノ教室を紹介してくれたのは、他ならぬ宝田主任だった〉。

亮子さんとは、宝田主任の妻の名前だ。面倒くさそうな三角関係ではあるけれど、正直、タルい不倫小説だなあという印象は否めない。ところが、景色は途中で一変するのである。

語り手が「恋人」「あの人」と呼ぶ不倫相手とは誰なのか。

〈「亮子さん」／私は恋人の名前を呼んだ〉。

この一言で、読者はやっと気がつく。恵那の不倫相手は宝田主任ではなく、妻の亮子さんだったのだ。親友のメリッサがもとは「林くん」という男だったことも途中で明かされ、性にまつわる常識が、ここでは幾重にも解体されることになる。

もう一編。春見朔子『そういう生き物』は二〇一六年のすばる文学賞受賞作である。

この小説も一種の「だまし」を含んでいる。物語は、高校の同級生だった千景とまゆ子が一〇年ぶりに偶然再会し、千景の部屋で同居生活をスタートさせるところからはじまる。千景は調剤薬局に勤める薬剤師。まゆ子は叔母が経営するスナックで夜だけ働いている。

〈誰かと一緒に暮らすなんて、想定して生きてなかった〉のに「じゃあうちに住めば」と心ならずも提案してしまった千景。千景の提案に狂喜し、〈千景《ちかげ》と暮らせるなんて思わなかった。そんなのはほとんど夢みたいなことで、夢みたいなことがいつか夢じゃなくなるなんて期待を膨らませることは、もうとっくにやめていたのだ〉と告白するまゆ子。

まゆ子はどうも一〇年前から千景が好きだったらしい。部屋をシェアする女同士の何気ない日常、と見せかけて……。引っ張ってもしょうがないので答えを明かしてしまおう。

まゆ子が働くスナックで、質問をたたみかけてくる客。「独身ですか?」「彼氏は?」「もしかして、男が嫌い、とかだったりしますか」「女の人が好き、ってわけじゃないですよね?」。質問攻めにウンザリしたまゆ子はいい返す。「性別は訊かなくていいんですか?」「あたし男なんですけど、それはよかったですか?」。

そして千景は報告するのだ。〈高校生の頃、まゆ子は学ランを着ていた〉。小柄で中性的な顔立ちだったが、学ランが不自然に見えるほどではなかった。〈だからつい、男だと思ったのだ。いわゆる、うっかりミスだ〉。つまり高校時代の（男だったころの）まゆ子は、千景の恋人だったのである。前は男女の恋愛、いまは女同士の友情、それが二人の関係なのだ。

死後に明かされた「彼」の性別

二作が、性別や恋愛にまつわる「世間の常識」を逆手に取ることで成立しているのは明らかだろう。作中人物の性別をわざと隠すことで、作者は読者をだまし、困惑させてやろうと意図している。「常識」にとらわれた読者もうっかりだまされる。

『キッチン』では物語を彩る「意匠」でしかなかった性別が、ここでは当事者が語る物語の中心的なモチーフ、あるいはトリックに昇格していることに注意したい。常識にとらわれた選考委員がこれらを受賞作に選んだ気持ちはよくわかる。やるよね、新人。

ただし難をいえば、両作とも淡い印象、無難な線でまとまってはいるが、葛藤が見えないのだ。性行為は回避され、相手との関係も曖昧なままに先送りされる。

『そういう生き物』の次のような会話が象徴的だ。

〈私はさ、自分の心が女だなんて思ったことないんだよ。性別なんて体のことしかわからないし、もうできあがっちゃってる決まりごとに順応して生きてるだけだよ。まゆ子は自分が女だっていう自覚があるの？〉（千景）。〈そんな自覚は、あたしもないよ〉（まゆ子）。

「多様な性」や「性の越境」を描いているはずの二作は、むしろ「脱性化」へ向かおうとしているように見える。そのへんは『キッチン』と同じ。性別なんか何だっていいよね。そうだよね、好きならば……。そういってしまえば、それで終わりだ。

だが現実はそうはいかない。性自認（自分は男か女かという性的アイデンティティ）や性的指向性（恋愛相手が異性か同性か両性かというセクシュアリティ）は、社会の側の問題ぬきには語れない。当事者と周囲の軋轢の中にこそドラマはひそんでいるのではないか。

最近読んだＬＧＢＴ小説では、**ジャッキー・ケイ『トランペット』**が出色だった。

ジョス・ムーディという人気ジャズ・トランペッターが死を迎えるところから物語ははじまる。母はスコットランド人。父はアフリカ人。彼は一九九七年に七〇歳の人生を閉じるまでに一四枚のアルバムを発表し、私生活でも愛する妻と一人息子に恵まれた。

はじめて出会ったときのジョスの印象を、妻は〈彼の服装はきちんとしていて、びっくりするぐらいハンサムで、高い頬骨が彫刻みたいに整った、誇り高い印象だった〉と振り返る。

二人はたちまち恋に落ちるが、ジョスはいつまでたっても肉体関係を持とうとしない。なぜならば……ジョスの身体は女性だったのだ！

遺体を点検した葬儀屋、死亡診断書を手にした戸籍係、大騒ぎになるマスコミ、戸惑うバンド仲間、ジョスの伝記を書こうと企むライター、「娘」と少女時代に決別した母……。

性別の秘密をあくまでも隠し、完璧な男性を装って生きた主人公の一生を、多様な証言から小説は描き出していく。とりわけ三〇歳をすぎて亡き父の性別を知った息子（養子）の困惑はただごとではない。身体的な改造はしないまま、生まれ持った性別と異なる性を選んだジョスの意識的な生き方は、ＦＴＭ（女性から男性へのトランスジェンダー）とＭＴＦ（男性から女性へのトランスジェンダー）の違いこそあれ、メリッサやまゆ子の曖昧な感じとは対称的だ。

男性同士の恋愛をモチーフにした今日のボーイズラブ小説まで含め、日本の少女漫画や耽美小説は、もともと同性愛や「性の越境」と親和性が高かった。『名前も呼べない』『そういう生き物』『キッチン』は、いずれも新人文学賞を受賞したデビュー作である。少女文化の影響の大きさをあらためて感じさせる。それでも、当事者の視点で性を見つめ、読者の常識にゆさぶりをかける後発の二作が、セクシュアリティの捉え方において『キッチン』の先を行っているのは間違いない。三〇年で意識はやはり進化したのだ。

(2017.4)

『名前も呼べない』伊藤朱里、筑摩書房、二〇一五年〈元職場の女子会で知らされる恋人に娘が生まれたこと。その本当の意味に触れたとき／あなたの「常識」は揺らぎはじめる〉（帯より）。職場の先輩と後輩の不倫小説……と見せかけて、途中で明かされる衝撃の事実。恋人は女性で親友は元男性。せつない恋愛感情、男への嫉妬、母との確執などを織り込み、叙述ミステリーの楽しさも味わえる。

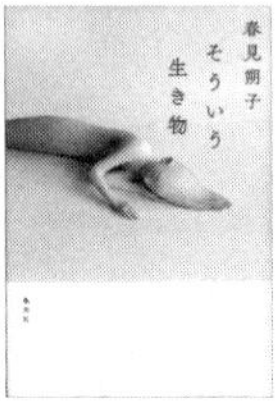

『そういう生き物』春見朔子、集英社、二〇一七年〈そばにいるのに、わかりあえない二人。わかりあえないのに、歩み寄る二人〉〈「生」と「性」のままならなさを印象的にすくい上げる〉（帯より）。一見よくある仲良しの女同士の物語……と見せかけて、途中で明らかになる隠された過去。「彼女」がまだ「彼」だった頃、二人は恋人同士だった。偏見のない小学生やカタツムリがいい味を出す。

『トランペット』ジャッキー・ケイ著／中村和恵訳、岩波書店、二〇一六年〈「おれのお父さんはあなたの娘だったんです」〉〈実話にモデルをとった、驚愕のストーリー〉（帯より）。人気トランペッターの死後に明かされた「彼」の性別。長い包帯で胸をぐるぐる巻きにした「彼」は、それでも幸せな家族を築き充実した人生を生きた。しかし秘密を知った周囲の反応は……。原著は一九九八年刊。

現代語訳「古事記」の奇想天外

記紀にも神話にも興味のなかった私が「ここまで無教養だとさすがにまずいのではないか」と思いはじめたのは「やっぱり日本人だし」と反省したからでは全然なく、出雲（島根県）や高千穂（宮崎県）に行く機会があったためだ。最低限の神話の知識がないと、こういう「神話の里」を訪ねても、チンプンカンプン。おもしろくないのである。

とはいえ、入門書や概説書をいくら読んでもわからないのが古事記である。特に神代。こいつらの国生み、神生みって、どうなってんの？　神を人の仲間と思うからいけないのだ、あれらは哺乳類の仲間ではなく胞子で増えるキノコとか、単為生殖で増えるミジンコみたいなものなのだ、と思ったら少しは納得できたものの（え、違ってる？）。そんな私どもの救世主というべきは、二〇〇二年に出た三浦佑之『口語訳古事記　完全版』（文藝春秋）だろう。

〈なにもなかったのじゃ……、言葉で言いあらわせるものは、なにも。あったのは、そうさな、うずまきみたいなものだったかいのう。／この老いぼれはなにも聞いてはおらぬし、見てもおらぬでのう。知っておるのは、天《あめ》と地《つち》とが出来てからのことじゃ……〉。

当時、これを読んだときには、橋本治『桃尻語訳枕草子』（河出書房新社）を八〇年代に読んだときと同じくらい感動した。バカにはありがたい本である。

さて、それからさらに時間がたち、古事記の現代語訳、口語訳はますます増加の一途をたどっている。古事記編纂一三〇〇年に当たる二〇一二年に記念出版が相次いだのも関係しているようである。というわけで、このたびは最近の古事記本の世界を覗いてみた。

古事記の省エネ文章をどう訳す

天武天皇の命を受け、稗田阿礼《ひえだのあれ》が暗誦する古い伝承を、太安万侶《おおのやすまろ》が書き記し、元明天皇（天智天皇の娘）に献上した。これが「序」にある古事記の成立秘話である。周知のように原文の古事記は全文漢字。参考までに、序の冒頭部分を示しておく（句読点は斎藤が追加）。

《臣安萬侶言。夫、混元既凝、氣象未效、無名無為、誰知其形》

ハハハ、取りつく島もない。これを現代の本はどう訳しているか。

〈臣下の安万侶《やすまろ》が申し上げます。／およそ、混沌《こんとん》とした万物の始めの気はすでに凝り固まっても、兆《きざ》しや形はいまだ現れませんでした。名も無く、働きも無く、誰がその形を知ることができましょう〉（竹田恒泰『現代語古事記』、学研）。

池澤夏樹の訳による『日本文学全集01　古事記』はどうだろう。

〈陛下の僕《しもべ》である安万侶《やすまろ》が申し上げます。／そもそもの初め、混沌の中に造化のきざしが見えながら、未《いま》だ気と形が分かれる前、万事に名がなく動きもありませんでした。その時のことを知る者は誰もおりません〉。

さっきは取りつく島がないといったけど、現代語訳を読んでもう一度原文に戻ると、なんだかわかったような気がするから不思議である。やっぱ日本語なんですね。

もう少し先に行ってみよう。有名なイザナキとイザナミの国生みのくだりである。

〈一息ついたところで、伊耶那岐神は、自分の下半身に何か不思議なものがぶらさがっているのにお気付きになり「あなたの体はどのようになっているか」とお尋ねになりました。／すると、伊耶那美神は「私の体はすでに出来上がっているのですが、一ヶ所だけ何か足りずに、くぼんでいる所があります」とお答えになったので、伊耶那岐神は「私の体もすでに出来上がっているのだが、一ヶ所だけ何か余って、でっぱっている所がある。それでは、私のでっぱっているものを、あなたのくぼんでいる穴に挿し入れて、塞《ふさ》いで、国を生もうと思うが、どうだろう」と仰《おお》せになると、伊耶那美神はこれに賛成なさいました〉（竹田恒泰訳）。

ぶっきらぼうな口調で話すイザナキと敬語を使うイザナミ。昔の男女の関係、というか、上司と部下の会話みたい。一転、池澤訳はぐっとさばけて、少し前の若者風だ。

〈そこでイザナキがイザナミに問うには——／「きみの身体はどんな風に生まれたんだい」と問うた。／イザナミは、／「私の身体はむくむくと生まれたけれど、でも足りないところが残ってしまったの」と答えた。／それを聞いてイザナキが言うには——／「俺の身体もむくむくと生まれて、生まれ過ぎて余ったところが一箇所ある。きみの足りないところに俺の余ったところを差し込んで、国を生むというのはどうだろう」と言うと、イザナミは、／「それはよい考えね」と答えた〉（池澤夏樹訳）。

ちなみに、ここの原文がどうなっているかというと……。

《於是、問其妹伊耶那美命曰「汝身者、如何成」。答曰「吾身者、成成不成合處一處在」。爾伊耶那岐命詔「我身者、成成而成餘處一處在。故以此吾身成餘處、刺塞汝身不成合處而、以為生成国土、生奈何」。伊耶那美命答曰「然善」》

「然善」。これが漢文か。古事記の文章は省エネの美学なんだと、あらためて感じ入る。よって現代語訳はどう頑張っても冗長にならざるを得ない。どうりで入門書を読んでもわからないはずだよ。この荒唐無稽さは、物語の内容以上に、文に決定づけられているのだ。

だが、古事記の懐は深い。敬語を重んじ、わかりにくい単語の説明は文中に織り込んでしまう竹田訳。思いきって敬語をやめ、現代風の会話に徹した池澤訳。方針こそちがえ、両者はいちおう原文に忠実であろうとした現代語訳である。古事記の世界を伝える方法はしかし、こういう正調のやり方だけではないのである。一例が小野寺優『ラノベ古事記』だ（ラノベとはライトノベルの略称ね）。序からして、この本はふざけている（褒め言葉です）。

〈ここに陛下の忠実《ちゅうじつ》な配下である安万侶が申し上げます〉〈そもそも、この国のはじまりは混沌《こんとん》とした中にありました〉と型どおりに語りだす安万侶。ところが、ここに横から茶々を入れた人物がいた。〈はいっ！　安万呂《やすまろ》ストップ!!　はいはいっ!!〉。

〈安万呂って、な〜んかお固いのよねぇ？〉〈もうちょいざっくりラフな感じにお願いできないかしら？　その序文、飽《あ》きちゃったの〉と語るのは、元明天皇その人である。

〈はいっ⁉〉。安万呂は固まった。〈え、ちょ、うそでしょ？　飽きちゃったのって？　普通にショックなんだけど。この序文、陛下に捧《ささ》げるために1週間以上掛けて必死に考えてきたのに！〉。

さすがはラノベ。元明天皇、まるでそこらの女子高生だ。

ラノベ古事記も漫画古事記も、あってよし

イザナキ、イザナミのくだりはどうか。

〈「ねえ、イザナミ。そういえばさ」／「なぁに？」／「君と僕って一緒に生まれたのに、なんか形が違うと思わない？」〉。唐突な質問に首を傾げるイザナミ。〈「あのね、私の体、なりなり〜って成り切らなくって、なんか足りないところがあるの」〉。好奇心旺盛に目を輝かせるイザナキ。〈「へぇ！　面白いね！　僕もなりなり〜って生まれたんだけどさ、なんか成りすぎちゃって、余計なものがくっ付いてるんだ‼　ずっと気になってたんだけど、何でなんだろ⁇」〉。〈「ねぇ！　もしかしたらさ、君の足りないところを僕の余計なところで埋めたら、なんか素敵なことが起きるんじゃない？」／「えっ⁉　ヤんのっっ？」〉。

「ヤんのっっ？」って、あんた……。

やりすぎだ、と思います？　いやいや、進化形としてはこれもありでしょ。ただ難点は、各場面を想像し、登場人物の内面に分け入り、物語を肉付けしていくとテキストがどんどん長くなることで、結果、古事記の奇異な味が薄められ、すべてが学園ドラマ風になる。

その点、真逆の方向性で進化したのが、**こうの史代『ぼおるぺん古事記』**である。古事記を漫画で再現した本なのだが、漫画の中の文章はすべて現代語訳ではなく漢文の読み下し文。

くだんのイザナキ、イザナミのくだりはこんな感じだ。

〈是《ここ》にその妹《いも》　伊《い》邪《ざ》那《な》美命《みのみこと》に問《と》ひて曰《い》はく〉↓「汝《な》が身《み》は如何《いか》に成《な》れる」（イザナキ）↓しばし考えるイザナミ↓答《こた》へて白《まを》さく（自らの衣服の裾の中を覗きながら）「吾《あ》が身《み》は成《な》り成《な》りて成《な》り合《あ》はざる処一処《ところひとところ》在《あ》り」（イザナミ）↓〈爾《ここ》に伊《い》邪《ざ》那《な》岐命《きのみこと》詔《の》りつらく〉（同じく自らの衣服の中を覗きながら）「我《あ》が身《み》は成《な》り成《な》りて成《な》り余《あま》れる処一処《ところひとところ》在《あ》り」（イザナキ）↓「故《かれ》、此《こ》の吾《あ》が身《み》の成《な》り余《あま》れる処《ところ》を以《も》て　汝《な》が身《み》の成《な》り合《あ》はざる処《ところ》に刺《さ》し塞《ふさ》ぎて国土《くに》生《う》み成《な》さむと以為《おも》ふ」「生《う》むこと奈何《いか》に」（イザナキ）↓伊《い》耶《ざ》那《な》美命《みのみこと》（指でＯＫサインを出しながら）〈「然善《しかよ》けむ」と答《こた》へ白《まを》しき〉。

絵があれば、文章はほぼ原文通りでも十分伝わるのだ。この場面はやっぱり「成り成りて成り合はざる処一処在り」といってもらったほうが気分が出るしね。

神話を「歴史」として教えた戦前の皇国史観教育のせいで、戦後、長い間、古事記は忌避され、敬遠されたテキストだった。しかし第一次安倍政権時代の教育基本法改定（二〇〇六年）を受け、現在では小中学の国語教科書にも神話が復活している（小学校四年の「いなばの白うさぎ」など）。自民党政権の思惑を考えれば「けしからん」話ではある。

しかし、古事記は日本最古のテキストだ。遠ざけるのではなく引き寄せて、自由にいじくり回すのが、古事記を忌まわしい過去から解放する道だろう。

いろいろ読んで少しわかった。古事記はやはりけったいなテキストなのだ。進化形ではなく原典をちゃんとお勉強したいという方は、倉野憲司『古事記』（岩波文庫）や、中村啓信『新版古事記 現代語訳付き』（角川ソフィア文庫）をどうぞ。（2017.11）

『日本文学全集01 古事記』池澤夏樹訳、河出書房新社、二〇一四年 「池澤夏樹＝個人編集 日本文学全集」の第一巻で、父・福永武彦も手がけた古事記の新訳。会話は現代的、神の数え方も一柱二柱ではなく一人二人。〈漢字を用いて日本語を記述するという難事を前にしたあなたの息づかい〉を伝える工夫の数々は「安万侶さんへの手紙」で明かされている。三浦佑之の解題、池澤の解説も充実。

『ラノベ古事記』小野寺優、KADOKAWA、二〇一七年 二〇一三年に古事記と出会った著者は、専門書を読めば読むほど、脳内古事記と一般的な古事記のイメージが乖離。〈あれは日本最古の歴史書であると共に、日本最古のラノベなのっ！！！〉（あとがき）とばかり、ラノベ古事記のサイトを立ち上げた。自由奔放な新訳や現代人の気分にフィットした解釈には説得力もあって楽しい。

『ぽおるぺん古事記㈠天の巻』こうの史代、平凡社、二〇一二年 『この世界の片隅に』の人気マンガ家がボールペンで描いた絵解きの古事記。「㈡地の巻」「㈢海の巻」と続く全三巻。〈昔からずっと、古事記を絵にしたいと思っていました〉（帯より）というだけあり、原初の混沌とか人（神だけど）から島が生まれるとか、どうやって絵にするんだ⁉な場面も、それらしく描いてしまった力業に感動。

八〇年目の『君たちはどう生きるか』

吉野源三郎『君たちはどう生きるか』が売れているという。そりゃまた、なんで？

私がこの本を読んだのは、たしか小学校五年生のときである（ご多分にもれず、旧制高校世代の父に買い与えられたのだ）。以来何度か読み返し、書く仕事をするようになってからは幾度かネタにもしてきた。だけど、八〇年も前の本でっせ。

聞くところによると、八月にマガジンハウスから新装版と漫画版が同時発売されたのがキッカケで、宮崎駿が同名のアニメを制作すると発表したことも拍車をかけたらしい。その余波で岩波文庫版も売れ行きを伸ばしているようで……。

そういう外形的な理由なら、わからないでもない。

『君たちは……』は、一九三七年に山本有三編纂の「日本少国民文庫」全一六巻（新潮社）の一冊として出版されたが、戦後、二度改稿されている。一度目は一九六二年に日本少国民文庫が編集し直されたとき（私が読んだのはたぶんこの版）、二度目は一九六七年に『ジュニア版吉野源三郎全集1　君たちはどう生きるか』（ポプラ社）が出版されたときである。一九八二年発行の岩波文庫版、およびマガジンハウスの新装版は最初の版を底本にしているが、戦後わざわざ改稿したのは、作者がこの本に大きな愛着を持っていた証拠だろう。

読者も同じかもしれない。新装版や漫画版が発売されたのは、いまこそ読む意味があるとかつての読者が判断したためだろう。いったいなぜだったのか。あらためて読み直してみた。

中学生の物語と「おじさんのノート」

〈コペル君は中学二年生です。／ほんとうの名は本田潤一《ほんだじゅんいち》、コペル君というのはあだ名です。年は十五ですが、十五にしては小さい方で、実はコペル君も、かなりそれを気にしています〉。

これが書きだし。二年ほど前に銀行の重役だった父を亡くしたコペル君は、母と女中とばあやとともに、郊外の家で暮らしている。物語はコペル君が中学一年生（旧制中学なので満年齢で一三歳）だったころの、ある出来事を中心に展開する。

コペル君には水谷君という親友がいたが、ある事件を機に北見君と浦川君という新しい友人ができるのだ。浦川君は貧しい豆腐屋の息子で、クラスメートに何かといじめられていた。これに怒った北見君がいじめっ子を平手打ちしたことから取っ組み合いとなり、教室は騒然。しかし、浦川君はいったのだ。〈北見君、いいんだよ。そんなにしないんでも、いいんだよ〉。〈ね、後生だ。もう、ゆるしてやっておくれよ〉。一方、先生にケンカを見とがめられた北見君も「どっちが先に手を出したのか」という先生の問いに「僕です」と答えた。北見君の勇気と浦川君の優しさにコペル君は感動。それを機に水谷君も含めた四人は仲良くなり、上級生に睨まれている北見君が殴られそうになったら、みんなで守ろうと誓い合う。

ところが、冬のある日、コペル君はこの誓いを破ってしまった。北見君が上級生に因縁をつけられた際、水谷君と浦川君は北見君に味方したのに、コペル君は前に出て行けなかったのだ。

絶望の淵に沈むコペル君。頭の中には「卑怯者、卑怯者」という声が響く。

〈さっきまではあんなに仲のよかった友だちが、もう永遠に近づけない、よそよそしいものとなって、自分から遠ざかってしまったように思われます。まるで、自分ひとり暗い谷底へ落ちこんで、這《は》いのぼることも出来ない高い崖《がけ》の下に取り残されてしまったような気持ちです。なんてことを自分はしてしまったんだろう〉。

コペル君はこの後、ひどい熱を出し、半月も寝込んでしまう。

友情、いじめ、貧しい友、裏切り。まあまあありがちな内容だ。

とはいえ『君たちは……』をユニークなものにしているのは「おじさん」の存在である。コペル君には、博覧強記な叔父（母の実弟）がおり、コペルニクスに由来するあだ名を彼につけたのも叔父だった。この本はコペル君を中心にした物語の間に、この叔父が書きためた「おじさんのノート」を挟み込む形で構成されている。コペル君との会話や「おじさんのノート」を通して語られるのは、彼らの周囲に広がる大きな世界についてである。銀座のデパートの屋上から眺めた分子のような人の群れ、天動説と地動説、万有引力を発見したニュートンの話、コペル君が考えた「人間分子の関係、網目の法則」と資本主義下での生産関係の話、ナポレオンの功罪とフランス革命、遠いギリシャとインドと日本をつなぐガンダーラの仏像……。

『漫画 君たちはどう生きるか』がよろしくないのは、ダイジェスト版のため、おもしろさのキモとなるエピソードが割愛され、道徳的な物語に堕してしまった点である。だが、もとの本はきわめて先取的だった。同じ時代の別の少年文学と比較してみればわかる。

一例をあげれば、日本少国民文庫の編者でもある山本有三『路傍の石』。『君たちは……』と同じ一九三七年に大阪朝日新聞で連載がスタートしたが、戦争で中断を余儀なくされ、戦後、改稿されて出版されるも未完に終わった作品である。

高等小学校に通う主人公の愛川吾一は満一二歳。成績優秀で、新設された中学への進学を熱望していたが、父親の猛反対で断念する。父は愛川家が士族の出であることに強いプライドがあり、定職にもつかず、名誉のかかった裁判にのめり込んで、東京から戻ってこない。一家の家計は火の車。吾一の学費を出すという篤志家の申し出も、援助者が商人であることを理由に父は断ってしまった。やむなく呉服屋の奉公に入った吾一は、母の病死を機に一念発起。奉公先を飛び出して上京、印刷工場で働きながら、夜学の商業学校に通いはじめる……。

コペル君たちに比べると、ずっと困難な人生のスタートだ。物語としてもはるかに波乱に富んでいる。しかしながら、ここで描かれるのはあくまで個人の頑張りで、「社会の中でどう生きるか」を考えさせる『君たちは……』とは方向性が大きく異なる。

戦前の少年文学は、だいたいみんなこうだった。青少年に勉学と労働の尊さを説くのは福沢諭吉以来の伝統で、だから少年文学の主人公はみな勉強熱心だ。しかし、多くは立身出世主義に回収され、何のために学ぶのかというモチベーションにまで思考は及ばない。

下村湖人『次郎物語』しかり。佐藤紅緑『あぁ玉杯に花うけて』しかり。『路傍の石』も立身出世物語の域から出ていない。

逆にいうと『君たちは……』は少年文学ではなく、別の意図を持った作品なのだ。

偏狭な国粋主義に抗う本だった?

大人になった私は、『君たちは……』に対する冷笑的な気分がないわけでもない。結局は中産階級の少年たち(少女は無視)のお話よねとか、教養主義的だわよねとか、著者が読者に求めているのはつまり「正しい知識人の生き方」でしょ、とか。

しかし、いまなぜ『君たちは……』かを考えると、一九三七年と二〇一七年に共通する時代の雰囲気が浮かび上がってくるのである。一九三七年は日中開戦の年。日本少国民文庫が企画された背景を、巻末で吉野源三郎は次のように書いている。

〈当時、軍国主義の勃興《ぼっこう》とともに、すでに言論や出版の自由はいちじるしく制限され、労働運動や社会主義の運動は、凶暴といっていいほどの激しい弾圧を受けていました。山本先生のような自由主義の立場におられた作家でも、一九三五年には、もう自由な執筆が困難となっておられました。その中で先生は、少年少女に訴える余地はまだ残っているし、せめてこの人々だけは、時勢の悪い影響から守りたい、と思い立たれました。(略)この人々には、偏狭な国粋主義や反動的な思想を越えた、自由で豊かな文化のあることを、なんとかしてつたえておかねばならないし、人類の進歩についての信念をいまのうちに養っておかねばならない、というのでした〉。

少年少女を取り巻く〈偏狭な国粋主義や反動的な思想〉に、山本有三も吉野源三郎も大きな危惧を抱いていた。それを踏まえて読み直すと、「おじさんのノート」はもとより、コペル君たちの物語にも吉野らの思想が反映されていることがわかる。

北見君に因縁をつけた上級生たちはただの不良ではない。〈愛校心のない学生は、社会に出ては、愛国心のない国民になるにちがいない。愛国心のない人間は非国民である〉という考えの持ち主で、〈われわれは、こういう非国民の卵に制裁を加えなければならぬ〉という理由で下級生を抑圧していたのだ。いわば国家権力の手先。自警団か隣組に近い。

だとすれば、上級生に刃向かうのは自由を守る闘いである。北見君といじめっ子のケンカに浦川君が割って入ったのは、武力（暴力）に頼った解決法を拒否する勇敢な行為。北見君を見捨てたコペル君の行為は「転向」で、だから彼は自分を「卑怯者」と責め続ける。

山本有三は『路傍の石』を中断するに当たっての苦しい胸のうちを、同書に収録された「ペンを折る」（一九四〇年）で次のように明かしている。

〈いわゆる時代の線にそうように書こうとすれば、いきおい、わたくしは途中から筆を曲げなければなりません。けれども、筆を曲げて書く勇気は、わたくしにはありません〉。

二〇一七年に話を戻そう。ヘイトスピーチ、安保法制、共謀罪。現在の状況もまた、八〇年前に似ていないだろうか。〈偏狭な国粋主義や反動的な思想〉に対する漠然とした不安が、この本を選ばせている可能性はないか。

付け加えると、一九三七年に一三歳だったコペル君たちは、学徒動員の世代に当たる。彼らのような少年たちが六〜八年後には戦争に動員されて命を落としたのである。
にしても、なんという時代になったんだろう。『君たちはどう生きるか』を偏狭な国粋主義への抵抗なんていう観点から読む日が来るとは思わなかったよ。

(2017.12)

【付記】『漫画　君たちはどう生きるか』はこの後も売れ続けて二〇〇万部に達し、二〇一八年の年間ベストセラー第一位に輝いた。

『君たちはどう生きるか』吉野源三郎、岩波文庫、一九八二年　旧制中学一年生のコペル君とその仲間たちの物語と、「おじさんのノート」をセットにした歴史的名著。岩波文庫では緑帯（日本文学）ではなく青帯（思想・芸術・哲学など）に分類されており、物語を介して人文科学的、社会科学的な物の見方、考え方を学ばせる本と解せる。『資本論』との類似を指摘した丸山真男の解説も秀逸。

『漫画　君たちはどう生きるか』原作・吉野源三郎／漫画・羽賀翔一、マガジンハウス、二〇一七年　岩波文庫版をもとにした漫画と文字だけの「おじさんのノート」で構成。コペル君の野球の実況中継、コペル君が浦川君の家で知る油揚げの秘密、水谷君の姉がナポレオンについて振るう弁舌など、チャーミングな逸話がことごとく削られているのが遺憾だが、キャラクターはほぼイメージ通り。

『路傍の石』山本有三、新潮文庫、一九八〇年　明治末期の少年の成長物語。戦後四度も映画化され、主人公の吾一が見栄の張り合いで鉄橋の枕木にぶらさがるシーンは有名。自由民権運動あがりで口は達者だが生活力ゼロの横暴な父、小学校の担任で文士志望の次野先生。文選工仲間で社会主義者の得次らが語る人生論や国家論も見どころだが、吾一が慕う次野先生が小物なのがこの作品の限界かも。

老境を描く「玄冬小説」って？

今期芥川賞を受賞した若竹千佐子『おらおらでひとりいぐも』が、とうとう五〇万部を突破した。昨年（二〇一七年）に文藝賞を受賞した、作者六三歳のデビュー作である。

私も選考委員のひとりだったこともあり、この作品については文藝賞の選評はじめ、すでにあちこちで書いてきた。だからもう書くことはないです。と思っていたのだが、ふと文芸書の棚を見ると、あれっ、老人を描いた小説が増えてない？

『おらおらでひとりいぐも』の主人公は一九四〇年生まれ、七四歳の「桃子さん」である。

岩手県で生まれ、地元の高校を出て農協で働いていたが、一九六四年、組合長の息子とあと三日で祝言という日、東京オリンピックのファンファーレに押し出されるようにして、後先も考えず、家出に近い形で上京した。二四歳だった。その後は蕎麦屋や食堂で働き、同郷の男性・周造と結婚。以後は専業主婦として二人の子どもを育て、家族のために生きてきた。子どもたちは独立していまは疎遠になっており、最愛の夫も一五年前に逝った。

テキストは、そんな経歴を持つ桃子さんの、一人称（おら）の東北弁によるモノローグと、三人称（桃子さん）による説明的な語りとで構成されている。

とにかく語りが絶妙。なにせ、書きだしがこれである。

〈あいやぁ、おらの頭《あだま》このごろ、なんぼがおがしくなってきたんでねべが／どうすっぺぇ、この先ひとりで、何如《なんじょ》にすべがぁ／何如《なじょ》にもかじょにもしかたながっぺぇ／てしたごどねでば、なにそれぐれ／だいじょぶだ、おめには、おらがついでっから〉。

ここを読んだだけで、だいたいの読者はノックダウンされる。

桃子さんとて、最初からこうだったわけではない。東北弁はむしろ封印して暮らしてきたのだ。ところが、ひとり暮らしを続けるうち、〈いつの間にか東北弁でものを考えている。晩げなのおかずは何にすべから、おらどはいったい何者だべ、まで卑近も抽象も、たまげだごとにこの頃は全部東北弁でなのだ〉という状態になった。しかも〈おらの心の内側で誰かがおらに話しかけてくる〉のである。〈東北弁で。それも一人や二人ではね、大勢の人がいる〉。

戦後日本の典型的な女性像／男性像

方言を駆使した巧みな語り方をひとまずおいて物語内容に着目すると、この小説の特筆すべき点は、戦後ないし昭和の日本の「典型的な女性像」を描いていることだろう。婚礼の直前に家を飛び出すのは典型的ではなかろうが、家出ではなく進学で、あるいは集団就職で上京したとしても、あとの人生にそう大きなちがいはないだろう。

実際、この小説に共感する女性は少なからずいるようで、版元のウェブサイトにも「まるで自分の事を書かれているのかと思いました」（五七歳・女性）、「エッ、私の事見ていて書いてくれたの？と思うほど、一々その通り！と共感しつつ大切に読んだ」（六七歳・女性）。「2年前に夫に先立たれて毎日本の桃子さんのような気持ちを今まさに経験しています」（七二歳・女性）といった感想が多数掲載されている。

文藝賞の受賞に際し、若竹は「青春小説」ならぬ「玄冬小説」を書きたかったと述べている。人生を青春、朱夏、白秋、玄冬に分けるとしたら、その最後のステージが玄冬である。

その伝でいくと、この作品も玄冬小説に分類できよう。昨年、野間文芸賞と大佛次郎賞をW受賞した**髙村薫『土の記』**である。

主人公の上谷伊佐夫は七二歳。東京の大学を出て関西の大手電機メーカー（シャープの前身である早川電機工業）に就職し、奈良県大宇陀《おおうだ》の旧家の娘・昭代と結婚。婿養子として大宇陀に移り住んだ。妻の昭代は一六年前の交通事故で植物状態となり、伊佐夫が介護してきたが、その妻も半年前に他界。現在は妻が残した田畑を耕しながら、ひとりで暮らしている。

同じ集落の人々や親戚の近況や、物語の途中でニューヨークへ行った娘の陽子と孫娘の彩子の消息などを挟みつつ、物語は二〇一〇年六月から翌一一年八月までの日々を描く。妻の交通事故は本当に事故だったのか、妻は生前不貞を働いていたのではないか。そんな謎を孕みながらも、物語はそこに深くは拘泥しない。移りゆく季節と自然、棚田の稲の生育状況、そして伊佐夫の中に去来する過去への回想が、物語のほとんどすべてといっていい。

〈ふと自分がヤモリかゲジゲジ、あるいはカメムシになって、この柱や梁、壁土、天井、畳などと一体化したような感覚に襲われ、四十年の間に自分は旧姓の佐野ではなく、もう完全に上谷の人間になって、上谷の地所で上谷の人びとと同じように考え、生きているのだと感じる。昭代の身体の一部だった農事と土と自然のすべてが、確かに自分の身体にも滲み込んだのを感じる〉。

妻は逝っても、充実している風の老後である。

ところが、『土の記』は下巻のラスト二ページで読者に衝撃を与えるのだ。

一一年八月二四日、出穂のときを迎えた稲と伊佐夫の静かな喜びを伝えた後、テキストはぷつりと終わる。その後に続くのは、紀伊半島から奈良県一帯を襲い、九月三日から四日にかけて県内に二六人の死者・行方不明者を出した台風の記録だけ。

えっ、じゃあ、もしかして伊佐夫は台風の土石流で？

この年の三月一一日に東北を襲った震災も、原発事故も、遠い出来事として淡々と受け止めた伊佐夫を唐突に襲った、まさかの死。土石流に襲われた瞬間を、小説は描かない。伊佐夫の意識にそって物語が進んできた以上、それを書いたらウソになる。

青春小説は上京、玄冬小説は脱京

高度経済成長期には大手電機メーカーに勤務し、ひとり娘を大学にやり、長い介護の末に妻を看取った上谷伊佐夫は「戦後日本の典型的な男性像」といっていいだろう。「婿養子」という点は典型と多少ズレているかもしれないが、たいした逸脱ではない。

平凡な人生を送ってきた人の平凡な老後が文学になる。

筑摩書房 新刊案内

● 2020. 9

●ご注文・お問合せ
筑摩書房営業部
東京都台東区蔵前 2-5-3
☎03(5687)2680 〒111-8755

この広告の定価は表示価格＋税です。
※刊行日・書名・価格など変更になる場合がございます。

http://www.chikumashobo.co.jp/

チョ・ナムジュ 小山内園子／すんみ訳

彼女の名前は

『82年生まれ、キム・ジヨン』の次の作品！

韓国で130万部、映画化された『82年生まれ、キム・ジヨン』著者の次作短編集。「次の人」のために立ち上がる女性たち。解説＝成川彩 帯文＝伊藤詩織、王谷晶

83215-3 四六判（9月23日刊） 1600円

早川義夫

女ともだち

――静代に捧ぐ

ある日から音楽活動も執筆も全てやめた。妻の病気が判明したから。『たましいの場所』の著者が妻に贈る鎮魂エッセイ。渾身の書下ろし。帯文＝宮藤官九郎、神藏美子

81555-2 四六判（9月19日刊） 予価1500円

斎藤美奈子

忖度しません

ちゃんと言う。それが大事。

コロナ禍で露呈したのは、日本には生活困窮者がこんなにいるということだった！ 一億総中流は過去の夢。なぜこうなったのかを本を読んで考え続けた同時代批評。

81557-6 四六判（9月12日刊） **予価1600円**

6桁の数字はISBNコードです。頭に978-4-480をつけてご利用下さい。

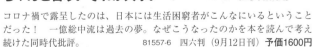

筑摩書房編集部 編

コロナ後の世界

――いま、この地点から考える

世界を襲ったCovid-19。深刻かつ多方面にわたるその影響。危機の正体と到来する未来を、第一線で活躍する12人の知性が多角的に検証した比類なき論集！

86474-1　四六判（9月3日刊）1500円

強力無比の執筆陣

小野昌弘（免疫学）
宮台真司（社会学）
斎藤環（精神医学）
松尾匡（経済学）
中島岳志（南アジア地域研究、近代日本政治思想）
宇野重規（政治哲学）
鈴木晃仁（医学史）
神里達博（科学史、科学技術社会論）
小泉義之（哲学・現代思想）
柴田悠（社会学）
中島隆博（哲学）
大澤真幸（社会学）

秋吉久美子　樋口尚文

秋吉久美子 調書

45年余の女優人生を語りつくす

1970年代に彗星のように登場し社会に衝撃を与え、現在に至るまで第一線で活躍をつづける秋吉久美子。初のロングインタビューと秘蔵のスナップを多数収録！

81854-6　四六判（9月17日刊）2000円

6桁の数字はISBNコードです。頭に978-4-480をつけてご利用下さい。

筑摩選書

9月の新刊 ●17日発売

0195
メガ・リスク時代の「日本再生」戦略
▼「分散革命ニューディール」という希望

飯田哲也 環境エネルギー政策研究所（ISEP）所長・金子勝 立教大学特任教授

パンデミック、地球温暖化、デジタル化の遅れといった巨大リスクに覆われ、迷走する「ガラパゴス・ニッポン」。いかに脱却するかの青写真を提示した希望の書！

01714-7 1500円

0196
独裁と孤立 トランプのアメリカ・ファースト

園田耕司 朝日新聞ワシントン特派員

自国益を最優先にすると公言し、意見の合わない側近を次々と更迭したトランプ大統領。トランプの「アメリカ・ファースト」とは何か？ 真実に迫るドキュメント！

01716-1 1700円

好評の既刊 ＊印は8月の新刊

三越 誕生！——帝国のデパートと近代化の夢
和田博文 そこには近代日本の夢のすべてがあった！
01688-1 1600円

明治史研究の最前線
小林和幸 編著 日本近代史の学習に必携の研究案内
01693-5 1600円

アジールと国家——中世日本の政治と宗教
伊藤正敏 宗教と迷信なしには、中世は理解出来ない
01687-4 1700円

皇国日本とアメリカ大権——日本人の精神を何が縛っているのか？
橋爪大三郎 戦前・戦後を貫流する日本人の無意識とは？
01694-2 1600円

明智光秀と細川ガラシャ——戦国を生きた父娘の虚像と実像
井上章一／呉座勇一／フレデリック・クレインス／郭南燕 そのイメージのルーツ
01695-9 1600円

徳川の幕末——人材と政局
松浦玲 最後の瞬間まで幕府は歴史の中心にいた
01692-8 1700円

プロ野球vs.オリンピック——幻の東京五輪とベーブ・ルース監督計画
山際康之 プロ野球草創期の選手争奪戦を描き出す
01697-3 1500円

知的創造の条件——AI的思考を超えるヒント
吉見俊哉 知的創造の条件を多角的に論じ切った渾身作
01696-6 1600円

3・11後の社会運動——8万人のデータから分かったこと
樋口直人／松谷満 編著 反原発・反安保法制運動を多角的に分析！
01698-0 1500円

アジア主義全史
嵯峨隆 アジア主義の失敗に学ぶ、真のアジア共生への道
01699-7 1700円

いま、子どもの本が売れる理由
飯田一史 隆盛する児童書市場。その秘密を徹底分析！
01710-9 1800円

＊**安倍vs.プーチン**——日ロ交渉はなぜ行き詰まったのか？
駒木明義 日ロ首脳の交渉を検証、迫真のドキュメント！
01713-0 1800円

6桁の数字はISBNコードです。頭に978-4-480をつけてご利用下さい。

9月の新刊 ●12日発売

ちくま文庫

俠気《おとこぎ》と肉体の時代

夏目房之介 編

●現代マンガ選集

闘って、死ぬ

格闘技、スポーツ、アクション。劇画によって解放された身体描写の展開をたどり、怒りと美学の狭間で成長する男たちの肉体を読者にさしだす。

43675-7
800円

ひと・ヒト・人

井上ひさし　井上ユリ 編

●井上ひさしベスト・エッセイ続

没後十年。選りすぐりの人物エッセイ

道元・漱石・賢治・菊池寛・司馬遼太郎・松本清張・渥美清・母……敬し、愛した人々とその作品を描きつくしたベスト・エッセイ集。（野田秀樹）

43693-1
900円

10年後、君に仕事はあるのか？

藤原和博

AIの登場、コロナの出現で仕事も生き方も激変する。小さなクレジット（信任）を積み重ねて、生き残る方法とは？　文庫版特典は、橘玲の書き下ろし。

43690-0
800円

吸血鬼飼育法　完全版

都筑道夫　日下三蔵 編

事件屋稼業、片岡直次郎がどんな無茶苦茶な依頼も解決する予測不能の活劇連作。入手困難の原型作品やスピンオフも収録し〈完全版〉として復活。

43692-4
900円

遠くの街に犬の吠える

吉田篤弘

彼らには聞こえているのです。わたしたちの知らない声や音が——せつない恋と、ささやかな冒険の物語。著者解説「遠吠えの聞こえる夜」収録。

43691-7
740円

6桁の数字はISBNコードです。頭に978-4-480をつけてご利用下さい。
内容紹介の末尾のカッコ内は解説者です。

好評の既刊

＊印は8月の新刊

ゴシック文学入門
東雅夫 編
江戸川乱歩、小泉八雲、平井呈一、日夏耿之介、澁澤龍彦、種村季弘——。「ゴシック文学」の世界へ飛び込むための厳選評論アンソロジーが誕生！
43694-8 950円

独居老人スタイル
都築響一　ひとりで生きて、何が悪い。人生の大先輩16人のインタビュー集
43626-9 1000円

やっさもっさ
獅子文六　〝横浜〟を舞台に鋭い批評性も光る傑作
43638-2 840円

エーゲ 永遠回帰の海
立花隆　須田慎太郎［写真］　伝説の名著、待望の文庫化！
43642-9 1000円

高峰秀子の流儀
斎藤明美　没後10年の今読みたい、豊かな感性と思慮深さ
43630-6 860円

鴻上尚史のごあいさつ 1981-2019
鴻上尚史　「第三舞台」から最新作までの「ごあいさつ」！
43636-8 1200円

小川洋子と読む 内田百閒アンソロジー
内田百閒　小川洋子 編　最高の読み手と味わう最高の内田百閒
43641-2 880円

土曜日は灰色の馬
恩田陸　とっておきのエッセイが待望の文庫化！
43647-4 720円

向田邦子ベスト・エッセイ
向田邦子　向田和子 編　人間の面白さ、奥深さを描く！
43659-7 900円

新版 一生モノの勉強法 ●理系的「知的生産戦略」のすべて
鎌田浩毅　勉強本ベストセラーの完全リニューアル版
43646-7 800円

隔離の島
J・M・G・ル・クレジオ　ノーベル賞作家の代表的長編小説
43681-8 1500円

必ず食える1％の人になる方法
藤原和博　「人生の教科書」コレクション2　対談 西野亮廣
43682-5 720円

奴隷のしつけ方
マルクス・シドニウス・ファルクス　奴隷マネジメント術の決定版！
43662-7 800円

現代マンガ選集 **表現の冒険**
中条省平 編　マンガに革新をもたらした決定的な傑作群
43671-9 800円

現代マンガ選集 **破壊せよ、と笑いは言った**
斎藤宣彦 編　〈ギャグ〉は手法から一大ジャンルへ
43672-6 800円

現代マンガ選集 **日常の淵**
ササキバラ・ゴウ 編　いまここで、生きる
43673-3 800円

＊現代マンガ選集 **異形の未来**
中野晴行 編　これぞマンガの想像力
43674-0 800円

それでも生きる ●国際協力リアル教室
石井光太　僕たちには何ができる？
43679-5 720円

＊**落語を聴いてみたけど面白くなかった人へ**
頭木弘樹　面白くないのがあたりまえ！　から始める落語入門
43688-7 860円

6桁の数字はISBNコードです。頭に978-4-480をつけてご利用下さい。

9月の新刊 ●12日発売 ちくま学芸文庫

精選 シーニュ
モーリス・メルロ＝ポンティ 廣瀬浩司 編訳

メルロ＝ポンティの代表的論集『シーニュ』より重要論考のみを厳選し、新訳。精確かつ平明な訳文と懇切な注釈により、その真価が明らかとなる。

51002-0
1400円

明の太祖 朱元璋
檀上寛

貧農から皇帝に上り詰め、巨大な専制国家の樹立に成功した朱元璋。十四世紀の中国の社会状況を読み解きながら、元璋を皇帝に導いたカギを探る。

51005-1
1200円

朝鮮銀行
多田井喜生 ■ある円通貨圏の興亡

植民地政策のもと設立された朝鮮銀行。その銀行券等の発行により、日本は内地経済破綻を防ぎつつ軍費調達ができた。隠れた実態を描く。（板谷敏彦）

51003-7
1200円

Math & Science

インドの数学
林隆夫 ■ゼロの発明

ゼロの発明だけでなく、数表記法、平方根の近似公式、順列組み合せ等大きな足跡を残してきたインドの数学を古代から16世紀まで原典に則して辿る。

51004-4
1300円

6桁の数字はISBNコードです。頭に978-4-480をつけてご利用下さい。
内容紹介の末尾のカッコ内は解説者です。

chikuma primer shinsho ★ ちくまプリマー新書《さいしょのしんしょ》

★9月の新刊 ●9日発売

358 **モーツァルト【よみがえる天才3】**
京都大学教授 **岡田暁生**
完璧なる優美、子どもの無垢、美の残酷と壊れたような狂気、楽しさと同居する寂しさ——モーツァルトとはいったい何者だったのか？ 天才の真実を解き明かす。
68383-0 920円

359 **社会を知るためには**
立命館大学教授 **筒井淳也**
なぜ先行きが見えないのか？ 複雑に絡み合う社会を理解するのは難しいため、様々なリスクをうけいれざるを得ない。その社会の特徴に向き合うための最初の一冊。
68382-3 840円

好評の既刊 ＊印は8月の新刊

一枚の絵で学ぶ美術史 カラヴァッジョ《聖マタイの召命》 宮下規久朗	名画を読み解き豊かなメッセージを受け取る	68369-4	950円
日本史でたどるニッポン 本郷和人	日本はどのように今の日本になったのか	68371-7	840円
子どもたちに語る 日中二千年史 小島毅	日本と中国の長く複雑な関わりの歴史を一望	68370-0	920円
科学の最前線を切りひらく！ 川端裕人	気鋭の科学者たちが知的探求の全貌を明かす	68372-4	940円
英語バカのすすめ——私はこうして英語を学んだ 横山雅彦	全身全霊を傾け英語を身につけたその道のり	68373-1	840円
伊藤若冲【よみがえる天才1】 辻惟雄	ファンタジーと写実が織りなす美の世界へ！	68374-8	1000円
レオナルド・ダ・ヴィンチ【よみがえる天才2】 池上英洋	その人はコンプレックスだらけの青年だった	68377-9	980円
「さみしさ」の力——孤独と自立の心理学 榎本博明	さみしさこそが自立への糧となる	68375-5	760円
部活魂！ この文化部がすごい 読売中高生新聞編集室	部活をめぐる仲間との情熱のドラマを描く	68378-6	880円
はずれ者が進化をつくる——生き物をめぐる個性の秘密 稲垣栄洋	ナンバーワンでオンリーワンの生存戦略とは	68379-3	800円
公務員という仕事 村木厚子	その大変さ、やりがい、そして楽しさを伝える	68376-2	860円
すごいぜ！ 菌類 星野保	小さいけれども逞しいその生態とは？	68380-9	800円
＊はじめての昭和史 井上寿一	日本を知るうえでの最低限の歴史的事実	68381-6	840円
＊10代と語る英語教育——民間試験導入延期までの道のり 鳥飼玖美子	記述式？民間試験？大学の入試改革とは？	68384-7	980円

6桁の数字はISBNコードです。頭に978-4-480をつけてご利用下さい。

9月の新刊 ●9日発売

ちくま新書

1513
明治憲法史
坂野潤治（東京大学名誉教授）

近代日本が崩壊へと向かう過程において、憲法体制は本当に無力であるほかなかったのか。明治国家の建設から総力戦の時代まで、この国のありようの根本をよみとく。

07317-4 820円

1514
中東政治入門
末近浩太（立命館大学教授）

パレスチナ問題、アラブの春、シリア内戦、イスラーム国、石油依存経済、米露の介入……中東が抱える複雑な問題を「理解」するために必読の決定版入門書。

07344-0 1000円

1515
戦後日本を問いなおす
▼日米非対称のダイナミズム
原彬久（東京国際大学名誉教授）

日本はなぜ対米従属をやめられないのか。戦後の「日米非対称システム」を分析し、中国台頭・米国後退の中、政治的自立のため日本国民がいま何をすべきかを問う。

07320-4 880円

1516
渋沢栄一
▼日本のインフラを創った民間経済の巨人
木村昌人（関西大学客員教授）

日本の基盤と民主化を創出した「民間」の巨人、渋沢の生涯とその思想の全貌に迫る決定版。東アジアの一国がどう時代を切り拓くかを熟考したリーダーの軌跡。

07318-1 1100円

1517
働き方改革の世界史
濱口桂一郎（労働政策研究・研修機構労働政策研究所長）／海老原嗣生（雇用ジャーナリスト）

国の繁栄も沈滞も働き方次第。団結権や労使協調、経営参加……など、労働運動や労使関係の理論はどう生まれたか。英米独仏と日本の理想と現実、試行錯誤の歴史。

07331-0 840円

1518
メディアが動かすアメリカ
▼民主政治とジャーナリズム
渡辺将人（北海道大学大学院准教授）

メディアは政治をいかに動かし、また動かされてきたのか。アメリカのテレビと選挙の現場を知り尽くした著者が解き明かす、超大国アメリカの知られざる姿。

07339-6 920円

1519
リベラルの敵はリベラルにあり
倉持麟太郎（弁護士）

「フェイク」リベラルの「ハリボテ」民主主義ではもう闘えない。個人も国家も劇的に脅かされるAI時代にリベラル再生を企図する、保守層も必読の斬新な挑戦状。

07335-8 1100円

6桁の数字はISBNコードです。頭に978-4-480をつけてご利用下さい。

だからなんだと思うかもしれないが、思い出していただきたい。物語に出てくる「おばあさん」とは、日本の昔話では「川で洗濯をする人」、西洋のおとぎ話では「魔法使い」であった。現代の小説もそこからあまり進歩はなく、老女といえば、姥捨ての対象だったり（例・深沢七郎『楢山節考』）、山姥めいた怪女だったり（例・中上健次『日輪の翼』）、翔んでるスーパーばあちゃんだったりした（例・田辺聖子『姥ざかり』）。「おじいさん」には「山で柴刈りをする人」や物知りの「ご隠居」などの役割が割り振られてきたものの、日本の近代文学に限っていうと、主人公に抜擢された老人は変態とほぼ同義だった。川端康成『眠れる美女』とか、谷崎潤一郎『瘋癲老人日記』とか。

小説に登場する老人に「変な人」率が高いのは、「半分は異界の人」という認識が共有されていたためだろう。生身の老人なんかに、みんな興味がなかったのだ。

先の二作に共通した特徴はもう一点ある。「地方回帰」というべき傾向だ。

二葉亭四迷『浮雲』、夏目漱石『三四郎』以来、日本文学は青年が青雲の志を抱いて地方から出てくる「上京小説」が多かった。司馬遼太郎『坂の上の雲』も五木寛之『青春の門』もそう。青春小説とはすなわち上京小説だったのである。

ところが、老人が主役になると、逆のベクトルが生まれる。『おらおらでひとりいぐも』の桃子さんは脳内に東北弁がよみがえり、東京生まれ東京育ちの『土の記』の伊佐夫は老いて奈良の人や自然と一体化する。いわば「脱京小説」「帰郷小説」である。

「人生一〇〇年時代」が喧伝される時代である。この語自体はうさん臭いところがないではないが、この高齢化時代に玄冬小説の時代が来たって不思議じゃない。

現にこんな小説まで出ているのだ。**橋本治『九十八歳になった私』**。

舞台は二〇四六年。すなわちこれは「近未来SF疑似私小説」である。〈他人に向けてひとりごとを言うのが俺の仕事だから、それがなくなったら惚けちゃう〉と思い、語り手の「私」は自分のために備忘録を書いている。ところがその内容は……。

〈九十八になった。／ふと見ると、ボランティアのバーさんが、こっちを見て目を剝いていた。／（うーん、さすがに元小説家の展開ではあるな）／昼前に、「さて――」と思って立ち上がり、部屋の中を歩いていたら、バーさんがやって来た。／（「さて――」と思ってなにをしようとしていたのかは忘れた。なにをしようと思ってたんだっけか？）〉。

こんな調子でテキストはあちこちに飛ぶのだが、二〇四六年の近未来は、どうやら東京大震災後らしいのである。もっとも元作家の「私」は右のような案配なので、『東京大震災顚末記』というタイトルだけは記しても、いったいそれが〈（何年前だったたんだ？　よく分かんないな）〉というありさまだ。わかっているのは東京の家が倒壊したため、自分がいま仮設住宅にいることである。〈ジジーばっかの共同生活なんかやだ。どんなボロ家でもいいからシングルルームにして下さい〉とゴネた結果、「栃木県の日光の杉並木の辺」の仮設住宅に来た「私」。

九八歳の元作家まで「脱京」してる！

玄冬小説は、来し方を振り返った自分史とは異なる。興味の対象はあくまでも「いま現在」で、過去は土台にすぎない。加えて、語り手の記憶がときにあやしくなる、そこが妙味で、記憶が不確かな人の過去と現在、現実と妄想が交錯するのである。その意味でも、玄冬小説の主人公にふさわしいのは「独居老人」であろう。子や孫や老いた配偶者に囲まれて暮らしていたら、邪魔くさい人間ドラマがどうしたって生まれてしまうからね。

　もちろん老いてなおひとり暮らしができるのは、そこそこ健康な証拠であり、年金も貯蓄もそこそこある証拠である。いまや「贅沢な老後」だが、その分、玄冬小説は「独居老人＝不幸な老後」というイメージを吹き飛ばす。まさに「おらおらでひとりいぐも」である。　(2018.4)

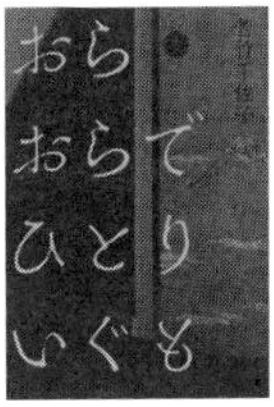

『おらおらでひとりいぐも』若竹千佐子、河出書房新社、二〇一七年　六三歳の新人作家による七四歳の女性（桃子さん）のお話。故郷を出て五〇年。自身の半生を語るというより現在の心境に力点があり、単調な生活のはずが、脳内にはさまざまな「おら」の声が鳴り響きにぎやかなことこの上なし。タイトルは宮沢賢治の詩「永訣の朝」より。標準語では「私は私でひとりで行く（逝く）のだ」。

『土の記　上下』高村薫、新潮社、二〇一六年　六四歳の作家による七二歳の男性（伊佐夫）のお話。電機メーカーに勤務しつつ、妻の実家である奈良の大宇陀に住み着いて四〇年。長く植物状態にあった妻が逝き、定年退職したいまは妻が丹精した棚田づくりに精力を傾ける。自然や天候、とりわけ雨の描写が印象的。季節ごとの稲の生育状況、親戚縁者の話なども盛り込み、山間の農家小説の趣きも。

『九十八歳になった私』橋本治、講談社、二〇一八年　六九歳の作家による九八歳の男性（作者の未来像？）のお話。世間に毒づいてばかりいる元作家の「私」と、ボランティアの「若いバーさん」や原稿をとりにくる「五〇歳の若造（君塚）」との会話は、ピントのずれ具合が絶妙。君塚はロボットと暮らしているし、仮設住宅近くにはプテラノドンが飛ぶし、未来の日本の変テコぶりも興味津々。

本当は近代文学だった「源氏物語」

少し前、「源氏物語」に注目が集まったのは「源氏千年紀」にあたる二〇〇八年だった。それから一〇年。べつだん今年、「源氏物語」が特に流行っているというわけではない。

とはいうものの、それなりの話題には事欠かない。

話題のひとつは、一七年九月に「池澤夏樹＝個人編集　日本文学全集」全三〇巻の最後の配本となる**角田光代訳『源氏物語　上』**が出版されたことだろう。訳者自身が「あとがき」で〈敬語や謙譲語の使いかたによって登場人物たちの身分の微妙な差や関係性がわかるという、この作品の特徴的なひとつのおもしろさは、思いきって削ってしまった。ともかくばーっと駆け抜ける〉といっているだけあり、「現代小説のように読める」と評判だ。

もうひとつの話題は、一七年一二月に英語版「源氏物語」の日本語訳が、**毬矢まりえ＋森山恵訳『A・ウェイリー版　源氏物語　1』**として出版されたことである。ウェイリー版とはイギリスのアーサー・ウェイリー（一八八九～一九六六）が英訳したレディ・ムラサキ著『ザ・テイル・オブ・ゲンジ』のことで、第一巻は一九二五年刊（全六巻が完結したのは一九三三年）。たちまち文壇に旋風を巻き起こし、世界の名作文学として認知されるキッカケをつくったという。英訳された物語をもう一度日本語に訳し戻したら、どうなるか。

とか聞くと、ちょっと読んでみたくなりません？　物語のざっとした筋書きや重要な登場人物の名前くらいは知っているつもりでも、いまいち敷居の高い「源氏物語」。新しい訳本を読んだら、もっとその世界に近づけるだろうか。

まるで「大奥」、まるで「ベルばら」

第一帖「桐壺」の冒頭部分はみなさまもご存じだろう。

〈いづれの御時にか、女御、更衣あまたさぶらひたまひけるなかに、いとやむごとなき際にはあらぬが、すぐれて時めきたまふありけり。はじめより我はと思ひ上がりたまへる御方がた、めざましきものにおとしめ嫉みたまふ〉。これが原文。

学習参考書式の、普通の現代語訳を斎藤が試みると、だいたいこんな感じになる。

「いずれの帝の御代であったか、大勢の女御、更衣がお仕えしているなかで、身分はさほど高くはないが、帝のご寵愛を一身に集める更衣がいた。入内のときからわれこそはと思い上がっていた女御たちは、その更衣を目障りな女と蔑み妬んだ」。

それが角田光代訳では、こんな風に生まれ変わる。

〈いつの帝《みかど》の御時《おんとき》だったでしょうか――。／その昔、帝に深く愛されている女がいた。宮廷では身分の高い者からそうでない者まで、幾人もの女たちがそれぞれに部屋を与えられ、帝に仕えていた。／帝の深い寵愛《ちょうあい》を受けたこの女は、高い家柄の出身ではなく、自身の位も、女御《にょうご》より劣る更衣《こうい》であった。女に与えられた部屋は桐壺《きりつぼ》という。／帝に仕える女御たちは、当然自分こそが帝の寵愛を受けるのにふさわしいと思っている。なのに桐壺更衣《きりつぼのこうい》が帝の愛を独り占めしている。女御たちは彼女を目ざわりな者と妬み、蔑んだ〉。

角田訳は必ずしも原文通りの順で訳されているわけではなく、また文中に「女御」や「更衣」の説明が入るため、印象がかなり異なる。このテンポならサクサクと読めそうだ。

ウェイリー版はどうだろう（本ではカッコ内はルビ扱い）。

〈いつの時代のことでしたか、あるエンペラーの宮廷での物語でございます。／ワードローブのレディ（更衣）、ベッドチェンバーのレディ（女御）など、後宮にはそれはそれは数多くの女性が仕えておりました。そのなかに一人、エンペラーのご寵愛を一身に集める女性がいました。その人は侍女の中では低い身分でしたので、成り上がり女とさげすまれ、妬まれます。あんな女に夢をつぶされるとは。わたしこそと大貴婦人（グレートレディ）たちの誰もが心を燃やしていたのです〉。

おおーっ、そう来たか。「ですます」体に加えてカタカナを多用した訳文は、まるで「ベルばら」。完全にヨーロッパ（オリエントだけど）の王朝ロマンだ。

ウェイリー版の特徴は、文物自体を英語圏の読者になじみの深いヴィクトリア朝時代の文物（単語）に置き換えていることで、琵琶はリュート、横笛はフルート、床はベッド、御簾《みす》はカーテン、裳《も》はスカート、数珠《じゅず》はロザリオってな具合になる。俳人の毬矢まりえと詩人の森山恵（ちなみにこの二人は姉妹）による日本語訳は、そのうえ人物名をすべてカタカナ表記にし、名詞もできるだけ英文の雰囲気を残したカタカナにしている。と、こんな文章の山となる。〈その日は亥の日（ワイルドボア・デイ）でしたので、夕暮れにフェスティヴァル・ケーキがふるまわれました。（略）ムラサキのところへもきれいなピクニック・バスケットが回ってきました〉。これ、ほんとに「源氏物語」なんでしょうか。角田訳の同じ部分は〈その夜は無病息災、子孫繁栄を願って亥《い》の子餅《こもち》を食べる日だった。（略）女君のところにだけ、洒落た折り箱に色とりどりの餅を入れたものが用意された〉である。

厳密さを求める人は、読みやすさ優先の角田訳や、超訳にも思えるウェイリー版は、こんなの邪道よ、感心できないわ、と思うかもしれない。しかし、そういう方は、原文なり生真面目な対訳なり、谷崎源氏なり与謝野源氏なり円地源氏なりをお読みになればよいのである。

新しい翻訳の最大のメリットは、現代人の感覚にフィットした日本語でスピーディーに読めることで、すると、ドローンで物語を空から眺めるような感覚が獲得できる。

私が実感として理解したのは、平安朝の後宮ってすげえ「大奥」（テレビドラマのね）だったんだな、であった。つまりそこには女同士の欲望や嫉妬が渦巻いている。大奥といっても近世の徳川家とちがって男子禁制ではなく、天皇以外の公達も通ってくるのだが、するとますます雰囲気は姦通小説の舞台になったフランスの社交界なんかに似てくる。

身分の低い家に生まれるも、帝に過剰に愛され、光源氏という皇子まで授った桐壺の更衣など、〈帝の深い愛情に頼ってはいても、ほかの女たちからとかくあらさがしをされ、悪《あ》しざまに言われる。病弱で、後ろ盾もない桐壺は、帝に愛されれば愛されるだけ、周囲の目を気にし、気苦労が増えていく〉（角田訳）わけで、女御たちの激しい嫉妬と反感のストレスで死んだようなものだった。帝の正妻で〈エンペラーの第一《ファースト》プリンス〉の母である弘徽殿〈レディ・コキデン〉が〈このままではあのプリンスが次代の皇帝の控えるイースタン・パレスに上げられ皇太子になってしまう〉（ウェイリー版）と焦るあたり、なんか泉ピン子みたい。

望まない性行為は拒否せよ

ドローン式の視点を獲得すると、「源氏物語」の構造もちがって見えてくる。

かつて私の頭にあったのは、源氏が物語の中心にいて、周囲に控えた多くの女たちと関係を持つという放射状の図であった。しかし、宮中が女の欲望と嫉妬が渦巻くサロンだとすると、源氏の位置も相対化され、サロンに出入りする一青年にすぎなくなる。

大塚ひかり『源氏物語の教え』は、その意味でも示唆に富んだ本である。「もし紫式部があなたの家庭教師だったら」という副題がついたこの本は、紫式部の執筆動機は〈何も知らぬまま初体験を迎える女子に心構えを教えたい」／もしくは、／「この世には、こんな理不尽な性の形があるということを知らせることで、女子が自分の身を守る一助にしてほしい」〉だったのではないかという。

たとえば「源氏物語」の中でも特に重要な位置を占めるヒロイン・紫の上。

一八歳のときに当時一〇歳だった紫を引き取り、添い寝までして蝶よ花よと育ててきた源氏は、四年後、強引に彼女をモノにする。要はレイプ、あるいは性的虐待だ。そこまではまあまあ誰しも気づくことだが、大塚は「源氏物語」が〈そうした合意のない性的行為に、女君たちが必ず嫌悪感を表明している〉ことに注目するのだ。

〈光君が、あんなことをするような心を持っていると紫《むらさき》の女君は今まで思いもしなかった。あんないやらしい人をどうして疑うことなく信じ切ってきたのかと、情けない気持ちでいっぱいになる〉（角田訳）。〈ゲンジが長年ずっと待ち望んでいたという「新しい関係」は、彼女にとっては青天の霹靂《へきれき》でした。昨晩のおぞましいできごとの、どこが新たな親密な関係の始まりなのでしょうか。ムラサキには受け入れられません〉（ウェイリー版）。

「いやらしい人」あるいは「おぞましいできごと」に深く傷ついた紫は、翌朝、着物（布団）をかぶっていつまでも起きてこず、源氏がなだめてもすかしても拒絶し続けた。

そこを見逃すことなく、〈紫式部は、主人公の源氏の面目を丸つぶれにしてでも、望まない性行為を強いられた女の当然の反応を描きたかったのである〉と大塚はいう。すなわち〈本人は嫌がってもいいのだ〉というメッセージを紫式部は発している。〈それはあたかも「痴漢《ちかん》に遭ったら大声で叫びましょう」「痴漢は犯罪です」といったスローガンのようなもの〉だ。

ほんと？　と思って元に当たると、なるほど「源氏物語」は事後とはいえ紫が示す抵抗にかなりの紙幅を割いており、〈今日は碁も打たないで、退屈だなあ〉（角田訳）、〈今日あなたとチェッカー遊びができなかったら、つまらないですよ〉（ウェイリー版）などとホザく源氏は、「オマエは中二か」と突っこみたくような、ただの鈍感なバカである。

二〇〇年後の鎌倉時代にはもう解説書なしには読めなかったという「源氏物語」。一〇〇〇年後の私たちが全貌を容易に理解できないのは当たり前である。しかし新しい翻訳は、古い物語に息を吹き込み、新しい発見を読者に与える。「源氏物語」は平安貴族を描いた古典だったのか。じつは一〇〇〇年前に書かれた近代文学だったのではなかろうか。（2018.5）

【付記】角田光代訳『源氏物語』全三巻は二〇年二月、A・ウェイリー版『源氏物語』全四巻は一九年八月に、それぞれ完結した。

『日本文学全集04　源氏物語　上』角田光代訳、池澤夏樹＝個人編集、河出書房新社、二〇一七年

解説の池澤いわく〈この翻訳は核心を摑んで簡潔である〉〈近代小説として読んで何の戸惑うところもない〉。上巻は第一帖「桐壺」から第二一帖「少女」まで。「光をまとって生まれた皇子（桐壺）」「雨の夜、男たちは女を語る（帚木）」など、各章にサブタイトルと人物関係図もついた親切設計。

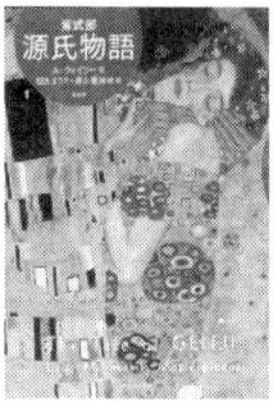

『紫式部　源氏物語　1』A・ウェイリー版、毬矢まりえ＋森山恵訳、左右社、二〇一七年

ウェイリーはケンブリッジ大学卒業後、大英博物館の東洋版画部門に勤め、中国語と日本語を学んで翻訳に挑んだ。この巻は「桐壺」から第一三帖「明石」まで。個人名はすべてカタカナ。パレス、エンペラー、ベッド、ワイン、ケーキ、フルーツなどの単語が飛び交う物語は、まさに東洋趣味の王朝ロマン。

『源氏物語の教え――もし紫式部があなたの家庭教師だったら』大塚ひかり、ちくまプリマー新書、二〇一八年

「源氏物語」を全訳（ちくま文庫）した著者が、教育書、実用書として読む。〈性虐待というのは、相手を人間扱いしないところに原点がある〉。パワハラやセクハラの概念がない時代に「源氏」は〈その原点をしっかり押さえていた〉。式部の結論は「逃げろ」。甘い読み方を排した快著。

北の大地と「ご当地文学」の可能性

「ＷＢ」というフリーペーパーで「名作異聞【ご当地文学篇】」という連載をこっそり続けている。その土地土地にゆかりの作家や作品を取り上げて論評する、軽めのエッセイみたいな連載だ。夏目漱石『坊っちゃん』と松山（愛媛県）とか、志賀直哉『城の崎にて』と城崎（兵庫県）とか。この種のご当地文学は町の観光資源になっていたりもするので、話題には不足しないのだけれど、自分で書きながら「だからなんだ」という気がせぬでもない。

ご当地文学には、大きく二つのタイプがある。ひとつは作家が滞在先や旅先での見聞を踏まえて書いた作品で、『坊っちゃん』『城の崎にて』、あるいは川端康成『雪国』『伊豆の踊子』なんかはこのタイプである。もうひとつは作家が自身の出身地を舞台に描いた作品で、必然的にそれは自伝的な体験とも重なる。井上靖『しろばんば』はこのタイプ。親を主人公にした作品としては、島崎藤村『夜明け前』や火野葦平『花と龍』が該当しよう。

旅系ご当地文学と、自伝系ご当地文学とどちらがおもしろいかといえば、軍配が上がるのはやはり自伝系である。土地への思い入れや理解度がやっぱり深いし、とりわけ右に挙げた三作は土地の歴史や地勢学的な特徴が物語の重要な要素を占めており、『しろばんば』は中伊豆（静岡県）の、『夜明け前』は木曾谷（長野県および岐阜県）の、『花と龍』は北九州若松（福岡県）の風土を知る上でも興味深い。旅と文学はワンセット。長年読みはじめては挫折していた『夜明け前』を読了できたのは、木曽を訪れた後だった。

ご当地文学を書く権利は誰にでも開かれているが、そこの出身者以外の作家には敷居が高い土地もある。北海道と沖縄である。一九年一月に直木賞を受賞した真藤順丈『宝島』（講談社）は、返還前の沖縄で生きる三人の若者を、米軍機墜落事故やコザ暴動などの歴史をからめて描いた作品だが、作者が東京出身であることも話題のひとつになった。

というわけで、本題。このたびのテーマは沖縄と並んで敷居の高い土地、北海道である。たまたま読んだ数冊の舞台が続けざまに北海道だったというのが最大の理由だが、もしかしたら今後開拓すべき文学の可能性はこのへんにあるのではないか、とも思ったのだ。

土地を奪われたアイヌ民族、徴用された朝鮮人

葉真中顕《はまなかあき》『凍てつく太陽』は、冒険小説に近いミステリーである。

物語は太平洋戦争末期、昭和一九年一二月の室蘭からはじまる。鉄の町の異名をとる室蘭は、大日本帝国随一の軍需工場の密集地帯であり、兵器の製造拠点であった。これらの工場は存在自体が軍事機密であり、秘匿名で呼ばれている。

そんな工場のひとつが、大東亜鐵鋼「愛国第308号工場」で、工場外では、貯炭場から石炭を積み出す室蘭港の桟橋まで、人力で石炭を運ぶ大勢の人夫が働いていた。彼ら「伊藤組」の人夫は大半が募集や徴用で集められた朝鮮人で、飯場を仕切る伊藤博も、監督将校の金田少佐も日本名を名乗ってはいるが半島の出身だった。

その中でただ一人の例外が日崎八尋《やひろ》。大和人の父とアイヌ民族の母を持つ、じつは特高警察の刑事である。脱走した人夫の逃走経路を探るため、彼は朝鮮人になりすまして飯場に潜入したのである。同僚の朝鮮人・ヨンチュンを騙すことで、八尋はこの任務をみごとに果たすが、翌年二月、彼は思わぬ濡れ衣で逮捕される。くだんの伊藤博と金田少佐が、一月、室蘭市内の料亭を出たところで毒殺されたのだ。事件の捜査にも参加していた八尋に嫌疑がかかった理由のひとつは、彼が生まれ育った道内の畔木村で、亡き父がかつてトリカブトの研究をしていたことだった。厳しい拷問の前に命の危険を感じた八尋は、やってもいない罪を認め、無期懲役の有罪判決を受けて、五月、網走刑務所に収監される。

物語の主眼は伊藤と金田を毒殺した犯人探しだが、それだけではなく、さまざまなルーツを持つ人々のアイデンティティと国家との関係を、この小説は鋭く問う。国の命令で廃村にされ、村人が去った後の畔木村に一人残った長老は、八尋相手に嘆息する。

〈ずっと昔から、アイヌにはアイヌの暮らしがあった。国なんてもんに縛られず、集落《コタン》の中で、山や海の恵みを分け合い、神《カムイ》とともに生きる、そんな暮らしだ。(略)けれど、大和人《シャモ》は、そんなアイヌを勝手に皇国臣民なんてもんにしちまった。みんながみんな、天皇陛下の子供だって言うじゃねえか。そんで土地も、言葉も、神《カムイ》も奪った〉。

騙されて裏切られたのはアイヌだけではない。甘言に乗せられて半島から来たヨンチュンは〈『北海道の工場なら楽に稼げる』って聞かされて、ここに連れてこられたんだ。こんなきついなんて聞いてなかったぜ〉という。〈結局、俺たちは皇国臣民にはなれないってことだよ。日本語を喋れるようになって、日本風の名前になって、お国のために働いてもさ、日本人は俺たちを蔑むんだ。同じ仕事をしてても、給料は俺たちの方がずいぶん安いし、日本人は寮で生活してるのに、俺たちはタコ部屋に押し込まれる〉。

そのヨンチュンと網走刑務所で再会した八尋は、「スルク」を名乗る真犯人に接触すべく、怒れるヨンチュンを説得し、二人してまんまと脱獄に成功するのだ。

一転、**川越宗一『熱源』**は史実に基づく歴史小説である。

舞台は北海道よりさらに北に位置する島、樺太（サハリン）だ。

二人の人物が登場する。一人は樺太で生まれ、明治維新の直後に、北海道は石狩川沿いの原野に集団移住させられたアイヌ民族の青年・ヤヨマネクフ。〈諸君らは、立派な日本人《ニッポンジン》にならねばなりません。そのためまずは野蛮なやりかたを捨て、開けた文明的な暮らしを覚えましょう〉。新しくできた教育所で、ヤヨマネクフらアイヌの子弟はそう教えられたが、コレラや疱瘡で友人や妻を亡くした彼は、やがて山辺安之助と名前を変え、再び樺太に戻ることを誓う。

もうひとりは、リトアニア生まれのポーランド人、ブロニスワフ・ピウスツキ。ロシアの同化政策によって母語であるポーランド語を奪われた彼は、一八八六年、皇帝暗殺未遂事件に巻き込まれ、懲役一五年の流刑囚として樺太に送られてきた。

明治維新直後から第二次大戦までの長い時間を、物語は丹念に描いていく。

ブロニスワフは、樺太で先住民族のギリアークと出会って彼らの言語や風習を学び、論文が認められて、民俗学者になった。一方、苦労して樺太に戻ったヤヨマネクフは、ロシア領となったこの島の漁場で働きはじめ、ブロニスワフと出会う。二人は共通の夢で結ばれた。ここにアイヌの子どもたちの学校をつくろう。だが、日露戦争が勃発し……。

国家に翻弄され続ける民族。日露戦争後、ヤヨマネクフは日本領となった樺太南部の副総代となり、やがて親友のシシラトカとともに、犬ぞりの御者として白瀬南極探検隊に加わって南極点を目指すのだ。極点旅行を断念した隊を呪ってヤヨマネクフは咆哮する。

〈先を越されても、世界で二番目か三番目に南極点に行ったたって世界に認められるのはアイヌの俺だ。今、そこいらで諦めてる和人たちじゃない。だから俺は南極点へ行くんだ。死に絶えるか〝立派な日本人〟なんてのに溶かされちまう前に、島のアイヌがアイヌとして生きられる故郷を作るんだ〉。

北海道にはこんな仕事があった

『凍てつく太陽』も『熱源』も、文学散歩の題材を提供する程度の「ご当地文学」ではなく、複数の民族がからんだ壮大なスケールの物語である。国家に翻弄された北海道や樺太の歴史なしには成立しない作品であり、アイヌ民族と朝鮮人、樺太アイヌとポーランド人は、土地と言語を奪われた共通の記憶を背負っている点で、世界史にも直結する。

ちなみに『凍てつく太陽』の作者・葉真中顕は東京出身、『熱源』の作者・川越宗一は大阪出身で、北海道と特に深いかかわりがあったわけではないという。沖縄文学も北海道文学も、出身者以外には手を出せないジャンルではなくなったということだろう。もう地域セクショナリズムの時代ではないし、外から見るからこそ、わかることだってあるはずだ。

背景としてたまたま選ばれた土地ではなく、土地の歴史風土そのものが半ば主役であるような小説。今後開拓すべき文学の可能性といったのは、そういうことを意味している。

で、もう一冊、同じ意味で出色な北海道文学を紹介しておきたい。

河﨑秋子『土に贖《あがな》う』。これは明治・大正・昭和の北海道で一時的に興隆をきわめるも、現在では廃れた産業と、そこで働く人々に取材した短編集である。

登場するのは、蚕の卵をとって養蚕農家に売る札幌の蚕種業(「蛹《さなぎ》の家」)。戦後、一世を風靡した毛皮用のミンクの養殖業(「頸《くび》、冷える」)。ハッカ草からハッカ油の製造までを担う北見のハッカ農家の女性(「翠《みどり》に蔓延《はびこ》る」)。各地の島を渡り歩いて羽毛を採取するための水鳥を撲殺する男(「南北海鳥異聞」)。酪農、石炭、ニシン漁などのいかにも「北海道らしい」仕事とは異なる、希少な贅沢品の産出にかかわる職種が描かれている。札幌周辺には蚕の餌になる野桑が大量に自生していたこと、ミンクの養殖は軍用の毛皮をとる狐の養殖に代わる産業だったことなど、いずれの仕事もなぜその時代のその土地でなければならなかったかが丁寧に書き込まれ、誇りをもって働く人々の姿が印象深く刻み込まれる。

先住民族から明治政府が土地を収奪した北海道には、独自の文化に加えて権力と戦ってきた歴史が刻印されており、ドラマチックな要素が多い。しかし、どんな土地にも固有の歴史と文化がある。ドラマチックな物語の要素は、各地に眠っているはずだ。

(2019.11)

【付記】『凍てつく太陽』は一九年の日本推理作家協会賞および大藪春彦賞受賞作。『熱源』は二〇年一月に直木賞を、『土に贖う』は二〇年度の新田次郎賞を受賞し、三島賞候補にもなった。

『凍てつく太陽』葉真中顕、幻冬舎、二〇一八年〈昭和二十年の北海道を舞台にした、かつてない「戦中」警察小説!〉〈民族とは何か、国家とは何か、人間とは何か。魂に突き刺さる、骨太のエンターテイメント!〉(帯より)。作者は七六年東京都生まれ。物語の後半では、脱獄後の八尋の動向とともに、「愛国第308号工場」の秘密と真犯人のおそるべき計画が暴かれる。

『熱源』川越宗一、文藝春秋、二〇一九年〈降りかかる理不尽は「文明」を名乗っていた〉〈滅びてよい文化などない。支配されるべき民族などいない。樺太アイヌの闘いと冒険を描く前代未聞の傑作巨篇!〉(帯より)。作者は七八年大阪府生まれ。ヤヨマネクフもブロニスワフも実在の人物で、それぞれアイヌ研究に大きな足跡を残した。作中には金田一京助や二葉亭四迷も登場する。

『土に贖う』河﨑秋子、集英社、二〇一九年〈札幌、根室、北見、江別――可能性だけにかけ、挑んだ男たちを峻烈に描破した傑作短編集〉(帯より)。著者は七九年北海道別海町生まれ。作品の舞台は北海道全域にわたる。表題作は江別町野幌のレンガ工場を舞台に、過酷な労働を描いたプロレタリア文学の趣が濃い作品。「男たち」と帯にはあるが、女性や少年少女も多数登場する。

当事者が声を上げれば、やっぱり事態は変わるのだ

米国で性暴力に抗議する「MeToo運動」に火がついたのは、二〇一七年一〇月。ハリウッドの大物プロデューサーのセクハラ疑惑がキッカケだった。韓国ではもう少し早く、一六年、女性が殺された通り魔事件を機にフェミニズムが勢いを増し、目だった動きがないように見えた日本でも、一八年には財務事務次官のセクハラ疑惑や、女子の受験生を不当に扱う医学部不正入試事件が発覚、声をあげる女性が急増した。ジェンダー平等を求める動きは現在、戦後何度目かの大きな波を迎えている。不平等は変えられる。若い世代を中心にした一連の動きは大きな希望を与えてくれる。

彼女が「フェミニスト」を名乗るまで

二〇〇〇年代のはじめ頃、フェミニズムに対する右派の激しいバックラッシュ（反動）が起こったことがある。またの名を「ジェンダーフリー・バッシング」。

「学校で過激な性教育が行われている」「ジェンダーフリー教育は性差を否定している」。そんな言説が「正論」や産経新聞などの保守系メディアから広がり、当時の自民党には「過激な性教育・ジェンダーフリー教育実態調査プロジェクトチーム」（座長は安倍晋三）なるチームまで発足した。歴史教科書に続いて標的にされたジェンダー平等教育。歴史修正主義と共通の基盤を感じるが、おかげでフェミニズムは手痛いダメージを被った。

私がフェミニズム（という言葉はまだ使われていなかったが）に出会ったのは一九七〇年代の後半だった。七〇年代前半のウーマンリブの波には乗り遅れたものの、「女の自立」を標榜する「MORE」「クロワッサン」などの女性誌が次々に創刊。「翔んでる女」という言葉も流行していた。当時は「カジュアルな女性解放論」の興隆期だったのだ。

だが、八〇年代に入り、「フェミニズム」という語が普及すると、女性解放論の最前線は街場から大学に移った。リブは「女性学」という学問の一分野に昇格し、九〇年代には「ジェンダー論」なる分野が登場して研究は進んだが、フェミニズムの業界化も進行し、アカデミックな雰囲気についていけない女性が結果的に排除される形になったのも否めない。

それに便乗するように、右側から現れたバックラッシュの波。以来「フェミニスト」と自ら名乗るのはリスキー、という「警戒の時代」が続いた。

しかし、最近また空気が変わってきたのかも、と思いはじめたのである。

フェミニストはテロリストと同じ？

キッカケは二冊の本だった。まず、**チママンダ・ンゴズィ・アディーチェ『男も女もみんなフェミニストでなきゃ』**。原題は「WE SHOULD ALL BE FEMINISTS」。

著者はナイジェリアに生まれ、一九歳で渡米した作家である。話は彼女が一四歳の頃、年上の男友達に「あのさ、おまえってフェミニストだな」といわれた思い出からはじまる。〈お世辞ではありませんでした。それは口調からわかりました。――人が「おまえはテロリズムの支持者だ」というときの口調でしたから〉。〇三年に小説を発表したときにも、同じナイジェリア人のジャーナリストに忠告された。〈絶対に自分のことをフェミニストといわないほうがいい、なぜならフェミニストというのは夫を見つけられない不幸《アンハッピー》せな女性のことだから〉。

日本でもナイジェリアでも事情は同じだったのだ。以上のような体験は〈「フェミニスト」という語がどれほど重たい荷物を背負わされているか、それもネガティヴな重荷を背負わされているかをあらわしています〉とアディーチェはいう。〈男嫌いで、ブラが嫌いで、アフリカの文化が嫌いで、いつも女がなんとかしなければと考え、化粧もしないし、毛も剃らないし、いつも怒っていて、ユーモアのセンスがなくて、デオドラントも使わない、というわけです〉。

しかし、彼女はひるまなかった。〈そこでわたしは自分のことを「ハッピー・フェミニスト」と呼ぶことにしました〉。ここまで肯定的なフェミニスト宣言は久々に見た気がする。

もう一冊、**ロクサーヌ・ゲイ『バッド・フェミニスト』**も「フェミニスト」への忌避感から話ははじまる。彼女の姿勢は、アディーチェよりも屈折している。

〈もっと若かった頃、私はそれはもうしょっちゅうフェミニズムを否定していました。なぜ現在もなお女性たちがフェミニズムを否定し、遠ざけてしまいがちなのか、理解できます。私がフェミニズムを否定していたのは、自分がフェミニストと呼ばれたとき、そのレッテルが攻撃や侮辱のように感じられたからです〉。

右のような困惑は、世界中の〈フェミニスト的性向を持った〉女性が経験している感覚だろう。理由は二つある。ひとつは「フェミニスト」に対する世間の偏見と誤解。もうひとつはフェミニズムが要求しているように見える「正しいフェミニスト」のイメージだ。

自分がフェミニズムを否定していたのは〈フェミニズムは、私がしっちゃかめっちゃかな女性であることを許さないのではないかと心配だったからです〉とロクサーヌは書く。〈私は女としてダメ。フェミニストとしてダメ。私がフェミニストの名札を遠慮なく受け取ったらよいフェミニストたちに失礼になるだろう〉。

しかし、紆余曲折の末に、彼女も自分を肯定する言葉を見つけるのである。〈たぶん私はバッド・フェミニストだ〉と彼女は考える。矛盾は山ほど抱えているが〈でも私はフェミニズム運動にとって重要な問題に深く関わっている〉。〈バッド・フェミニズムは、私が自分自身とフェミニストとしての自分自身を両方認めることができる唯一のやりかたのように思える〉。〈まったくフェミニストでないよりは、バッド・フェミニストでいたいのだ〉。

ハッピー・フェミニストもバッド・フェミニストも、彼女らが自力で獲得したフェミニズムを肯定するマジックワードだ。逆にいうと、自身を肯定し、解放し、自由を得るための手段だったはずのフェミニズムが自身を縛る、そんな逆転現象が起きていたことになる。二人に共通する悩みは、たとえば女らしいファッションとフェミニズムの整合性の問題だった。

アディーチェは申告している。〈本当はシャイニーなリップグロスをつけて、女の子っぽいスカートをはいていきたかった〉のに、〈女っぽく見えすぎると真剣だと受け取られないのではないか〉と考えた。そのため、大学で教える際には〈とても男っぽい、とても不格好なスーツを着ました〉。しかし、〈わたしは女っぽいのです。女っぽいのが楽しいのです。ハイヒールが好きですし、口紅を重ね塗りしてみるのが好きです〉。

ロクサーヌも告白する。〈ピンクは私のお気に入りの色。かつて私はクールぶって好きな色は黒と言っていたけれど、でもピンクなのだ〉。〈私はドレスが大好き。長年にわたって嫌いなふりをしてきたけれど、本当はそうじゃない〉。

衣装や化粧になぜこだわるのかと思うかもしれないが、女っぽいファッションや化粧は、女性性の記号だ、社会的な刷り込みだ、男に媚びる道具だ、と少なくとも初期のフェミニズムは教えてきたのである。女っぽい服が好きでもピンクが好きでもいいじゃない、と開き直る。それもまたフェミニストが自己肯定するには必要なプロセスだったのだ。

男社会での評価が気になる

では、日本ではどうだろう。山ほどの矛盾を抱えた女性が、自らの過去と現在を赤裸々に語った自伝的エッセイ、**雨宮まみ『女子をこじらせて』**は、少し前の本とはいえ、フェミニズムを再考するには有効なテキストかもしれない。

〈私は、なんでまたこうなったのか、女のくせにAVライターという仕事をしています〉と本は書き出される。〈「自分はかわいくない」「女として価値がない」。その確信が、私を「個性的」な行動やファッションに駆り立てていきました〉。そう告白する彼女の青春時代は、解説の上野千鶴子の言葉を借りればたしかに「痛い」。しかし、彼女の「痛さ」に共感する女子はたぶん少なくないはずだ。仕事で「女性のAV体験記」を求められた彼女は憤慨する。〈ライターとしての自分に価値があると思っていたわけではありません。でも、求められた価値がよりによって「女」だとは〉。自分は女らしくもない女失格者だ。それなのに〈こんなしょぼい自分を、ただ女であるというだけで「安く買おう」とする人がいる〉。

AVという「男の世界」で特別扱いされる現実に彼女は苦しむ。〈好きで女に生まれたんじゃない。何度もそう思いました〉。〈そう思う一方で、女のメイクや服で着飾って楽しむことが本当は楽しいのに、それを素直に楽しめないことが悔しかった〉。〈女に生まれてよかったと思ってるのに「女なんかに生まれなければよかった」と思わされている。この状況に腹が立つのだ、と思いました〉。

フェミニズム系の本を読みあさり、胸を打たれるも、〈男や男社会への怒りと憎しみが増幅されていって、身近な男友達や恋人ですら憎い気持ちになるのがしんどかったです〉。七転八倒の末、やがて彼女も〈私自身がいちばん男社会での評価を、男の評価を気にしていた〉ことに気づき、〈女同士の友情や連帯を感じて、私は自由になれた〉という境地に達するのだが……。

さて、三冊に共通するものは何か。

家庭で、学校で、職場で、男社会の矛盾に気づき、人一倍「生きにくさ」を感じる。ここまでは、世界中の多くの女性に共通する体験だろう。しかし、四〇年前とは話がちがう。七〇年代に生まれ、九〇年代から〇〇年代にかけて青春時代を送った彼女らの前には、すでに「フェミニズム」という思想が立ち上がっていた。それは世間に対する彼女らの苛立ちに言葉を与え、彼女らを励ました半面、皮肉にも別の「生きにくさ」を増幅させた。フェミニストと見られることで生じるリスク。自分はフェミニスト失格ではないか、という不安。

結果、ある人は「女である前に人間でありたい」というすり替えで対立を避け、ある人はフェミニズムの戦い方は美しくないという論法で自分は男社会にとっての危険人物ではないとアピールする……。そんな例を私たちは山ほど見てきた。

七〇年代ウーマンリブ以降のフェミニズムは「第二波フェミニズム」と呼ばれる。それはジェンダー（社会的な性）という概念を普及させ、「男らしさ／女らしさ」の神話を暴いたが、しかし「らしさ」とは何なのか。既存の思想を「私の思想」に転化させるには、自力で格闘するしかないのである。三冊はその格闘と達成の記録。思想は進化し続けている。バックラッシュのその後で、新世代の第三波フェミニズムはもう始動しているのかもしれない。

(2017.6)

『男も女もみんなフェミニストでなきゃ』チママンダ・ンゴズィ・アディーチェ著／くぼたのぞみ訳、河出書房新社、二〇一七年　著者は一九七七年ナイジェリア生まれ。一九歳で渡米し、二〇〇三年に初の長編小説を発表。本書は、アフリカをテーマにした一二年のイベントでのスピーチに加筆したもの。ビヨンセがスピーチの一部を歌詞に使い、グラミー賞候補になったことでも話題を呼んだ。

『バッド・フェミニスト』ロクサーヌ・ゲイ著／野中モモ訳、亜紀書房、二〇一七年　著者は一九七四年米国ネブラスカ州生まれ。二〇一一年に短編小説集でデビューし、大学で教鞭もとるアフリカ系アメリカ人。本書は初のエッセイ集。主にアメリカの映画やテレビドラマなどを論じたポップカルチャー批評で、日本の読者にはなじみの薄い対象なのが残念だが、フェミニズム批評としても秀逸。

『女子をこじらせて』雨宮まみ、幻冬舎文庫、二〇一五年　著者は一九七六年福岡県生まれ。エロチックな妄想に悶絶したり、過激なファッションにハマったり、初体験の相手が友達の彼氏だったりの学生時代を経て、バニーガール等のアルバイトからAVライターに転身。劣等感や自意識全開で語った本書は二〇一一年刊のデビュー作。「こじらせ女子」は流行語になった。一六年一一月没。

セクハラと性暴力をめぐる由々しき誤解

セクシュアル・ハラスメント（セクハラ）は昨日今日出てきた事案ではない。だが二〇一八年の上半期ほど、セクハラ関連のニュースが多かった時期もないだろう。

まず「週刊新潮」（四月一二日発売）が報じた財務省・福田淳一事務次官（五八歳）のセクハラ疑惑。テレビ朝日の女性社員を呼び出して「おっぱい触っていい？」などの発言を繰り返したという次官は四月二四日に辞任したが、なおも「お店の女性と言葉遊びを楽しむようなことはある」「女性記者にセクハラ発言をした認識はない」などと発言。「セクハラ罪という罪はない」と述べた麻生太郎財務相も含め、周辺の無自覚ぶりも目立った。

そんな騒動の中、五月二日に発覚したのが群馬県みなかみ町の前田善成町長（五〇歳）のセクハラ疑惑だ。町内の団体職員の女性が「町長に抱きつかれてキスされた」として、沼田署に被害届けを出したのだ。町長は「相手の女性から好意があってのことだと考えていた」などとブログで釈明するも、沼田署は強制わいせつ罪で立件。みなかみ町議会は五月一〇日、辞職勧告決議案を全会一致で可決したが、町長はまだ辞任していない。

続いて五月二一日には、東京都狛江市の高橋都彦市長（六六歳）のセクハラ疑惑が発覚する。女性職員四人が市長に抗議文を提出。被害内容は、車内で手を握られた、エレベーター内で体を密着させられた、随行先で一時間にわたり尻を触られ続けたなど。市長は会見で「握手のつもりで手を握った」「何らかのはずみで体のどこかに触ったかもしれない」などと釈明。二三日に辞表を提出した際も「自分のやったことはセクハラのレベルとは考えていない」「性的関心を持ち女性職員と接したことはない」と主張した。

さらに六月二五日には、早稲田大学の修士課程に在籍していた女性が大学に苦情申立書を提出、同大学の渡部直己教授（六六歳）のセクハラ疑惑が発覚した。被害者は指導教師だった教授に「お前の作品を見てやる」と研究室に呼び出され、飲食店で「俺の女にしてやる」といわれたという。教授は雑誌の取材に「過度な愛着の証明」などと答え、その後、辞表を提出している。

グレーゾーンの「恋愛型セクハラ」

セクハラの加害者には今日、誰もがなりうるが、右のような例でもわかる通り、加害者になる可能性が特に高いのは中高年男性だ。わいせつな言葉を吐いた、身体に触った、抱きついた、キスした……。彼らに共通するのは「セクハラの自覚がなかった」という点である。自覚がないから、下手な言い訳をして、さらに墓穴を掘るハメになる。

セクハラの加害者に私は毛ほども同情しないけど、これほどセクハラが頻発するのは、認識不足、知識不足の中高年男性が多い証拠。この件に関しては「教育」が必要なのだ。

教育の一例を見てみよう。鈴木瑞穂『職場で役立つ！　セクハラ・パワハラと言わせない部下指導』は管理職向けに書かれた、一種のビジネス書である。

著者はまず〈セクハラもパワハラも、その本質は「職場を運営していく上であってはならない言動」です〉と釘を刺す。管理職ならこのくらいは知っておけ、という話である。

で、法律上の基礎知識。現行の男女雇用機会均等法は、セクハラを「対価型セクハラ」と「環境型セクハラ」の二種類に分け、セクハラ防止義務を事業所に課している。

「対価型セクハラ」とは、上司の誘いを部下が断わるなどした報復として、部下に不利な勤務条件を課す（降格、配置転換、辞職など）ことを指す。〈いったん対価型セクハラが生じたら、それは現場の管理職が扱うべき問題ではなく、会社として取り扱うべき問題です〉と著者は断じる。それは会社の存続にすらかかわる重大事案だ。〈したがって、対価型セクハラの行為者は絶対に見逃さず、組織規定に則った処罰をしなければなりません〉。

一方、「環境型セクハラ」とは、それ以外の「職場における性的な言動により当該労働者の就業環境が害されること」すべてを指し、ここには加害意識を持って故意に相手を傷つける「意図的なセクハラ」と、当人にはセクハラをする意図も認識もない「無自覚セクハラ」が含まれる。ただし今日、対価型セクハラや意図的なセクハラは激減しているという。〈その原因は「情報の周知と共有による心のブレーキ」だと考えています〉。

一般企業の認識はここまで来ているという例である。教育の成果というべきだろう。

一転、ではなぜ役所や大学ではいまもセクハラが横行しているのか。部下や学生に手を出す男たちはどこで何を間違ったのだろう。

牟田和恵『部長、その恋愛はセクハラです！』は、立場の強い男性が陥りやすいセクハラを解説した快著。〈「絵に描いたような」セクハラ男はめったに存在しません〉と本書もいう。今日のセクハラ事案で多いのはグレーゾーン、すなわち無自覚な「恋愛型セクハラ」なのだ。

最初に挙げた例を思い出していただきたい。前田町長や渡部教授は「相手も自分に好意を持っている」と思い込んでいた。こういう人は存外多く、「セクハラではない」と本人は思っているため、訴えられても、合意のうえだ、恋愛関係にあった、と主張する。

そんなおめでたい男性に、著者は厳しい警告を発する。

〈役付きならなおのこと、平社員でも、同じ職場の派遣社員や契約社員、臨時職員の女性と「大人の関係」を持っているなら、要注意です。性関係や恋愛関係にはなくとも、きわどい話で職場の女性を楽しませているつもりなら、それもキケン。その関係や言動は、後で「セクハラ」として被害を申し立てられる可能性があります〉。

根底に横たわるのは両者の認識の差だ。恋愛妄想にとらわれた男性は恋愛をしているつもりだから、相手に訴えられると「まさか！」と思う。「しつこく交際を迫られた」「上司だから断れなかった」「性関係を強要された」と彼女は訴えているらしい。彼は抗議する。〈無理にキスやセックスを迫ったなんていうのはデタラメで、彼女だってOKしていた〉。

しかし、女性にしてみたら、恋愛も交際もしているつもりはないから、不本意な行為を強要されたとしか思えない。〈上司だから親しく接していましたけど、特別な関係になろうとは思ってませんでした。それなのに……〉。〈先生が私のことを恋愛対象として見ていたなんて思ってもいなかったのにショックでした〉。

男性側の言い分は「嫌なら嫌だとはっきりいえばいいじゃないか」だろう。断らなかった女が悪い、という論法である。だが、そうした主張も、本書は退ける。

職場の飲み会で「今度デートしてくれよ」と部長が身体を寄せてきた。部下は内心「冗談じゃない」と思っても、相手は部長だし、酒席の冗談かもしれない。そこで曖昧な微笑でゴマ化したり話をそらしたりして、NOの意思表示をする。ところがそれを彼は、恥じらいつつのYESと受けとり、「まんざらでもないんだな」と思って、さらにモーションをかけてくる。

〈男性にしてみれば、女性の「感じよい沈黙」は、男性のアプローチを女性が「恥じらいながらも受け止めた」か、「まったく気付いていない」ということであって、まさか「内心の不快感を押し殺してにっこりしているだけ」「無視することでノーの意思表示をしているつもり」とはなかなか想像がつかないでしょう〉。

セクハラは上司と部下、指導教授と学生のように、力関係の差があるところで起きる。地位と力のある男性は自分の力に鈍感だ。一方、部下や学生は「断れば次の契約が危ないかもしれない」「言うことをきかなければ指導してもらえなくなるかもしれない」という暗黙の威圧感の下にいる。〈男性側が感じていた女性の側の好意、同意は、男性との力関係の中で生み出されているもの。上司だから、仕事上の関係が大事だから、従っているのです〉。

YESがなければ同意ではない

同意があったかなかったかは、もっと深刻な性暴力事件にもついて回る問題だ。これについては、**伊藤詩織『Ｂｌａｃｋ Ｂｏｘ』**が、重要な示唆を与えてくれる。

就職活動中だった著者が、元ＴＢＳ社員の山口敬之に不本意な性行為を強要された（が山口は不起訴処分になった）経緯を記して話題になった本である。だが、著者が〈私が本当に話したいのは、「起こったこと」そのものではない。／「どう起こらないようにするか」／「起こってしまった場合、どうしたら助けを得ることができるのか」／という未来の話である〉と記しているように、これは性暴力にあった場合の対処法を示した提言の書だ。

本件の加害者・山口も「同意はあった」と主張しており、〈私が一度でも、職権を使ってあなたを口説いたり言い寄ったりしましたか？〉〈意識不明のあなたに私が勝手に行為に及んだというのは全く事実と違います〉といったメールを彼女に送りつけてきた。著者はしかし、きっぱりいう。〈社会に対して、「ＮＯと言わなければＮＯではない」ではなく、「ＹＥＳがなければ同意ではない」という教育もしていかなければならない〉。

福田元事務次官の一件も、その後相次いで発覚した他のセクハラ事件も、被害者の告発がなければ表には出てこなかった。セクハラ事案は長い間、水面下で隠されてきたのである。伊藤詩織の実名を出しての告発は「ＭｅＴｏｏ」運動とあいまって人々の意識を変えつつある。

「嫌よ嫌よも好きのうち」式の誤った情報も、この際、粉砕すべきだろう。〈グレーゾーンのセクハラは、その後の対処次第でどちらにも転びます〉と牟田和恵は警告する。〈対処を間違えると、「たしかにマズいけれどまぁ許容範囲」で済むことが、真っ黒のセクハラになってしまうのです〉。明日はわが身だ。セクハラは誰にとっても他人事ではないのである。

(2018.8)

【付記】みなかみ町の前田町長は、その後、不信任決議案に対抗して議会を解散、町議選が行われたが、一八年九月、二度目の不信任決議により失職。また山口敬之は一九年一二月、民事訴訟で敗訴。東京地裁は山口の性暴力を認定、原告の伊藤に対する慰謝料の支払いを命じた。

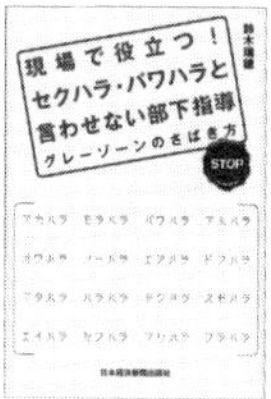

『現場で役立つ！　セクハラ・パワハラと言わせない部下指導』鈴木瑞穂、日本経済新聞出版社、二〇一六年　相手の感じ方に合理性、妥当性がある場合には、〈今のご時世において、無自覚セクハラ（略）は、相手がセクハラだと感じるがゆえにセクハラになると理解しなければなりません〉。管理職向けマニュアルに徹し、踏み込み不足の部分もあるが、企業研修でもここまでやっているという見本。

『部長、その恋愛はセクハラです！』牟田和恵、集英社新書、二〇一三年　〈男性は相手が嫌がっているとは思わなかった、ということがありがち。それは鈍感というよりも、相手の受け止め方など気にもしていなかった、というのが大半〉。セクハラという語を広めた福岡セクハラ裁判（一九八九年）からこの問題にかかわる社会学者が、加害側と被害側の認識の差を一からレクチャーした必読の書。

『Ｂｌａｃｋ　Ｂｏｘ』伊藤詩織、文藝春秋、二〇一七年　〈自分が被害者になるまで、性犯罪がどれほど暴力的かを理解していなかった。／頭ではわかったつもりでいても、それがどれほど破壊的な行為であるか、知らなかった〉。フリーのジャーナリストが、首相とも親しい男性にレイプされた経緯を詳述。病院、警察、司法、メディアの対応にも言及し、性犯罪との向き合い方を教える良書。

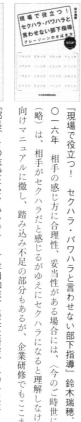

Kフェミから私たちが学ぶこと

韓国の文化といえば、韓流ドラマやK-POP、という認識はもう古いらしい。ドラマやポップスに加えていまキテいるのは韓流文学、そして韓国フェミニズムである。

一例が、**チョ・ナムジュ『82年生まれ、キム・ジヨン』**である。

韓国の女性作家によるこの小説は、二〇一六年の出版以来、本国で累計一〇〇万部のベストセラーになった。一八年一二月に発売された日本語版も発売一カ月で重版がかかり、累計五万部を超す勢い。翻訳文学としては（文学全体としても）異例の売れ行きといえる。これも一七年から一八年にかけて吹き荒れた「MeToo運動」の一環？

とまれ話題の『82年生まれ、キム・ジヨン』（以下『キム・ジヨン』）を読んでみよう。

ジェンダー不平等を学ぶテキスト

小説は「二〇一五年秋」からはじまる。主人公のキム・ジヨンは一九八二年生まれの三三歳。三歳上の夫のチョン・デヒョンと、一歳になる娘のチョン・ジウォンとともに、ソウル市郊外のマンションで暮らしている。チョン・デヒョンは中堅のIT関連企業に勤めており、キム・ジヨンも小さな広告代理店に勤めていたが、出産を機に退職した。夫の帰宅時間は毎日夜の一二時ごろ、週末も土日のどちらかは出勤する。夫の実家は釜山にあり、ジヨンの父母も食堂の経営で忙しいため、ジヨンは一人で子育てをしている。

そんなキム・ジヨンのようすがこのごろ変だ。義母が乗り移ったようになったり、夫の実家でブチキレたり。妻を案じた夫は精神科のカウンセリングにかかることを薦めた。それに応じたジヨンは一九八二年から二〇一五年までの日々を語る。それが本書の内容である。

それは小さな女性差別の集積というべき三〇年余だった。

キム・ジヨンは、二歳上の姉の後に生まれた二人目の娘だった。最初の子どもが娘だったことで、母のオ・ミスクは〈お義母さん、申し訳ありませんとうつむいて涙をこぼした〉。姑は〈大丈夫。二人めは息子を産めばいい〉といったが、二人目も娘。その次に妊娠した子どもが女とわかった時点で、母はやむなく妊娠中絶をした。

当時は〈性の鑑別と女児の堕胎が大っぴらに行われていた〉ので、〈九〇年代のはじめには性比のアンバランスが頂点に達し、三番め以降の子どもの出生性比は男児が女児の二倍以上だった〉。五年後にようやく生まれた弟は、何もかも特別扱いだった。

学校に入ってもさまざまな差別があった。クラスの名簿は前半が男子で後半が女子。ランチルームには一度にクラス全員が入れず、名簿順に男子が先に給食をとり、女子は後回しだった。学級委員選挙では必ず男子が選ばれた。中学校では、女子だけが制服について厳しくいわれ、男子はラフな服装もスニーカーも許された。教師はいった。〈男子は休み時間の十分の間もじっとしてないだろ。サッカーだの、バスケだの、野球だの、せめて馬跳びぐらいはするじゃないか。そんな連中に、ワイシャツのボタンを首まで留めて、革靴をはいてろとは言えないだろ〉。この言いぐさに〈女子は運動が嫌いだからやらないとでも思ってるんですか?〉と食ってかかった女子生徒は口答えをしたことの罰を与えられた。

一九九九年には「男女差別禁止及び救済に関する法律」が制定され、二〇〇一年には女性の地位向上を管轄する「女性家族部」が発足したが、肝心な場面での差別は解消されず、女子はますます混乱した。大学のサークルは会長も副会長も総務も男。〈大変だから、女子にはできないよ。君たちはただサークルにいてくれるだけでいいんだよ〉と先輩はいった。

就職試験では書類選考で四三社に落ちた。書類審査を通ったある会社では、三人ずつの面接試験で、取引先の目上の人間が身体を触ってきたらどうするかと質問された。

キム・ジヨンは〈トイレに行ってくるとか、資料を取りに行くとかして自然に席を離れます〉と答えた。二番目の受験者は毅然として〈それは明らかなセクハラですからただちに注意し、それでもやめない場合は法的措置をとります〉と答え、三番目の受験者は優等生ぶって〈私の服装や態度に問題がなかったかどうかを振り返り、先方の不適切な行動を誘発する部分があれば、直します〉といった。結果は三人とも不合格だった。

こんな調子で、成長の過程で女子が体験する理不尽な扱いの数々を、小説はキム・ジヨンを通して紹介し、また彼女の母や祖母の時代の差別にも言及する。

小説の形をとってはいるが、ジェンダー不平等を学ぶための、これはテキストに近い。小説としてのおもしろさからいえば、『キム・ジヨン』の一カ月遅れで翻訳出版された、同性愛者の娘を前にした母が自らの困惑を語る、**キム・ヘジン『娘について』**などのほうが上だ。

それでも『キム・ジヨン』に価値があるのは、まさしくこの本が性差別の実相をあぶりだす入門書的な役割を果たしているからだ。ここまで露骨な差別（出生時における男女の性比とか、育児休暇の取得率の低さとか）はなくても、細部は「あるある」感いっぱい。ちょっと前までは日本もこうだったよね。昭和の頃はね。

と思っていたのだが、それは私の早とちり。聞けば、日本の読者も韓国の女性たちと同様「まるで私のことみたい」という怒りと共感をもって読んでいるらしいのだ。

そうなの？　だとしたら、日本のフェミニズムはいままで何をやってたの――？

Kフェミの本を読んでるとJフェミの動向がどうしても気になるのだ。

ひるがえってJフェミはどうか

韓国でフェミニズムに火がついた背景には、ひとつの事件があった。「江南《カンナム》駅通り魔事件」である。二〇一六年五月、ソウル市内の江南駅付近の商業ビルのトイレで、当時二三歳の女性が見知らぬ男に殺害された。『キム・ジヨン』の解説（伊東順子）によれば〈現場で逮捕された犯人が警察官に「社会生活で女性に無視された」と語ったことで、韓国社会は騒然とした。「これは明白な女性嫌悪犯罪（ヘイト・クライム）」であると感じた女性たちが、その夜のうちにツイッター等で犠牲者への追悼を呼びかけた〉〈「女性嫌悪」（ミソジニー）という言葉が、韓国社会一般で広く認知されたのはこの事件以降〉という。

実際、**イ・ミンギョン『私たちにはことばが必要だ』**もこの事件の話からはじまっている。〈「江南駅殺人事件」が起きてから私は、もうそれまでと同じようには生きることができなくなりました。きっとほかにもそういう方が多かったでしょう〉と著者はいう。〈事件を受けて多くの女性が「被害女性はただ女性だというだけで殺された」と、韓国社会にはびこる女性への暴力を問題視し、一方、多くの男性が「被害者の性別は問題ではない、事件は女性嫌悪《ミソジニー》による殺人ではない」と主張して大きな論議となりました〉。

この本の副題は「フェミニストは黙らない」。「女性が経験する差別」を念頭に、暴力的な言葉に対してどう応じればよいか説いた一種のハウツー本である。まどろっこしい部分が多く、本としての出来はいまいちな印象があるものの、意図するところはよくわかる。右の事件が韓国社会に与えたショックはきわめて大きかったのだ。

ひるがえって日本はどうか。日本で第二波フェミニズムが産声を上げたのは七〇年代初頭。いわゆるウーマンリブである。『キム・ジヨン』が描きだすような、家庭や学校や職場における性差別は、この運動を通じてほとんど暴き出されたはずだった。

八〇年代に入るとフェミニズムという語が一般化し、女性学の研究が進んで、大きな成果を上げた。こうした運動や研究の達成として、一九八六年には男女雇用機会均等法が施行され、九九年には男女共同参画社会基本法が成立。九〇年代以降は、家庭科の男女共修（中学は九三年。高校は九四年）、育児休業法（九一年。九五年に育児・介護休業法に改正）、ストーカー規制法（二〇〇〇年）、DV防止法（二〇〇一年）といった法的整備も進んだ。つまり韓国と比較しても、フェミニズムに関して日本は一日の長があるはずなのだ。

しかし、現実を見れば、日本は男女平等先進国では全然ない。二〇一八年のジェンダーギャップ指数（GGGI）は、一四九カ国中、日本は一一〇位、韓国は一一五位で五十歩百歩。さらにいえば、『キム・ジヨン』に匹敵するほどのポピュラーな入門書も思い浮かばない。

もちろん、田中美津『いのちの女たちへ』（一九七二年）のような歴史的名著もあれば、『セクシィ・ギャルの大研究』（一九八二年）ほか上野千鶴子の一連の著作も、『セックス神話解体新書』（一九八八年）ほか小倉千加子の一連の著作もあるけれど、これらが出版されたのは三〇年以上前で、すでに古典に近い。Kフェミの本が日本で売れているのは、Jフェミの「三〇年の空白」を埋める役目を果たしているからではないか。

韓国よりもスタートが早かった分、日本のフェミニズムは二〇〇〇年前後に、保守系の論壇や政治家によって「ジェンダーフリー・バッシング」というバックラッシュ（反動）の波に、足もとをすくわれた。反省も込めていうと、フェミニズムに対する攻撃がこの方面の出版活動を停滞させ、結果的に若い世代を置き去りにした感は否めない。

とはいえ、Kフェミのストレートなメッセージに日本の若者たちが触発されているのだとしたら、それ自体が大きな変化の予兆だろう。最近も、「週刊SPA!」（一八年一二月二五日号）に掲載された「ヤレる女子大学生RANKING」なる記事に女性蔑視だという批判が殺到。大学生がはじめた署名は五万筆を超え、同誌は前向きな話し合いに応じた。MeToo運動の流れがこの後、どう発展していくのか。日本にも根付くのか。しばらく目が離せない。（2019.2）

【付記】『82年生まれ、キム・ジヨン』はその後も版を重ね、二〇万部にせまるベストセラーとなった。また、Kフェミ文学はこの後も続々と訳され、大きなブームに発展した。

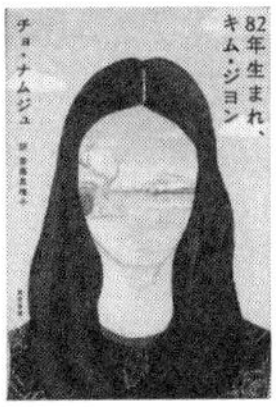

『82年生まれ、キム・ジヨン』チョ・ナムジュ／斎藤真理子訳、筑摩書房、二〇一八年〈誰も女性だからという理由で卑下や暴力の対象になってはならないと考えてきました。（略）よくあることだけれど、本来は、それらを当然のことのように受け入れてしまってはいけない〉（「日本の読者の皆さんへ」）。精神を病んだ主人公が女として抑圧されてきた半生を医師に語る、韓国のミリオンセラー小説。

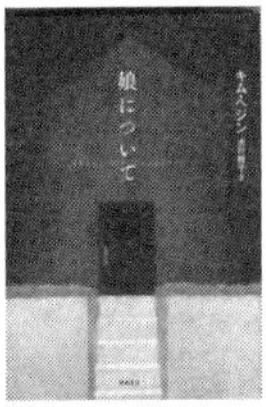

『娘について』キム・ヘジン／古川綾子訳、亜紀書房、二〇一九年〈拒絶する側と、私たちは間違っていないと訴える側。そのちょうど中間に立たされた「私」の視点で、マイノリティの過去と未来、同性愛者の娘を前に苦悩する母の心、不安が増してゆくばかりの老後、老いに対してあまりに不寛容な社会の現実などが綴られていく〉（「訳者あとがき」）。母と娘とその恋人の会話は緊張感いっぱい。

『私たちにはことばが必要だ――フェミニストは黙らない』イ・ミンギョン／すんみ＋小山内園子訳、タバブックス、二〇一八年〈過激だとか極端だとか言われるのをおそれて女性が言いたいことを言えないという状況は、時間や場所を越えどこでも起きる〉（「日本の読者のみなさんへ」）。著者は延世大学大学院生。セクシスト（性差別主義者）に対抗する言葉の出し方をレクチャーする。

困ったもんだよ、夫婦のトリセツ

黒川伊保子『妻のトリセツ』という本が売れているらしい。
巻頭言にいわく〈本書は、脳科学の立場から女性脳の仕組みを前提に妻の不機嫌や怒りの理由を解説し、夫側からの対策をまとめた、妻の取扱説明書である。戦略指南書と言い換えてもいい。要は、「夫」という役割をどうこなすかはビジネス戦略なのだ〉。

悩める男性向けの本のようだが、どうも疑似科学っぽい。第1章でこんなことといってるし。〈女性脳は、体験記憶に感情の見出しをつけて収納しているので、一つの出来事をトリガーにして、その見出しをフックに何十年分もの類似記憶を一気に展開する能力がある〉。そのような能力は〈女性脳が子育てのために備えている標準装備だ〉。

女性脳だ、男性脳だといいたてる本が、そういえば前にもありましたね。
〈今日では、男と女では脳の働きがまるでちがうことがわかっている。男女間に起こる問題の大半は、そこに由来しているのだ〉。アラン・ピーズ&バーバラ・ピーズ『話を聞かない男、地図が読めない女——男脳・女脳が「謎」を解く』（藤井留美訳、主婦の友社）の一節である。二〇〇〇年のベストセラーで、なんと二〇〇万部も売れたそうだ。

『妻のトリセツ』もこの種の疑似科学本なのだろうか。

原因は脳の性差ではなく環境の差

みんなが興味を持ちそうなコミュニケーションの話から見てみよう。

女性の特徴について著者はいう。〈女性脳の、最も大きな特徴は、共感欲求が非常に高いことである。「わかる、わかる」と共感してもらえることで、過剰なストレス信号が沈静化するという機能があるからだ〉。このため女性は〈よるとさわると、自分の身に起こったささやかなことを垂れ流すようにしゃべり合い〉、〈盛大に共感し合〉う。

男性の特徴は？〈会話の主たる目的が問題解決である男性脳は、こういう会話が理解できない〉。仕事の愚痴を妻にいっても仕方がないし、妻の話を聞いても〈「〇〇すればいいんじゃない？」「やらなくていいよ、そんなもん」と、いきなり問題解決してしまう〉。そのため「思いやりがない」「私の話を聞いてくれない」と妻は不機嫌になる。

女性は共感を、男性は問題解決を求める。たしかによく聞く話である。

しかしはたして、それは「脳」のせいなのか。仮に女性は共感、男性は問題解決に向かう傾向があったとしても、十分「環境要因決定説」で説明できるのではないか。

まず男性ね。日々外で働く男性は、大事から小事まで、年中「問題解決」を迫られている。グズグズ迷っている暇はなく、トラブルは次々襲ってくる。よって思考はおのずと「早急な解決方法」に向かう。いうならば、これは社会的訓練の賜である。

では女性はどうか。女性は職場でも家庭でも、そもそも責任のある決断を任されてこなかった。彼女が懸命に考えて出した結論も、「何をいってる」「話にならん」などの一言で一蹴される。それがたび重なればストレスはたまり、誰かに愚痴らずにはいられなくなる。また、結論を否定され続けた人生は、解決策を探す思考から彼女を遠ざける。どうせ考えても無駄だ、という経験が彼女を無駄話の女王にした。そういうことじゃない？

男女の行動の差はつまり「脳の性差」ではなく、環境と立場に由来する差なのだ。現に私が知る限り、社会的責任のある立場の女性に、無駄話の女王は少ない（逆に中間管理職などで、話の長い男性は多い）。〈よるとさわると、自分の身に起こったささやかなことを垂れ流すようにしゃべり合〉っているのは、女性ではなく暇人の特徴であろう。

なので、本書のアドバイスもひたすらトンチンカンである。〈共感するフリでいい〉から〈ひたすら共感〉してやれと著者はいう。〈「うん、うん、わかるよ」「ひゃ～、そりゃ大変だ」〉でいいのだ、と。ほんとかそれは。「ひゃ～、そりゃ大変だ」と上の空で相槌を打たれて嬉しいか？マジメに話してんだから、そっちもマジメに考えろ！でしょうよ。

家庭内での性別役割分業にも、この本は言及している。

総務省統計局の二〇一六年の調査によれば、六歳未満の子どものいる夫婦の一日の家事育児時間は、夫が八三分、妻は四五四分だった。共働きの夫婦だと、夫は四六分、妻は二九四分。ひどい差だ。家事には、料理、洗濯、掃除、ゴミ捨てといった「名前のある家事」のほかに、こまごまとした「名もなき家事」が山のようにある。ところが〈目の前の観察力の低い夫はほとんど気づいていないのが現実だ〉。一方、〈妻たちは、日々「ついで家事」を行っている〉ため、気が利かない夫へのイライラがつのる。よくある話ではある。

著者によれば、これも脳の性差が原因という。〈男性脳に、女性脳が求めるレベルの家事を要求すると、女性脳の約3倍のストレスがかかる〉のだそうだ。女性脳は「トイレに立ったついでに、あれをしてこれをして」と比較的長いスパンで物事を考えるが、〈男性脳は、空間認知をして危険察知することに神経信号を使っているために、この能力は低い〉。よって〈名もなき家事に太刀打ちできない男性脳が、名もなき家事と戦っている妻を助けることは、不可能に近い〉。で、アドバイス。妻の爆発を防ぎたければ〈とにかくねぎらうことである〉。

ねぎらうだけで家事を回避できるなら、夫としてはしめしめである。

「名もなき家事」問題も、脳の性差ではなく、完全に経験値の差で説明できる。女性に一日の長があるのは、第一に幼い頃から「よく気がつくこと」をよしとするジェンダー規範を叩きこまれたこと、第二に「自分が家事の責任者」という、これもジェンダー規範ゆえに身についた使命感ゆえであろう。つまりは教育の問題。現に専業主夫の男性は必要上「名もなき家事」にもちゃんと気が回るし、必要がなければ女性だって細かいことは気にしない。

この本の問題点は、すれ違いの原因を本気で考えようとせず、小手先のあしらいで、すべてすまそうとしている点なのだ。妻なんか適当に丸め込んでおけば円満にいくんだよ、という現状補完的な態度。脳の性差が科学的に証明できるかどうかではなく、脳の性差で事態を説明しようとする姿勢が反動的なのよ。昭和の夫婦観から抜け出ていないのよね。

夫は四六分、妻は二九四分の原因は?

まあでも、こういう本が売れるのは、夫婦間のコミュニケーションで悩んでいる人がそれほど多い証拠だろう。実際、類書も多数出版されている。

高草木陽光『なぜ夫は何もしないのか　なぜ妻は理由もなく怒るのか』もそんな一冊。〈夫婦関係は「相手を知り、ちょっとしたコツさえつかめば、うまく機能していく」ことを多くの人に知っていただきたい〉という目的は『妻のトリセツ』と同じだが、内容は多少マシである。

〈夫は、アドバイスを求める／妻は、共感を求める〉という案件も、妻の「相談があるの」には〈すでに答えが決まっている相談、本気で意見を聞きたい相談、とりあえず思いを吐き出したい相談〉の三つがあるといい、夫には〈一つめに対しては「NOと言わない」。二つめは「アドバイス」や「提案」を。三つめは「共感」あるのみです〉とアドバイスする。

家事をめぐる争いは〈夫は、教えてほしい／妻は、自分で考えてほしい〉という要求の違いだと説明する。例として示されているのはこんな場面だ。

食器を洗った後、リビングでテレビを見ていた夫。すると妻がいった。〈食器を洗っただけで〝家事に協力的な夫〟だなんて勘違いしないでよね!〉。夫はカチンときつつも、グッと抑えて〈そんなこと思ってないよ。何かしてほしいことある?〉ときいた。妻の答えは〈そんなこと自分で考えなさいよ!〉。夫への著者のアドバイスは〈妻を労わる言葉がけ「一日一言」を!〉、妻には〈夫にしてほしい家事の内容や方法を紙に書き出しましょう〉。

夫にも家事をさせようとしている点で『妻のトリセツ』よりはマシである。とはいえ、共働きでも家事の責任者は妻、という発想からは出ていない。結果的に妻の負担は決定的には軽減されず、夫は四六分、妻は二九四分という時間差も解消はしないだろう。

とまあこのように、夫婦問題の解決本は、日常的なトラブルをいかに最小限に抑えるかという目先の問題に終始する。読者が求めているのも目先の解決法だから致し方ない面はあるにせよ、それをやっている限り現状は変わらず、問題は解決しない。

もっと新しい発想の本はないの？　と思っていて見つけたのがこの本だった。**小室淑恵＋駒崎弘樹『2人が「最高のチーム」になる』**。副題は「ワーキングカップルの人生戦略」。

〈「大黒柱ヘッドギア」を外そう〉という話から本書ははじまる。「大黒柱＋専業主婦」の家族モデルはもう現実的ではない。ではどうするか。ここからスタートすると、結論はだいぶ違ってくるのである。例のコミュニケーション問題は、「男は問題解決型、女は共感型」になる理由として本書は〈女性の「モデル」の少なさ〉をあげている。男性は働く上でのモデルが多いので、壁はまだ乗り越えやすい。が、女性にはモデルにできる同性の先輩が少ないため、不安が多く愚痴が増える。つまり〈男性は女性が職場で置かれている環境を体感しておらず、辛さに共感できない〉。働く妻や女性の部下を持つ男性はもっと想像力を働かせよ、と。

家事についても、妻の不満がたまる理由は〈家事を分担し切っていない〉から、と明快だ。大きな家事（名前のある家事）も、小さな家事（名もなき家事）もすべてリストアップし、「ポイント制」にして、ゲーム感覚で得点を競ってはどうか。
そんな非現実的な……とも思うが、要は発想の問題なのだ。彼らが提唱するような方向に舵を切らない限り、日本の夫婦は負のスパイラルから抜け出せない。ちなみにこれは二〇一一年の本である。それから八年たってもまだ出る、昭和の残滓みたいな『妻のトリセツ』。夫は四六分、妻は二九四分という家事時間の差がなぜ生じるかが、逆によくわかる。

(2019.6)

『妻のトリセツ』黒川伊保子編著、講談社＋α新書、二〇一八年〈妻は納得。夫は感謝!〉〈脳科学から解けば、ややこしい夫婦関係も意外にカンタン!〉（帯より）。著者は人工知能研究者。「男性脳」「女性脳」という主語を使って「妻が怖い」という夫たちに妻の扱い方を伝授する。ひたすら下手に出て機嫌を損ねないようにしろと教えるが、先端科学ぶっているわりには古臭い。

『なぜ夫は何もしないのか　なぜ妻は理由もなく怒るのか』高草木陽光、左右社、二〇一七年〈また同じパターンでケンカしてる?〉〈クスッと笑えて役に立つ38の処方箋〉（帯より）。著者は夫婦問題カウンセラー。夫婦ゲンカでは「夫は、逃げる／妻は、責める」、子育ては「夫は、ときどき育児に参加したい／妻は、ときどき育児を休みたい」。頷ける部分も多いが、夫婦モデルはまだ従来型。

『2人が「最高のチーム」になる　ワーキングカップルの人生戦略』小室淑恵＋駒崎弘樹、英治出版、二〇一一年〈成果を上げる秘訣は、「家庭」にありました〉（帯より）。著者はワーク・ライフバランス推進組織の代表者で、それぞれ共働きで子育て中。「テニスでダブルスを組む」ような夫婦をモデルに生活術を提案。恐妻家ぶっていると本当に妻が嫌いになるぞと脅かす。やや青臭いが新鮮。

三〇パーセントの女性議員が社会を変える

二〇一九年一二月、世界経済フォーラムが二〇〇六年から調査している「グローバル・ジェンダー・ギャップ指数（GGGI）」の最新版が発表になった。政治、経済、教育、健康の四分野で男女格差がどのくらいあるかを数値化した国別のランキングである。

日本は一〇五位（一三年）、一〇四位（一四年）、一〇一位（一五年）、一一一位（一六年）、一一四位（一七年）、一一〇位（一八年）と、第二次安倍政権発足後ずっと一〇〇位以下をうろうろしていたが、一九年の調査では、なんと過去最低の一五三カ国中一二一位！　ついに中国（一〇六位）にも韓国（一〇八位）にも抜かれ、一二〇番台の大台に乗った。最大の理由は政治分野の低迷で、政治分野のみの順位は一八年の一二五位からさらに転落して一四四位。女性国会議員と女性閣僚の少なさが足を引っ張ったらしい。

こうした傾向を是正するため、一八年五月には、政党や政治団体に男女の候補者数を均等にする努力義務を課す「政治分野における男女共同参画の推進に関する法律（日本版パリテ法）」が成立したが、この法律自体を知らない有権者がいまも多い。現在、日本の衆院に占める女性議員の割合は一〇・二％（下院の国際平均は二四・三％）、参院でも二二・九％。情けないことに、地方議会では女性ゼロの議会が二割を占める。

なぜ日本では女性議員が増えないのか。もしかして私たちはひどく特殊な国に住んでいるのか。女性議員の少なさは政策にどう影響するのか。ここはしばし、真剣に考えてみたい。

そもそも「政治」に女性は存在しない？

日本に女性議員が少ない理由は多々あるが、女性の政治進出を阻む要素として、彼女らを見るこの国の人々の目が、いかに偏見に満ちているかは認識しておくべきだろう。

その悪しき見本が、古谷経衡『女政治家の通信簿』（小学館新書）だ。小池百合子東京都知事ほか、与野党約三〇人の女性議員をえらそうに論評したこの本は、〈自民党は元より、野党にも、議員としての資質を疑いたくなる女性議員が一定数存在し、一部を除いて常に国政に災いをもたらしてきた〉と断じる。〈彼女たちがもし男性であったら、閣僚はおろか議員にすらなれていなかったに違いない。美人代議士、女政治家というだけで下駄を履かされて政界に進出してきた彼女たちは、結局のところその素養・実力のなさが災いして搦め手をメディアに突かれ、辞職や辞任に追い込まれていく。「女だから」という理由で無理矢理下駄を履かされて政治の中に登場してきた彼女たちの大半は、何ら政治的実績を残していない〉。

本人は差別的なことを書いているとは思っていないのであろう。が、右の苦言に事実が含まれているとしても、彼女らと同じかそれ以上に国政に災いをもたらし、辞職や辞任に追い込まれた

〈いまものさばっている〉男性議員がどれほど多いか。素養も実力もないのに「男だから」というだけの理由で下駄を履き、議員になれたのはどっちなのさ。

もっとも、こんな駄本にかまっている暇はない。現状は想像以上に悲惨なのだ。

前田健太郎『女性のいない民主主義』は、国会議員のみならず、日本では事務次官や局長といった中央官庁の最高幹部の女性占有率が三・九％（ＯＥＣＤ加盟国の平均は三三％）であることを問題にする。〈日本の政治には、まず何よりも、男性の手に権力が集中しているという特徴がある。今日、これは少なくとも先進国の間ではあまり見られない現象である〉。

民主主義にとっては、さまざまな階級、ジェンダー、民族などの代表が人口に応じて反映された議会が望ましい。同じ経験を共有する女性政治家が多ければ、女性の意見は争点化されやすく、男女比が均等に近いほど、その政治体制は民主的といえる。

ところが、これまでの政治学はジェンダーの要素を考慮してこなかった。民主主義の手本として通常思い浮かべるのはイギリスやアメリカだが、女性参政権に注目すると、最初に女性参政権を導入したのはニュージーランド（一八九三年）で、オーストラリア（一九〇二年）、フィンランド（一九〇六年）、ノルウェー（一九一三年）がそれに続く。同じ制度をアメリカが導入したのは一九二〇年、イギリスは一九二八年、フランスは一九四四年だ。この観点でいけば、英米は民主主義の後発国。〈女性参政権も含めた形で民主主義の概念を厳密に適用するならば、政治学の教科書における民主主義の歴史は書き換えられねばならない〉。

右の事実は、私たちが「政治」について考える際、どれほど女性を排除して考える癖がついているかを如実に物語っている。

男女比の不均衡は幾多の弊害を生む。男性が一方的に説明し、女性は聞き役に回る（マンスプレイニング）。男性が女性の意見をさえぎって発言する（マンタラプション）。女性の発言を自らの意見として男性が横取りする（ブロプロプリエイション）。いずれも女性にとっては「あるある」だろう。名称がついているくらいだから、こうした男性の態度がいかに横行しているかである。〈このような現象が生じるのは、組織の男女比が、組織規範のシグナルとなるからだ〉と前田はいう。男性が多い組織に属する女性は〈その組織では男性らしい行為が要求されているというシグナルを受け取る〉ため、本来の力を発揮できないのだ、と。

では、男女が対等に議論できる比率はどのくらいなのだろうか。

国際機関や各国政府機関は、この数字を女性比率三〇％以上とし（クリティカル・マスという）、多くの国が三〇％を達成するための努力を続けてきた。日本でも、小泉政権下の二〇〇三年に、「2020 30（二〇二〇年までに官民の指導的地位に占める女性の割合を三〇％にする）」という目標を掲げている。

男女平等が進んでいるのはEU加盟国や北欧諸国のイメージかもしれないが、女性議員の比率に話を戻すと、上位に並ぶのはアフリカや中南米の国々だ。一九年二月現在、トップはルワンダで六一・三％。以下、キューバ五三・二％、ボリビア五三・一％、メキシコ四八・二％、スウェーデン四七・三％、グレナダ四六・七％、ナミビア四六・二％、コスタリカ四五・六％、ニカラグア四四・六％、南ア四二・七％。

少し前の本だが、**辻村みよ子『ポジティヴ・アクション』**を読むと、女性議員の数を増やすために、各国がどんな取り組みをしてきたかがよくわかる。ヨーロッパでは七〇年代に女性議員増加策が模索されたが、アジア・アフリカ諸国がめざましい進歩をとげたのは二〇世紀終盤、中南米諸国が著しく進歩したのは二一世紀初頭だった。九〇年代の内戦で大きなダメージを被ったルワンダは、二〇〇三年に施行された憲法で意思決定機関の少なくとも三〇%を女性に与えることと定め、「議席リザーヴ制」によって、男性だけでなく一部の部族への権力の集中も防ぐ方式をとってきた。ただし、この方式は例外で、多くの国が採用しているのは、候補者のうちの一定の割合を女性に割り当てるジェンダークオータ制である。

こうした制度は現在一〇〇近くの国で取り入れられており、韓国では〇〇年、中国では〇八年にクオータ制が導入され、その後も整備が続いている。例外はアラブ諸国と日本だけという。

世界の流れに取り残された日本

とはいえ日本も、ずっと低迷しっぱなしだったわけではない。**三浦まり編著『日本の女性議員』**によれば、一九九〇年代は女性議員の「躍進の時代」だった。一九八九年の衆院選で女性が躍進した「マドンナ旋風」も大きかったが、九〇年代は、社会党には土井たか子、自民党には森山眞弓という、選挙区で勝ち上がった有力な女性議員がおり、また九六年に発足した「自社さ」連立政権では、社会党党首が土井たか子、新党さきがけ代表が堂本暁子で、与党三党中二党の党首が女性という稀有な状況が出現した。

結果、九〇年代後半から〇〇年代初頭には、超党派の女性議員の努力もあり、母体保護法、男女共同参画社会基本法、ストーカー規制法ほか、女性の問題に直結する多くの法律が制定された。まさに〈女性当事者として女性問題に関心と憂慮を持つ女性議員が政治的《ポジション》を手にしたとき、女性の視点を反映した女性政策が進展する〉のである。

そんな追い風はしかし、〇〇年代後半にぴたりとやみ、女性政策は低迷する。〇五年の総選挙における「小泉チルドレン」や、〇九年の政権交代選挙における「小沢ガールズ」など、〇〇年代後半は女性議員が飛躍的に増加した時代だったが、小泉純一郎や小沢一郎は女性の積極的登用を制度化するまでには至らず、せっかく誕生した民主党政権も女性議員の増加を政策化せず、女性閣僚を積極的に登用もしなかった。

主体的に政治にかかわった九〇年代の女性議員とは違い、彼女らは〈男性の目線から使い勝手のいい女性が選別されるという構図〉の中で「政治的客体」として扱われた。〈メディア報道を通じて「客体化される女性像」が流布し、次世代の女性たちの主体性獲得の可能性を狭めたとしたら、その功罪のうちの罪の重さはずっと重いものになるだろう〉。

こうしてみると、日本のGGGIが一二一位である理由は明白。各国が女性議員の数を増やし、ジェンダー平等政策に腐心している間、何の手も打たなかった日本は世界に完全に取り残されたのだ。女性議員を茶化す風潮も、選択的夫婦別姓法案が二〇年以上通らないのも、セクハラやレイプに対する認識が甘いのも、女性議員の少なさと無縁ではない。

一九年七月の参院選は「日本版パリテ法」施行後初の国政選挙だったが、各党の女性候補者の割合は、自民党一四・六％、公明党八・三％、立憲民主党四五・二％、国民民主党三五・七％、共産党五五％、維新の会三一・八％、社民党七一・四％、れいわ二〇％だった。野党には改善のきざしが見えるが、与党は相変わらずである。有権者は女性議員の数にもっと敏感になる必要がある。政治や社会はそこから変わるかもしれないのだ。

（2020.2）

【付記】二〇二〇年七月、日本政府は「２０２０３０」の目標を断念。「二〇三〇年までの努力目標」に変更した。安倍政権下で成立した「女性活躍推進法」は何の役にも立っていないことがわかる。

『女性のいない民主主義』前田健太郎、岩波新書、二〇一九年〈何が女性を政治から締め出してきたのか。そもそも女性が極端に少ない日本の政治は、民主主義と呼べるのか〉（カバー袖より）。これまでの「常識」だった男性中心の政治学をジェンダーの視点からひっくり返した快著。理論に拘泥しすぎてややわかりにくいのが難点だが、発見も多い。最終的には日本でもクオータ制の導入を推奨。

『ポジティヴ・アクション――「法による平等」の技法』辻村みよ子、岩波新書、二〇一一年〈政治・雇用・教育等における差別や格差を解消し、多様な人びとの実質的な平等を確保する手法、ポジティヴ・アクション（積極的格差是正措置）。（略）各国の状況を紹介し、日本の選択肢を見据える〉（カバー袖より）。国会議員や国家公務員など日本で極端に少ない女性を増やすための各国の方策を紹介。

『日本の女性議員――どうすれば増えるのか』三浦まり編著、朝日新聞出版、二〇一六年〈女性議員が少ないと、なぜいけないのか？ 増えるとどうなるのか？（略）アンケートやインタビューをもとに、女性議員の過去、現状、将来を考える〉（カバー裏表紙より）。七人の研究者による共同研究。女性が政治家になるのを阻む要因から、議員になるキャリアまでを幅広く検証する。

ＬＧＢＴドラマではわからないこと

ＬＧＢＴを肯定的に描いたテレビドラマがこのところ目につく。

たとえばテレビ朝日系の「おっさんずラブ」（二〇一八年四月〜六月）。

不動産会社の東京営業所を舞台に、女子にはもてない社員の春田創一（三三歳・田中圭）と部下の春田に恋した営業部長黒澤武蔵（五五歳・吉田鋼太郎）を軸にした、これはオリジナルのラブコメディだ。仕事の話と偽ってデートに誘う、嫌がる相手にしつこく迫るなど、黒澤部長のやり方がセクハラ上司そのものなので、世評の高さに反して私はあまり評価していないのだが、同じく春田に恋する後輩の牧凌太（二五歳・林遣都）が参戦したことで物語は春田をめぐる恋愛バトルに発展。好評につき、テレビ朝日は、田中圭と吉田鋼太郎を再度起用し、格安航空会社を舞台にした第二シリーズ（一九年一一月〜一二月）を放送したほどだった。

あるいはテレビ東京系の「きのう何食べた？」（一九年四月〜六月）。

よしながふみのマンガを原作とするこのドラマは、弁護士の筧史朗（四五歳・西島秀俊）と、美容師の矢吹賢二（四三歳・内野聖陽）という中年ゲイカップルの物語だ。何事にもオープンな賢二と、ゲイであることを職場では公表していない史朗。小さな行き違いを含め、ドラマは二人の日常を丁寧に追う。料理上手な史朗が買い物や炊事にいそしむシーンは料理番組風。好評につき、こちらも二〇年の元日にスペシャル版が放送された。

これらメンズラブ（ML）系の民放ドラマとは別に、NHKでもLGBTへの誤解に一石を投じる作品が制作されている。ファストファッション会社で働くトランスジェンダーのOL（志尊淳）を主人公にした「女子的生活」（一八年一月。連続四回）とか、ボーイズラブ（BL）好きな女子高校生（藤野涼子）が、知らずにゲイの男子高校生（金子大地）と付き合いはじめる「腐女子、うっかりゲイに告る」（一九年四月〜六月）とか。

「LGBTは生産性がない」と書いた自民党・杉田水脈議員の論文（「『LGBT』支援の度が過ぎる」／「新潮45」一八年八月号）に批判が集まり、「新潮45」が休刊に追い込まれたのは一八年九月だった。半面、右のようなドラマが歓迎されている昨今、LGBTに対する世間の理解はかなり進んだように見える。が、実際はどうなのか。差別や偏見はなべて無知に由来する。あえていうけど、この件に関しては本でちゃんと勉強したほうがいいのである。

身近な人からカミングアウトされたら

基本的なことから確認しておこう。

LGBTとは、レズビアン（女性を恋愛対象とする女性）、ゲイ（男性を恋愛対象とする男性）、バイセクシュアル（女性も男性も恋愛対象となる人）、トランスジェンダー（生まれたときの性別に違和感を抱く人）の頭文字をとった性的マイノリティの略称である（ただし男女どちらにも性的な感情をもてないアセクシュアルなど、ＬＧＢＴに含まれない性的マイノリティもいる）。このうちＬＧＢは、性的指向（異性と同性のどちらが恋愛対象か）に、Ｔは性自認（生まれたときの性に違和感を抱くか否か）にかかわっている。数からいえば、性自認が身体的な性と一致し（シスジェンダー）、性的指向は異性愛（ヘテロセクシュアル）の人が多いため、ＬＧＢＴは長い間「規格外」とされてきた。だが、性は本来もっと多様なものなのだ。

――と、ここまでは、私もいちおう理解しているつもりだった。しかし最近の本を読んでみると……われながら、全然わかってなかったじゃん！

石田仁『はじめて学ぶＬＧＢＴ』には「基礎からトレンドまで」という副題がついている。トレンドって何？　と思ったが、たしかに文化的なトレンドはあったのだ。九〇年代の「Mr.レディ」ブーム。〇〇年代以降の「オネエ」キャラのタレントブーム。こうした現象を見る限り、日本社会は「性の越境」や同性愛に寛容に思える。事実はしかし、そう単純ではない。

仲のよい友人に自分は同性愛者だと告げられたらどんな気持ちになると思うか。一五年の意識調査では、この質問に六割以上が「理解したい」と、四割近くが「言ってくれてうれしい」と答えた。とりわけ二〇代～三〇代の若年層や女性には肯定的な意見が多く、否定的な意見が多かった高齢者や男性と明確な対比をなす。

しかし、職場の同僚が同性愛者だったらという質問には二〇代の三割近くが「嫌だ」「どちらかといえば嫌だ」と答え、「自分の子ども」となると「嫌だ」「どちらかといえば嫌だ」が五割を超えるのだ。この傾向は「性別を変えた人」に対してもほぼ同じ。一般論としてはOKでも、身近な人はNG。それが現実。ドラマ人気も、絵空事だからという側面は拭えない。

当事者を苦しめるのは世間（具体的には学校や職場や家庭）の、そんな不寛容である。当事者に対するある調査では、高校生になるまでの間にLGBTであることを誰にも伝えられなかった人が（生まれたときの性別の）男子で約五割、女子で約三割。ごく少数にしか伝えていない人まで含めれば全体の四分の三に及ぶ。よく「LGBTといわれても、私の周りにはいないし」という人がいるが、これが大きな間違い。「いない」のではなく「伝えにくい」のだ。

日本の人口に占めるLGBTの割合は七～八％、左利きの人や血液型AB型の人と同じくらいの割合といわれる。三〇人のクラスなら二人くらい。石田仁は統計の取り方からこの数字に疑問を呈しているが、いずれにしても「周囲にいない」ことはありえない。〈必要なのは〝分類〟ではなく、寄り添い〉だと石田は説く。〈テレビ番組などでは、オネエタレントの好奇な言動として性別違和や同性愛が表現されることが多く、おうおうにして「笑ってもよい」「気持ち悪い」という文脈の中で発信されます。／その価値観に影響された子どもたちは、「自分がそうかもしれない」と気付いたとき、自己嫌悪をくり返すことも少なくありません〉。

笑いではなく命がかかった問題

では当事者たちの思いとは、どのようなものなのだろうか。

以上を踏まえて、もう少し具体的な事例を読んでみよう。

遠藤まめた『オレは絶対にワタシじゃない』は、女に生まれたことに幼い頃から違和感を持ち、悩み続けた末にＬＧＢＴへの理解を深める活動をはじめたトランスジェンダー男性の活動の記録である。なぜＬＧＢＴの活動をはじめたのかという問いに、著者は〈一〇代の頃に「ノー・フューチャー」だったから〉だと答えている。

幼少期から、七五三の着物に泣き、リカちゃん人形を与えられることに恐怖した子どもは、小学校でさらなる困難に直面する。〈男子は『ぼく』、女子は『わたし』と書きましょう〉と教師に指導された作文の授業。ランドセルなどの持ち物を赤で統一されること。スカートが嫌いで、バイオリンの発表会で着せられるワンピースの恐怖。仲間うちで著者は「おとこおんな」と呼ばれていたが、教師はいった。〈『おとこおんな』なんて失礼なことを言ってはいけません。遠藤さんは、ちゃんとした女の子なんですから！〉

その後進んだ中高一貫のミッション系女子校は、女子が「ただの人」でいられる分、居心地は悪くなかったものの、辛いのはセーラー服だ。〈先生、もうスカート、イヤなんですよ。すごくつらくて、どうしようもなくて、毎朝ほんと地獄なんですよ〉。せめて体操服ですごさせてと請願すべく、教員室のドアを開けた高校二年の夏。教師の言葉はつれなかった。〈うーん、性同一性障害ねえ〉〈今は思春期だから、誰だって考えたり悩んだりする時期はある〉。それでも〈卒業すると、それなりにメイクして、女の子っぽい感じになって、結婚して子どもを産んでいる人たちもたくさんいるよ〉。無知無理解とはかくも恐ろしいのである。

もう一冊。**砂川秀樹『カミングアウト』**。ゲイであることを公にしている著者が、ゲイやレズビアンによる八件の実例（カミングアウトストーリー）をもとに、カミングアウトするとどうなるか、その先どんな関係に変わるかを考察した本である。

親しい友達にはなんとか告白できても、家族や職場のハードルは高い。カミングアウトした人の理由はいろいろだが、多くはのっぴきならない事情と直結している。一緒に住んでいる同性カップルを家族に紹介していなかったため、病に冒されたパートナーの最期に立ち会えなかった、ひとりで悩みを抱え込んでいたため家族との関係が悪化したなど。

とりわけ深刻なのは、精神疾患などの精神的な問題を抱えている場合である。うつ病などでクリニックに通っていても、自分の性的指向について医師やカウンセラーに話していない人は少なくない。「関係ないから」という人もいるそうだが、異性愛者が多数の社会で、絶えず自分を偽らなければならないことが〈その人の精神状態に影響を全く与えないということがありえるだろうか〉と著者は問う。恋愛や結婚についてなにげなく話せる異性愛者と、隠すことが当たり前の同性愛者との差は看過できない。

『はじめて学ぶＬＧＢＴ』は、〈性的マイノリティの中に抑うつや不安、身体症状の不調など、心や体の問題を抱える人の割合が多いこと〉を指摘している。男性の同性愛者は異性愛者にくらべ、自殺企図（自殺しようと試みる）のリスクが約六倍、という調査結果もある。ＬＧＢＴは、笑いのネタどころか、命がかかった問題なのだ。

以上をみると、問題があるのは本人ではなく、圧倒的に周囲なのだということがわかる。二〇一九年、世界保健機構（ＷＨＯ）は「性同一性障害」を「精神障害」の分類から外した。ＬＧＢ

Ｔに対する世界の認識は変わりつつあるが、性の多様性について教えていない学校がほとんどの日本はまだまだお寒い状況だ。ドラマはＬＧＢＴを感覚的に肯定するキッカケにはなっても、それでわかることはわずかである。もう一度いうね。本で勉強してください。

(2020.3)

『はじめて学ぶＬＧＢＴ――基礎からトレンドまで』石田仁、ナツメ社、二〇一九年　ＬＧＢＴという「少数者」について学ぶことは〈同時に、多数者（マジョリティ）とは「誰」であり、多数者であることは「どういうこと」なのかについて学ぶことにもつながっています〉（「はじめに」）。基礎知識から教育、法律、科学、心身のケア、カルチャーまで、学習参考書並みの密度で説いた入門書。

『オレは絶対にワタシじゃない――トランスジェンダー逆襲の記』遠藤まめた、はるか書房、二〇一八年　〈オレは男のはずなのに、なぜか女の体。おまけに女子校で、セーラー服姿の毎日。苦しすぎて、もう限界――〉（帯より）。著者はＬＧＢＴの啓蒙活動を続けるトランス男子。自身の体験をベースにしながらも、通読すれば一通りのことはわかる楽しい入門書。運動の方法論なども学ぶ点大。

『カミングアウト』砂川秀樹、朝日新書、二〇一八年　〈《本当の自分》を伝える。そのことがなぜこんなに苦しいのか――自分が性的少数者であると打ち明けること。それは必然的にわたし／あなたの関係の再構築を要請する〉（カバー袖より）。著者はオープンリーゲイの文化人類学者。カミングアウトは、した人もされた人も当事者にする。紹介された八人の例は多様だが、どれも身につまされる。

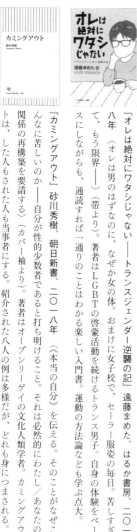

彼らの勘違い、彼女の異議申し立て

長島有里枝『「僕ら」の「女の子写真」から　わたしたちのガーリーフォトへ』という本がおもしろかった。著者は一九九三年にデビューして話題をさらった写真家。本書は自身もかつて巻きこまれた「女の子写真」というカテゴリーを、当事者の側から緻密かつ激烈に批判したフェミニズム批評で、何度となく私は込み上げる笑いが抑えられなかった。

「女の子写真」とは、帯文によれば〈一九九〇年代に若い女性アーチストを中心として生まれた写真の潮流―同世代の多くの女性に影響を与え、一大「写真ブーム」を巻き起こしたムーブメント〉である。この動きにはいくつかの背景があった。

第一に、九〇年代初頭に長島有里枝やヒロミックスら、七〇年代生まれの若い女性写真家が多数登場したこと。第二に、コンパクトカメラが普及し、街で写真を撮る女子高生らが増えたこと。第三に、写真専門学校で女子の比率が飛躍的に上がったこと。

当時のことは私もよく覚えている。「スタジオ・ボイス」などの雑誌がたびたびこの種の特集を組んでいたからだ。その渦中にいて時代の寵児のように見えた写真家はしかし、この現象に強烈な違和感を覚えていたのだ。問題はどこにあったのだろうか。

批評された当事者からの反撃

この本のおもしろさは、写真批評に対する批評、すなわちメタ批評である点だ。九〇年代の「女の子写真」というジャンルはどのようにつくられ、どう語られたか。嬉々として「女の子写真」を語る男性批評家らの、まあご陽気なこと。

〈彼女たちは、まるで呼吸するような軽やかさでシャッターを切る。これまで、ともすれば体力や技術の面で女性写真家の不利が言われがちだったが、撮影機材が電子化しコンパクトになることによって、女性でも無理なくこの表現メディアを使いこなすことができるようになった。そうなると、女性のしなやかな身体感覚と繊細な感受性は、むしろ写真にぴったりなのかもしれない。今後も女性写真家たちの動きはさらに活性化していくだろう〉。

写真評論家の飯沢耕太郎が「写真総論——90年代の新しい〈風〉」と題し、七〇年前後に生まれた女性写真家について書いた文章の一部である(『美術の窓』九五年二・三月合併号)。

これに対して、長島は厳しい論評を加える。〈「呼吸するような軽やかさ」「しなやか」「感覚」「繊細」「感受性」などの言葉で「女性らしさ」を強調されている〉。さらに〈女性写真家の台頭を可能にした要因はここでもまた、撮影機材の電子軽量化だと語られている。しかし〝機械の進歩〟が女性を「写真家」にするという言説は、それ以前に活躍した女性写真家たちがどのように写真家になったのかという疑問に答えることができない〉。

ほんとですよね。重たい機材の時代にも女性の写真家は大勢いた。アーティストではなく、雑誌業界や広告業界を支える職人としての、いわゆる「カメラマン」もである。

飯沢耕太郎の筆はしかし、なおも快調にスベる。

〈「ずっと欲しかったカメラ」を女の子たちが手に入れた時、何がおこったのだろうか。彼女たちはこれまでよりもずっと軽やかに、自由に、見方を変えればよりぞんざいでいい加減にこのツールを使い始めた。男の子たちにとって（かつて男の子だった者も含めて）、カメラはフェティッシュな呪具のようなものである。魔法の力を失わないようにいつでもぴかぴかに磨きあげ、手入れしておく必要がある。女の子たちにとっては、カメラはそのような神秘的な力を持つ道具にはほど遠く、ポーチの中にごちゃごちゃ詰め込まれた化粧品とほとんど変わらない〉（「スタジオ・ボイス」九六年三月号）。

飯沢が「ヒロミックスが好き」と題された特集号に寄せた文章の一部である。

素で読んでも、突っ込みどころ満載だ。男の子にとってカメラは「フェティッシュな呪具」だが、女の子には「ポーチの中の化粧品」と変わらない？　長島はスパッといい切る。〈このような飯沢の論じかたは、異性愛の規範に依拠したものだといえる〉。

私は随所で爆笑したものの、評論家にとって、これほど恐ろしい本もない。何気なく「褒めたつもり」の文章が、二十数年後に曝露され、「ほらごらん。こんなに差別的」と当の批評相手に粉砕されるのだ。他人事じゃないっすよ。冷や汗モノだよ。

長島の批判は批評する主体にも向けられる。

この当時、「女の子写真」を語る際の主語は、しばしばジェンダーが刻印された「僕ら」であった。たとえば「ヒロミックスが好き」のマニフェスト。〈初めて恋に打たれたような気持ちで世界を見るような、そんな写真が今、心から欲しいと思う。／行き詰まりは、純粋さだけが打ち破れる。／そう、僕らはヒロミックスが好きだ〉。

ここでいう「僕ら」とは誰なのか。「異性愛の男性の視点」だと長島はいう。「僕ら」が消費する「女の子」としてのヒロミックス像は、写真家自身の作品（下着姿の自らを撮ったセルフポートレートなど）の意図とはかけ離れていた。主語が「わたしたち」だったら、それはアメリカの第三波フェミニズムにつらなる実践として認識されたかもしれないのに、と。

右の分析でもわかるように、「僕ら」への対立軸として長島が提示するのは「わたしたち」の「ガーリーフォト」という概念だ。男たちが浮かれていたのと同じ現象が、女性の論者やインタビュアー、あるいは女性誌ではまったく異なる文脈で語られていた。そこには女性をエンパワーメントする言葉があふれていたし、少女たちがそれを歓迎したのも、従来の決めつけを逆手にとって「かわいさ」を主体的に選ぶ「ガーリー」な文化と、フェミニズムを標榜しないフェミニズム（第三波フェミニズム）に共通する側面があったからだと。

長島有里枝が批判したような言説はおそらく、映画も演劇も美術も音楽も文学も、あらゆる女性表現者に当てはまるだろう。女性ならではの感性、女性らしい繊細さ。それがどれほど無意味でバカバカしい褒め言葉であるかを、女性の表現者は大なり小なりみな知っているはずだ。この本はそれも含めて、女性の表現に対する人々の思い込みを逆転させるのだ。

論理的な反論を忌避する男たち

人々の思い込みを逆転させるという意味で、最近、印象に残った本がじつはもう一冊ある。フェミニズムマガジン「エトセトラ」第二号「特集 We LOVE 田嶋陽子！」である。作家の山内マリコと作家の柚木麻子の責任編集による号だ。

田嶋陽子って、あの田嶋陽子？　と思った人もいるだろう。

責任編集の山内マリコも巻頭言で書いている。〈田嶋陽子さんは九〇年代以降、「テレビでおじさんとケンカしてるフェミニスト」として認識されてきた。そして多くの人が、そんな彼女にちょっとネガティブなイメージを抱いてきた〉。

それは理由のないことではなかったと山内はいう。〈なぜならテレビはいつも、田嶋陽子さんの発言に不快感を示すおじさんたちの味方だったから。田嶋陽子さんの正論を、おじさんの論理でまるめこむことで生まれる笑いに加担してきたから。（略）そしてわたしたちはあのころ、テレビのいいなりみたいなもんだったから〉。

なぜ彼女は嫌われたのか。当時のバラエティ番組を見返した柚木麻子はこのように書く。〈田嶋陽子が真剣に人権の話をしているのに、「美意識」の話をしようとするから、嚙み合わないのだ。田嶋陽子の発言ばかりが取り沙汰されるのは、一人だけ明快で筋道が立てられているからだ。なんとなくまかり通っている根拠のないルールに対するキャッチーで論理的な反論。それに激しい拒否反応が起きたというのが田嶋陽子批判の正体だ〉。

田嶋陽子が「ビートたけしのTVタックル」などのテレビ番組で男の論客にひとりで立ち向かっていた九〇年代は、ヒロミックスらの「女の子写真」が雑誌でもてはやされていた時期と重なる。二つの現象を合わせると、当時のメディアがどんなメッセージを発していたかが浮かび上がる。女は「女性のしなやかな身体感覚と繊細な感受性」で勝負しなさいね。田嶋陽子みたいにガミガミと「論理的な反論」を振りかざす女はダメだからね。

なんとくだらないメッセージだろう。おかげで、九〇年代の女性写真家たちの作品の意図も、田嶋陽子の発言の意味もキャッチし損ねたじゃないの！

では、これに類する現代の現象はないのだろうか。

私が想起したのは昨年一九年の「#ＫｕＴｏｏ（クートゥー）」運動だ。

〈私はいつか女性が仕事でヒールやパンプスを履かなきゃいけないという風習をなくしたいと思ってるの。／専門の時ホテルに泊まり込みで1ヶ月バイトしたのだけどパンプスで足がもうダメで、専門もやめた。なんで足怪我しながら仕事しなきゃいけないんだろう〉。

二〇一九年一月、ひとりの女性の右のツイートからはじまった運動は「靴」と「苦痛」と「#ＭｅＴｏｏ」をかけた「#ＫｕＴｏｏ」に発展、一万八千筆の署名を集めた。その経緯は**石川優実『#ＫｕＴｏｏ——靴から考える本気のフェミニズム』**にまとめられている。

ちなみにこの件は国会にも持ちこまれ、二〇年三月、共産党の小池晃議員の質問に、安倍首相は「職場の服装について、単に苦痛を強いるような合理性を欠くルールを女性に強いることが許されないことは当然です」と答えた。署名は成果を上げたのだ。

とはいえこの本を開いた人は仰天するだろう。紙幅の半分以上を占めるのは、ＳＮＳ上で石川に浴びせられた読むに堪えない罵詈雑言と、それに対する彼女の執拗な反論だからである。こんなバカは放っときなよと思う人もいるだろう。だが、長島有里枝にとっての男の評論家と、石川優実にとっての匿名の攻撃のどこが違うだろう。相手が誰であろうと、不本意な言説とはとことん闘う。フェミニズムの実践とはそういうことなのだとあらためて教えられる。

(2020.5)

『「僕ら」の「女の子写真」から　わたしたちのガーリーフォトへ』長島有里枝、大福書林、二〇二〇年　著者は一九七三年生まれ。九三年、セルフポートレートでパルコ賞を受賞、写真界の寵児に。アメリカに留学後、二〇〇一年、木村伊兵衛写真賞受賞。巻頭言は「当事者から、異議を申し立てます」。九〇年代を中心に、女性写真家に対する言説を子細に分析する。引用も的確で、胸のすく快著。

『エトセトラ VOL2 特集「We LOVE 田嶋陽子！」』山内マリコ・柚木麻子責任編集、エトセトラブックス、二〇一九年　田嶋陽子は一九四一年生まれの英文学者。山内マリコは一九八〇年生まれ、柚木麻子は一九八一年生まれの作家。座談会、エッセイ、書評などのほか、ロングインタビューも収録され、かつての田嶋を知る人には目からウロコの、知らない人には興味津々の内容。

『#ＫｕＴｏｏ（クートゥー）——靴から考える本気のフェミニズム』石川優実、現代書館、二〇一九年　著者け一九八七年生まれのグラビア女優。二〇一七年、「ＭｅＴｏｏ」運動に啓発され、〈本気で怒ることにした。怒っていることがはっきり分かるような伝え方を意識的にした〉。女性が職場でハイヒールを強要されることへの抗議を「ＫｕＴｏｏ」のハッシュタグで展開、反響を呼んだ記録。

●番外編　新型コロナウイルスが来た！

人類の感染症史と新型ウイルス

中国の湖北省武漢市で「原因不明のウイルス感染性肺炎」の最初の症例が報告されたのが二〇一九年一二月。肺炎の原因が新種のウイルス（新型コロナウイルス）と特定され、それによる急性呼吸器疾患がＣＯＶＩＤ—19と命名されたのが二〇年二月一一日。

しかし、ほとんどの日本人が当初は「対岸の火事」と思っていたはずである。

この件が衆目を集めはじめたのは、クルーズ船「ダイヤモンド・プリンセス」が横浜港に停泊した二月三日頃からだろう。香港で下りた乗客のひとりが下船後に発熱し、新型コロナ陽性と判明。同船の検疫でも陽性者が出て、二週間の待機期間が終わる二月二〇日には、約三七〇〇人の乗員乗客中、二割近い六一九人の感染者が確認された。

それでも、ここまではまだ序の口だった。世界的に感染が拡大する中、北海道を筆頭に感染ルートが不明な感染者が国内でも続出。二月二八日、「この一、二週間が瀬戸際」だとして、安倍晋三首相は突然（専門家会議の意見も聞かず）全国の小中高校の一斉休校を要請した。世間のムードはここで変わった。マスクが不足し、イベントの自粛が相次ぎ、繁華街や観光地から人が消え、株価は暴落。三月九日からは中国と韓国からの入国規制もはじまった。

思えば感染症について、私たちはこれまであまりに無知だったのではないか。マスクをしろ、手を洗え、換気しろ、人混みを避けろといわれれば努力はするが、情報は錯綜しているし、先行きも見えない。こういうときは、そうだ、やっぱり関連書籍を読もう。

感染症が人類の歴史を動かした

感染症とは人にうつる病気のこと。今日ではほとんど使われないが、伝染病、疫病なども同じ意味である。ちょっと探せば、関連書籍は山ほど出ている。

感染症の歴史にかかわる本だけでも、マクニール『疫病と世界史』(佐々木昭夫訳、中公文庫)、ダイヤモンド『銃、病原菌、鉄』(上下、倉骨彰訳、草思社文庫)、加藤茂孝『人類と感染症の歴史』(丸善出版)、石弘之『感染症の世界史』(角川ソフィア文庫)など。

既刊書の中で一冊選ぶなら**立川昭二『病気の社会史』**をすすめたい。初版は一九七一年刊という古めの名著だが、体系的だし、わかりやすい

歴史上、感染症が社会にどれほど大きな影響を与えたかを著者はまず記す。

〈古代のギリシアやローマを滅した一因は疫病であった。中世末期ヨーロッパをおそったペストは近代を開く陣痛となり、発疹チフスはナポレオンをロシアから敗退させる一因となった。いかにすぐれた兵器も、国家・民族の運命に及ぼした影響力では、ときには発疹チフスを媒介するシラミ、ペストを伝播するノミよりも、弱いのではないか。ある文明はマラリア原虫のために衰退

し、ある軍隊は極微のコレラ菌や赤痢菌のために壊滅した。結核や梅毒がなかったら、近代文化はかなり色合いのちがったものとなっていたであろう〉。

名文ですよねえ。なんて感心している場合ではない。〈病気は文明を変え、社会を動かしていく〉と序章で述べられているように、感染症と社会は不可分な関係にあった。

一三世紀、中世のヨーロッパで猛威をふるったのはハンセン病だった。古代エジプトのパピルスに記されているほどハンセン病は古い病気だが、それが熱帯地方から西欧に侵入したのは中世初期。十字軍の移動で一一世紀に流行がつくられ、東方からの帰還兵によってヨーロッパに運ばれたのではないかという。

一四世紀、ハンセン病と入れ替わるように、ヨーロッパで流行したのが黒死病、すなわちペストである。ペストはネズミが媒介する感染症である。西からは十字軍、東からは蒙古軍。人といっしょに移動したネズミが感染を広げ、最終的にはヨーロッパ全体で少なくとも二五〇〇万人、文明世界全体ではざっと六千万〜七千万人の死者が出たともいわれる。ユダヤ人の虐殺や魔女狩りが起こったのもこの時代だった。人口の激減は古い観念や宗教の権威を失わせ、奇しくも人間中心のルネサンス、近代への扉を開くきっかけをつくった。

一六世紀、ルネサンスの時代に流行したのは梅毒だった。シャルル八世の軍隊がイタリアに侵攻した際の買春行為や暴行によって感染が広がったともいわれる。遠征軍が解散するとそれは母国に持ち帰られてヨーロッパで広まり、大航海時代の波に乗ってまたたくまに海を越えて東方へも伝わった。事態を悪化させたのは公認の売春制度だった。

さらに下って一九世紀、幕末の日本を襲ったのはコレラ、産業革命の時代に人々を苦しめたのは結核である。産業革命は年齢も性別も関係なく、人々を工場労働に駆り立てる。農村から都市へ大量の人口が流入し、人口密集地帯としてのスラムが出現する。昼も夜もなく長時間労働を強いられたうえ、疲労困憊して帰った先に待っているのは、不衛生な住環境と不十分な食事。さらに粉塵が舞う工場内や黒煙などによる大気汚染は呼吸器に悪影響をもたらす。エンゲルスが『イギリスにおける労働者階級の状態』で指弾し、細井和喜蔵が『女工哀史』で告発した労働者の劣悪な労働環境と生活環境は、結核の温床になった。

〈疾病・貧困・犯罪は文明社会の三悪である。そしてこの三悪はたがいに切っても切れない因縁にある。とりわけ疾病と貧困は不可分の因果関係にあり、貧困なるがゆえに疾病が発生し、蔓延し、このためさらに貧困となり、この状態はさらに疾病を増発させ、拡大させる〉。

感染症は戦争や犯罪や貧困と切り離せない。忘れたくない指摘である。

グローバル化が感染リスクを拡大させる

さて、それではワクチンや抗生物質の開発などによって医療が劇的に進歩し、衛生的にも生活環境が向上した現代はどうだろう。**岡田晴恵『知っておきたい感染症』**は、主として二一世紀に流行し、人々に脅威を与えた新しい感染症について解説した本である。

言及されているのは、エボラ出血熱（エボラウイルス病）、鳥インフルエンザ、ＳＡＲＳ、ＭＥＲＳ、デング熱……。これらは「新興感染症」と呼ばれ、一九七〇年代（『病気の社会史』が書かれた頃である）からわずか四〇年の間に四〇疾患以上が出現したという。想像以上の数である。その多くは野生動物由来のウイルスや細菌によるものだ。

たとえば二〇一四年に西アフリカで爆発的に流行したエボラ出血熱は、もともとはアフリカ中央部の風土病にすぎなかった。だが、これがアフリカからアメリカや一部ヨーロッパにも飛び火し、一三年一二月から一六年一月までの間に、二万八千人以上の感染者と一万一千人以上の死者を出した。致死率は約四〇％にのぼる。

さらにさかのぼって、二〇〇二年に出現し、〇三年に大流行したSARSコロナウイルスは、中国の広東省から感染がはじまり、香港のホテルに宿泊した一人の医師を介して、ベトナム、シンガポール、カナダに拡散され、最終的には三二カ国に感染が拡大した。

また、SARSと同じ新型コロナウイルスの近縁であるMERSコロナウイルスは、中東を起源とし、一五年に韓国で突然流行するなどやはり世界各地に拡散した。

今日の感染症拡大の最大の原因は、人口の増加と大量輸送を背景としたグローバル化の進行である。スペイン風邪が流行した一〇〇年前（一九一八年頃）の世界人口は一八億。現在の人口は七〇億だ。人口が増えれば食糧確保のために密林や森林の開発が進み、人と野生動物の接点が増える。野生動物由来のウイルスが都市に流入したら……。

〈医療体制が充実し、衛生環境が行き届いている先進諸国であっても、ウイルスの危険と無縁ではいられない〉と著者は警告する。〈むしろ、人口の過密、高速大量輸送を背景とし不特定多数の人々が集まっては離散する都市の特性が、感染症に対するリスクを高めている。都市は人が集まることで病原体が運ばれやすく、そして病原体が侵入すれば拡散しやすく、流行の起点となりやすい。感染症のリスクの高い場所なのである〉。

今日の新型コロナウイルス感染症の拡大は、まさに右のケースである。というか、これまでの新感染症より事態はさらに深刻かもしれない。

WHOの報告によれば、三月九日現在の感染者は世界の九九の国と地域で一〇万九〇三二人。死者は三七九二人で、〇二年一一月〜〇三年六月のSARSの死者七七四人の五倍近くにのぼる。日本国内の感染者（クルーズ船含む）は一二〇七人、死者は一六人。日本の感染者は不備な検査態勢下での数字だから、実数はこれより多いだろう。〈地球人口が70億を突破し、人間という種族のみが突出して増えている状況は、人の中での感染症流行のリスクをこれまでになかったほどに高めている〉という岡田晴恵の指摘はみごとに的中したわけだ。

ではどうするか。ただただ恐れるしか手がないのか。

岩田健太郎『「感染症パニック」を防げ！』は〈リスクに対してはパニックになってもよくありませんし、不感症になってもいけません。恐れ過ぎても、楽観的過ぎてもよくありません〉と述べ、〈だれにリスクがあるのか？／何人ぐらいに被害が生じる（生じうる）のか？／どのような被害がどのくらい生じるのか？／いつまでリスクが続くのか？〉を冷静に考えよとすすめる。

〈2009年の「新型インフルエンザ」が流行したとき、メディアは「今日は患者が何人出た」という詳細な患者数を大々的にくり返し報道していました。しかし、患者数が523名であろうが525名であろうが、状況自体に大きな違いが生じるわけではありません。523と525で対策や治療法が変わるわけでもありません〉。もっと大きなことに目を向けるべきだ、と。

　本を読んだくらいで事態が改善されるわけではないものの、理解はした。今日の状況は十分予測できたのだ。昔も今も病気を作り出すのは社会である。私たちの不幸は現行の政府が信用できないことである。せめて安倍政権の対策を厳しい目でチェックしよう。（2020.4）

【付記】二〇年八月二一日現在、新型コロナウイルスの世界の感染者数は累計で約二千九万人、死者は約七四万人、国内の感染者は約五万人、死者は一〇五三人である。

『病気の社会史――文明に探る病因』立川昭二、岩波現代文庫、二〇〇七年　著者は医療文化史を専門とする北里大学名誉教授（一九二七―二〇一七）。古代ギリシャ・ローマを滅亡に導いた謎の疫病からハンセン病、ペスト、梅毒、結核、コレラなど、人類を震撼させ、歴史を変える契機となった疾病の歴史を辿る。文学に描かれた病も含めて多角的に検証。おもしろさは抜群。親本は一九七一年刊。

『知っておきたい感染症――21世紀型パンデミックに備える』岡田晴恵、ちくま新書、二〇一六年　著者は感染免疫学、ワクチン学を専門とする大学教授。新型コロナウイルスに関して、連日テレビで現状の解説や対策の提言を行い注目された。本書ではエボラウイルス病、鳥インフルエンザ、SARS、MERSなど二一世紀の感染症について解説。専門的な部分もあるが難解ではない。

『「感染症パニック」を防げ！――リスク・コミュニケーション入門』岩田健太郎、光文社新書、二〇一四年　著者は医療リスクマネジメントおよび感染治療学を専門とする大学教授。新型コロナウイルスに関しては、二月にクルーズ船内部の危険をユーチューブで告発して話題になった。本書では感染症に際しての望ましい情報の出し方を解説。医療従事者向けの本だが、多少は参考になる。

●番外編　新型コロナウイルスが来た！

コロナの渦中でペスト文学を読む

二〇二〇年四月七日に発出された、新型コロナウイルス感染症の拡大にともなう政府の緊急事態宣言が、五月二五日に解除された。自粛要請で、生活が激変した人もいるだろう。

さて、この間の文学方面の話題といえば、**アルベール・カミュ『ペスト』**（一九四七年）だろう。新潮文庫版の『ペスト』が二月から売れはじめ、四月には一〇〇万部を突破したそうだ。日本人はよほど生真面目なのか、それともオッチョコチョイなのか。

感染症とともに歩んできた人類。パンデミック下の世界を描いた作品は多々あって、古いところではボッカチオ『デカメロン』（一三五三年）が有名だ。一四世紀のフィレンツェで、ペストが蔓延する市中から郊外に逃れた一〇人の男女が、一人一〇話ずつ全一〇〇話の物語を順に語っていくという趣向の作品。巻頭にはフィレンツェのようすも描かれている。

しかし、いま読むなら、まずはやっぱりベストセラーの『ペスト』だろう。コロナ騒ぎの渦中で読むと、はたして、どう感じるだろうか。

ロックダウンされた町、崩壊寸前の病院

『ペスト』の舞台は一九四X年、フランス植民地だったアルジェリアの都市オラン。主人公は医師のリウーである。〈四月十六日の朝、医師ベルナール・リウーは、診療室から出かけようとして、階段口のまんなかで一匹の死んだ鼠につまずいた〉。

これがおぞましい日々のはじまりだった。ネズミの死骸はみるみる増え、約八千匹のネズミが拾集されたと発表されて市中の不安は頂点に達するが、リウーが気にしていたのは正体不明の熱病による死者が増え続けていることだった。〈医者たちがめいめい二、三件以上の症例を知らないでいた間は、誰も動き出そうと考えるものはなかった。しかし、要するに、誰かが合計を出すことを思いつきさえすればよかったのである。合計は驚倒すべきものであった〉。

リウーは認めざるを得なくなる。〈まったく、ほとんど信じられないことです。しかし、どうもこれはペストのようですね〉。

〈天災というものは、事実、ざらにあることであるが、しかし、そいつがこっちの頭上に降りかかってきたときは、容易に天災とは信じられない。この世には、戦争と同じくらいの数のペストがあった。しかも、ペストや戦争がやってきたとき、人々はいつも同じくらい無用意な状態にあった〉。〈それはつまり天災は起りえないと見なすことであった〉し、死者と身近に接したリウーでさえ〈危険は彼にとって、依然、非現実的なものであった〉。

平時、『ペスト』におけるペストは、戦争とか独裁とか震災とかテロとかの暗喩とされ、不条理な事態に置かれた人間を描く作品と受け取られてきた。しかし、コロナ騒ぎのいま読むと、ま

ことにこれはリアリズム小説としかいいようがない。

行政ののらりくらりとした対応もリアルである。危機を感じたリウーは県庁に連絡し、保健委員会を召集してもらうが、医師会の会長であるリシャールはまともに取り合わず、公式の発表は相変わらず楽観的。その間にも感染者と死者は増え続け、病院は対応に追われ、隔離病棟の病床も不足しはじめた。リウーは思いきって知事に電話をかける。

〈「いまの措置では不十分です」／「私の手もとにも数字が来てますがね」と、知事はいった。「実際憂慮すべき数字です」／「憂慮どころじゃありません。もう明瞭ですよ」〉。

こうしてようやく市中にペストが宣言され、〈この瞬間から、ペストはわれわれすべての者の事件となった〉。市の門が閉鎖され、やっと〈そのなかでなんとかやっていかねばならぬことに、一同気がついたのである〉。誰とも会えず、一切の交通は遮断され、手紙が病毒を媒介するのを防ぐため信書の交換も禁じられた。県庁には事情を抱えた市民の陳情の列ができたが、例外は認められず、閉鎖以来、一台の車も市内に入ってこなくなった。

物語はこの後、多彩な人物を通してペスト下の人間模様を重層的に描いていく。当初は自己本位だったが後にリウーの協力者となる新聞記者のランベール。この厄災は神がもたらした罰である、悔い改めよと説教するも、少年の死に接して神へ疑念が生じる神父パヌルー。リウーに共鳴し、保健隊を結成してリウーとともに医療現場で献身的に働くタルー。

あと、目を引くのはこんな場面だ。

〈「流行の勢いが予想外にひどくなってきてるんですか？」と、ランベールは尋ねた。／リウーがいうには、別にそんなわけではなくて、統計の曲線は上昇度が緩慢になってきたくらいだ。ただ、ペストと戦うための手段が、十分豊富でなかったのである。／「資材が足りなくてね」と、彼はいった。「世界中どこの軍隊でも、一般に資材の不足は人員で補っています。ところが、われわれには人員も不足してるんです」〉

人が足りない、資材が足りない、行政はあてにならない。いまとおんなじ。

ペストの発生から四カ月後の八月、猛暑の中で、疫病はピークを迎える。人々の鬱屈も頂点に達し、略奪や放火が横行。市の各門口はたびたび襲撃され、看護人や墓掘り人夫が死亡し、死者の埋葬場所にも事欠くようになり……。そして人々は無気力状態に陥った。〈市民たちは事の成行きに甘んじて歩調を合わせ、世間の言葉を借りれば、みずから適応していったのであるが、それというのも、そのほかにはやりようがなかったからである〉と語り手はいう。

われわれもいずれこうなるのだろうか。

絶望する感染者、失業する下層民

ペスト小説をもう一冊読んでみたい。**ダニエル・デフォー『ペストの記憶』**（一七二二年）。『ロビンソン・クルーソー』の作者によるドキュメンタリー風の作品で、架空の一市民を語り手に、一六六五年にロンドンで実際に起きたペスト禍を描いている。

〈あれは確か、一六六四年の九月はじめのことだった。近所の人たちと寄り集まって雑談していると、こんなうわさを耳にした――ペストがまたオランダに戻ってきたらしい〉。

これが書きだし。新聞などの印刷物がなかった時代、事件や噂は貿易商の手紙などから集められ、あとは口伝えで伝播した。ペストの噂はやがて現実になった。一六六四年一二月頃、ロンドン郊外で二人の男性が死亡し、死亡週報に死因はペストと記載されたのだ。市中には不安が広がり、人々は死亡週報の数値を見ては一喜一憂するようになる。一週分のロンドンの死者数は通常二四〇〜三〇〇人だが、ペストの発生後、死亡者数は増加、六月になる頃には家財道具を積んだ荷馬車で市街地から脱出する避難者が増える。

市内で商売をしている語り手の「ぼく」は、従業員に逃げられて自分はロンドンにとどまることを選ぶが、なおも感染は拡大し、ついに七月一日、市当局はペスト感染者を救済、管理する条例を発令する。特に重視されたのは、感染者が出た家の家屋の閉鎖だった。その過酷さは市民の大きな反発を買った。〈なにしろ人の住む家のドアを封鎖した上に、昼も夜も監視人に見張らせ、住人が外に出ることも誰かがなかに入ることも禁止したのだ〉。

医療現場寄りのカミュとは別のテイスト。本書が興味深いのは一市民の視点でペストが描かれていることだ。〈力ずくで家屋を閉鎖し、人びとを自分の家に引き止めたというより監禁したのは、結局ほとんど、いやまったく役に立たなかった〉。〈有害でさえあった〉と語り手はいう。監視人の目を盗んで自宅から脱出する。監視人に暴力をふるう。病気を隠す。絶望した感染者が外を徘徊して感染を広げる。すべての原因は家屋の閉鎖だ。〈家を閉鎖されていなければ、この人たちはベッドの上で静かに亡くなっていたはず〉だと。

「ぼく」の目は貧困者にも向けられる。〈時代の災いは貧乏人めがけて降りかかった〉。感染しても食べ物も薬もなく、医師や看護人に助けを求めることもできない。主人の妻子が疎開すれば奉公人は解雇され、〈あらゆる商売が停止され、雇用も取り消された。仕事が絶たれ、貧しい人びとの飯の種が尽きてしまった〉。家も金も仕事も失った人々は〈ペストそのものではなく、ペストが引き起こした災いのせいで絶命したと言っていいだろう〉。

経済がストップし、失業者が急増し、貧乏人は死ぬ。いまとおんなじ。

じつをいうと、新型コロナの感染拡大が問題になりはじめた二月、私が読んでいたのは**小松左京『復活の日』**（一九六四年）だった。兵器として開発された新型ウイルスが思わぬ事故から世界中に広がり、日本にも上陸するという近未来SFである。

コロナ禍の下でこの本を読む際の興味は、感染症が現代の日本を襲うとどうなるかが書かれている点である。朝の国電はマスクをした人だらけ。新聞の〈ゴシック活字の発疹は、国際面のみならず、経済面から、スポーツ、娯楽面にまでひろがり〉、感染者が続出してプロ野球の試合はお流れ。出演者の欠員で舞台は休演、映画製作も中止。工業生産指数は二二％低下。ダウ平均株価は暴落が続き、化学・薬品株を除いて前月比平均一二％減。病院は機能不全に陥り、医師は「まるで戦争だ」と頭を抱える。

二月に読んだ際には、これはこれで興奮し、「いまとおんなじ」と思ったのだ。ところが六月になったいま読むと、どうもしっくりこない。それは『復活の日』がパニック小説だからだろうと思いいたった。〈東京の街は、今やガランとした死者の都《ネクロポリス》と化しつつあった〉のは納得できても、〈動いていない地下鉄の中は、充満した腐爛死体の硫化水素のために、はいって行くこともできないありさまだった〉はないだろうよ。と思うのは、小説ではなく読む側の心理のせい。現実のインパクトの前では、極端な話ほど白々しく見える。

しかし、わかったよ。人は歴史に学ばない。感染症文学はべつに予言の書ではなく、結局人は同じ過ちをくり返してしまうのだ。カミュ式にいえば〈ペストや戦争がやってきたとき、人々はいつも同じくらい無用意な状態〉にある。この感覚を私たちはまた忘れてしまうだろう。コロナ禍の収束後にこれらを読んでも、だから今年ほどには興奮も感心もしないはずだ。

(2020.7)

『ペスト』アルベール・カミュ／宮崎嶺雄訳、新潮文庫、一九六九年　アルジェリアの都市オランを舞台に、ペストで封鎖された町の四月から翌年二月までを描く。不条理な状態に置かれた人々の困惑と変容を描いた思索的な小説と思っていたが、コロナ禍の下で読むと、主人公の医師と仲間たちが病に立ち向かう献身的な姿から、行政の対応や町のようすまで、克明に描かれていることに感動する。

『ペストの記憶』ダニエル・デフォー／武田将明訳、研究社、二〇一七年　ロンドンを舞台に、一六六四年九月頃から翌六五年一〇月頃までのペスト禍を描く。原題は「ペストの年の記録」。多数の逸話をつないだドキュメンタリータッチの作品で、死者数や条例なども含め、臨場感いっぱい。中公文庫版『ペスト』（平井正穂訳）も原著は同じだが、研究社版は編集的な工夫があって読みやすい。

『復活の日』小松左京、角川文庫、一九七五年　アルプス山中で飛行機が遭難。イギリス陸軍の細菌戦研究所から盗まれた開発中の新型ウイルスが世界中に拡散し、日本にも上陸するというSF小説。第一部「災厄の年」は「チベットかぜ」と名づけられた謎の感染症の拡大を、第二部「復活の日」は人類の滅亡を前に南極で生き残った人々を描く。世界全体が巻きこまれる点はコロナ禍に重なる。

あとがき

二〇〇六年夏から「世の中ラボ」のタイトルで、社会時評と書評のあいだを行くような連載を続けてきました。毎月、ひとつのテーマにそって三冊の本をとりあげ、読んで考えたことを書く。本書はこの連載をまとめたシリーズの三冊目になります。

一冊目は『月夜にランタン』（二〇一〇年。〇六年八月号〜一〇年七月号分を収録）。いま振り返ると「このころはまだ呑気だったなあ」と思います。

二冊目の『ニッポン沈没』（二〇一五年。一〇年八月号〜一五年六月号分を収録）は、東日本大震災と福島第一原発の事故、民主党政権の自爆、第二次安倍政権の発足、安全保障政策の転換など「日本は大丈夫か！」な出来事が続いたため、どこか危機感がただよっています。

三冊目にあたる本書『忖度しません』には、一五年七月号〜二〇年七月号の中から選んだ四二本の原稿が収録されています。前著『ニッポン沈没』のキーワードが「危機感」だとしたら、本書で扱った二〇一〇年代後半の雰囲気は「倦怠」ないし「停滞」でしょうか。

「倦怠」「停滞」の象徴は、この期におよんでまだ安倍政権が居すわっていることで、こうなるともう「どうせ変わらない」「何をいっても無駄」な気分が支配的になる。ですがそれだけではなく、日本中が「忖度社会」になってしまったのも一因でしょう。

「忖度」という言葉が「新語・流行語大賞」の年間大賞に選ばれたのは二〇一七年でした。もともとは「ひとの気持ちを推し量る」という意味だったはずの単語が、「上の機嫌をそこねないよう批判を自粛する、または先回りして事をはこぶ」の意味に変わってしまった、それが一七年でした。主として、官僚批判、ＮＨＫなどのメディア批判の文脈で「忖度」はつかわれました。

しかし、忖度はべつだん官僚組織やメディアの専売特許ではなく、みんながあっちこっちでいいたいこと、いうべきこともいわずに、忖度しているように見える。

背景にあるのは、インターネット、特にＳＮＳの普及かもしれません。

ネットが存在しなかったころは、自分の考えは自分ひとりで表明するほかなかったし、異論も反論も批判もひとりで受け止めなければならなかった。しかしＳＮＳ時代には、ツイートとリツイートという便利な手段によってあっというまに発言は拡散され、賞賛や罵倒の山が築かれる。いいかえれば、言論空間が「敵と味方」「内と外」「ホームとアウェイ」に二分され、仲間うちでしか通じない言葉だけが増殖していく。いわば思想のタコツボ化です。

左派リベラル陣営においても、タコツボ化は急激に進行しています。なぜ野党は選挙で負け続けているのか。なぜ市民運動の現場には、高齢者しかいないのか。

それは日本人が劣化したからだ。若者の意識が低いからだ。

と、もしかしてあなた、思ってません？　だからダメなんですってば。リベラルが後退戦を強いられているのは、相手がバカだからではなく、こちら側に魅力がないからです。

自分はぜったい正しくて、自分以外はみんなバカ。愚かな大衆諸君に、賢い私が正しいことを教えてあげる。そんな不遜な人たちに、だれが与したいと思います？　民主主義の危機をいいつのる人々のやり方は、ぜんぜん民主的じゃないんだよね。

みたいなことを、この五年間、本を読み読み、ずっと考えていたような気がします。「バカが世の中を悪くする、とか言ってる場合じゃない」ってことです。

忖度とは、コミュニケーションの回路を閉じて、腹のさぐりあいをすることです。ろくなもんじゃありません。「当事者が声を上げれば、やっぱり事態は変わるのだ」なんです。みんな、つまんない忖度はやめて、いいたいことはいったほうがいいんだよ。意見の表明の仕方も、既存のスタイルに忖度する必要なんかない。人それぞれでいいんです。

オリンピックイヤーになるはずだった二〇二〇年は、はからずも新型コロナウイルスに世界中が振り回される年になりました。「倦怠」「停滞」と申しましたが、歴史というのは、いつどんなかたちで動きだすかわかりません。希望は捨てない。どんなときでも。

『月夜にランタン』『ニッポン沈没』に続き、連載中から単行本の編集まで、一貫して伴走してくださったのは筑摩書房の喜入冬子さんです。彼女の叱咤激励と忖度ゼロの厳しいダメ出しがなかったら、とても本書は出なかったでしょう。記して御礼申し上げます。

二〇二〇年八月一〇日

斎藤美奈子

初出　ＰＲ誌「ちくま」二〇一五年七月号〜二〇二〇年七月号より。
大幅に加筆訂正してあります。

斎藤美奈子（さいとう・みなこ）
一九五六年新潟市生まれ。文芸評論家。一九九四年『妊娠小説』（筑摩書房）でデビュー。二〇〇二年『文章読本さん江』（筑摩書房）で小林秀雄賞。他の著書に『中古典のすすめ』『吾輩はライ麦畑の青い鳥——名作うしろ読み』『日本の同時代小説』『文庫解説ワンダーランド』『学校が教えないほんとうの政治の話』『戦下のレシピ』等多数。

忖度《そんたく》しません
二〇二〇年九月二〇日初版第一刷発行

著者　斎藤美奈子
発行者　喜入冬子
発行所　株式会社筑摩書房
東京都台東区蔵前二-五-三　〒一一一-八七五五
電話番号　〇三-五六八七-二六〇一（代表）
印刷所　三松堂印刷株式会社
製本所　三松堂印刷株式会社

本書をコピー、スキャニング等の方法により無許諾で複製することは、法令に規定された場合を除いて禁止されています。請負業者等の第三者によるデジタル化は一切認められていませんので、ご注意ください。
乱丁・落丁本の場合は、送料小社負担にてお取替えいたします。
©MINAKO SAITO 2020 Printed in Japan
ISBN978-4-480-81557-6 C0095

斎藤美奈子の本

妊娠小説
ちくま文庫

『舞姫』から『風の歌を聴け』まで、望まれない妊娠を扱った一大小説ジャンルが存在している——意表を突いた指摘の、デビュー評論。解説・金井景子

紅一点論　アニメ・特撮・伝記のヒロイン像
ちくま文庫

「男の中に女が一人」は、テレビやアニメで非常に見慣れた光景である。その「紅一点」の座を射止めたヒロイン像とは!?　解説・姫野カオルコ

趣味は読書。
ちくま文庫

気鋭の文芸評論家がベストセラーを読む。『大河の一滴』から『えんぴつで奥の細道』まで、目から鱗の分析がいっぱい。文庫化にあたり大幅加筆。

文章読本さん江
ちくま文庫

「文章読本」の歴史は長い。百年にわたり文豪から一介のライターまでが書き綴った、この「文章読本」とは何ものか。第1回小林秀雄賞受賞の傑作評論。

本の本
ちくま文庫

じつは著者初の書評集。デビュー以来13年分の書評がぎっしり詰まった本書で評された（切られた？）本は700冊近い。ずっしり時代が収まった決定版。

学校が教えないほんとうの政治の話
ちくまプリマー新書

若者の投票率が低いのは「ひいき」がないから。「ひいきの政治チーム」を決めるにはどうしたらいいのか。あなたの「地元」を確かめるところから始める政治入門。

ニッポン沈没

東日本大震災、政権交代、地方消滅、嫌韓、格差社会……2010年からの5年で沈没したかに見えるニッポンの今を、本を片手に追及しまくる痛快社会批評。